日本語文法研究の
フロンティア

庵功雄・佐藤琢三・中俣尚己 ［編］

まえがき

　この論集は、日本語文法研究とその関連領域においてながきにわたって先導的な役割を果たしてこられた野田尚史先生の還暦を機に編まれたものです。
　野田先生がこれまでに残してこられた業績の数々はいうに及びませんが、先生はこれまで学界においてさまざまなメッセージを発してこられました。殊に、日本語文法学会立ち上げの際のシンポジウムをご記憶の方も多いでしょう。20世紀の終わり頃までに、日本語文法研究の分野が非常に大きな成果を収めてきたことを誇りとしつつも、同じような研究対象を同じような方法ばかりで研究していることへの強い危惧を表し、これからの若手研究者たちが存分に活躍できる文法研究の新しいフィールドを開拓すべきことを主張されました。
　われわれ編者は、新しい世紀に入って10年以上が過ぎた頃、このメッセージを今いちど思い起こし、今後のこの分野の活性化のために一石を投じるような、現代日本語文法とその周辺領域の開拓的研究を収める論集を世に出したいと考えるに至りました。そして、これらの領域の第一線で活躍される多様なバックグラウンドをもつ研究者の方々より、この趣旨に対する賛同をえて、幸い、ご執筆の快諾もいただくことができました。
　本書『日本語文法研究のフロンティア』が、新たなフロンティアを生み出すきっかけとなることを祈念して、この一冊を上梓します。

2016 年 4 月
庵　功雄　佐藤琢三　中俣尚己

目 次

[形態論と統語論のフロンティア]

動名詞の構造と「する」「させる」の分布 .... 田川拓海　1

現代日本語における未然形 .... 佐々木冠　21

旧JLPT語彙表に基づく形態素解析単位の考察 .... 森　篤嗣　43

名詞並置型同格構造 .... 森山卓郎　65

文の階層性と文中要素の解釈
　　──日本語文法研究と生成統語論の実りある協同に向けて── .... 長谷川信子　83

[意味論のフロンティア]

日本語に潜む程度表現 .... 中俣尚己　107

母語話者と非母語話者の逸脱文の意味解釈 .... 天野みどり　127

構文としての「切っても切れない」 .... 佐藤琢三　145

[文章・文体・発話研究のフロンティア]

社会科学専門文献の接続詞の分野別文体特性
　　──分野ごとの論法と接続詞の選択傾向との関係── .... 石黒　圭　161

「話しことば的」な文章に見られる話しことばとは異なる表現
　　──BCCWJにおけるブログの特徴── .... 野田春美　183

4つの発話モード .... 定延利之　205

[対照研究、習得・日本語教育研究のフロンティア]

日本語と中国語の真偽疑問文と確認文の意味 .... 井上　優　225

教育現場とのつながりを意識した対照研究の試み
　──タイ人学習者の「そして」「なんか」の使用問題──
　　　　　　　　　　　　………………カノックワン・ラオハブラナキット・片桐　243
第二言語習得研究と第二方言習得研究の統合に向けて
　──現状と問題点──……………………………………………………渋谷勝己　269
「産出のための文法」から見た「は」と「が」………………………………庵　功雄　289
非母語話者の日本語理解のための文法…………………………………………野田尚史　307

あとがき………………………………………………………………………………… 327

動名詞の構造と「する」「させる」の分布

――漢語と外来語の比較――

田川拓海

1. はじめに
1.1 目的と主張

本稿では，現代日本語（共通語）におけるいわゆる動名詞（Verbal Noun）と共起する「する」と「させる」の現れ方について，形式的な言語理論の立場から問題提起を行い，生成言語学の枠組みを用いた分析を提示する。具体的には，自動詞タイプ（例：爆発）を他動化する場合には「させる」が現れるのに対して，他動詞タイプ（例：爆破）には「する」を付けるだけで他動詞として用いることができるのは，他動詞タイプの動名詞部分に他動性を担う統語範疇が含まれているからであることを示す。さらに，その分析が動名詞全般に対して成り立つかどうかを確かめるために，漢語系だけでなく外来語系の動名詞を用いた検証を行う。

1.2 現象：動名詞の自他と「する」「させる」

多くのペアで自他の形態的対立を持つ和語系の動詞と異なり，漢語系および外来語系の動名詞はそのような形態的対立がないと言われる。しかしどの動名詞も自他に関して全く同じ振る舞いをするわけではなく，「する」を付けた場合に自動詞あるいは他動詞として用いることができるかについて違いを見せる。

本稿では，「する」を付けた場合に自動詞としてしか用いられないものを「自動詞タイプ」，他動詞としてしか用いられないものを「他動詞タイプ」，自動詞としても他動詞としても用いられるものを「自他両用タイプ」と呼ぶこととする（各タイプに属する語については影山 1996；小林 2004；永澤 2007；森 2014 を参照）。

(1) 自動詞タイプ：爆発，蒸発，死亡，…
　　a．［自］車が爆発した。
　　b．［他］太郎が車を爆発させた。
　　　　（cf.［使役］太郎が次郎に車を爆発させた。）
(2) 他動詞タイプ：爆破，排除，建設，…
　　a．［他］太郎が車を爆破した。
　　　　（cf.［自］*車が爆破した。）
　　b．［使役］太郎が次郎に車を爆破させた。
(3) 自他両用タイプ[1]：解決，拡大，開店，…
　　a．［自］問題が解決した。
　　b．［他］太郎が問題を解決した。
　　　　（cf.［使役］太郎が次郎に2号店を開店させた。）

(1b)に示したように，自動詞タイプを他動化する際には「させる」という形態が現れる。たとえば，永澤(2007)ではこの「させる」を他動詞化接辞として取り扱っている[2]。形態の分布についてまとめると下記のようになる。

表1　動名詞の自他と「する」「させる」の分布

	自	他	使役
自動詞タイプ	する	させる	させる[3]
他動詞タイプ	N/A	する	させる
自他両用タイプ	する	する	させる

なお，この三分類に具体的にどの語が属するのかという点については母語話者間でも判断が異なることがあるが，ほぼ確実に自動詞タイプ，他動詞タ

---

[1] 自他両形タイプには，典型的とされる自他対応（奥津1967）を見せるもの以外にも，再帰的関係を形成するもの，ガ句とヲ句が全体部分の関係にあるもの，ヲ句が同族目的語であるものなどがある（楊2010）。
[2] 本稿では，「する」だけで他動詞の成立が可能な環境にも生起できる「させる」については取り扱わない。この問題について詳しくは定延(2000)，山田・山田(2009)，森(2014)などを参照されたい。
[3] 「させ-させ-る」という形態は現れない。

イプ，自他両形タイプに分類できる語も存在するので，本稿ではそのような振る舞いが明確な語を取り扱う[4]。

2. 非該当形としての「する」と「させ(る)」

「させ(る)」が他動詞関連形態の分布の空き間を埋める，非該当形[5] (elsewhere form)として機能していることはたびたび指摘されてきた(寺村 1982；Miyagawa 1984, 1998；Harley 2008 など)。

Miyagawa(1998)，Harley(2008)ではこの種の「させ((s)ase)」は他動性・使役を担う主要部 CAUS(E)に対応する非該当形であり，従って一部の和語動詞の他動詞形成に現れると分析されている(cf. Miyagawa 1984)。次に見るように，「燃える‐燃やす」のようなペアと異なり，「匂う」に対応する他動詞は「させ」を付けた「匂わせる」となっている。

(4) a. ［自］moe(燃える)：［他］moyas(燃やす)
b. ［自］niow(匂う)：［他］niowase(匂わせる)
c. 太郎は事件について何か知っているということを匂わせた。
d. その他のペア：合う‐合わせる，咲く‐咲かせる，腐る‐腐らせる，光る‐光らせる，…

この「させ」が他動詞形成における非該当形であるという考え方を採用すると，一部の和語動詞と動名詞において「させ」が他動化を担うという事実をまとめて捉えることが可能になる。すなわち，漢語動詞の場合は各語に他動詞形態のバリエーションがなく，一貫して「させ」が他動化を担っているのである。

一方で，田川(2009, 2015)において，「する」を動詞素性[+V]に対応する

---

[4] たとえば，森(2014)においては先行研究間でも分類にずれが見られることが指摘され，コーパス調査によって三タイプの振る舞いとそれに関わる「する」「させる」の分布について検証を行っているが，そのような「ゆれ」や分布の複雑さについては稿を改めて論じることとしたい。

[5] その他の関連する条件を満たさなかった場合に現れる形態のこと (Kiparsky 1973 など)。その形態の現れに関する条件を非該当条件／規則 (elsewhere condition/rule)と呼ぶ。西山(2013)では「非該当規則 (elsewhere rule)」「その他形態 (elsewhere form)」といった訳語の使い分けがなされているが，本稿では「非該当」で統一する。

非該当形であると考えることによって,「する」がさまざまな環境に生起すること,一字漢語動詞(例:愛する)と二字(以上の)漢語動詞の体系的な違い,可能の補充形「でき(る)」の振る舞いを分析できることが示されている。

(5) 様々な「する」
 a. 太郎はよくトランプを<u>する</u>[6]。
 b. 暖房を入れて部屋を暖かく<u>した</u>。
 c. 太郎は毎日英語を勉強<u>する</u>。
 d. 太郎はリンゴを食べさえ<u>する</u>。
 e. 太郎は妻を愛<u>し</u>ている。

(6) [+V]の語彙挿入に関する規則(田川 2015: 113 一部改訂)
 a. [+V] ↔ r / {√nemu, √hoso, …} __ (眠る,細る,…)
 b. [+V] ↔ m / {√ita, √kanasi, …} __ (痛む,悲しむ,…)
  …
 n. [+V] ↔ s(uru)　<elsewhere>

このように「する」も「させ」も非該当形であるとすると,両者が生起しうる環境においてどのようなことが起こるのだろうか。それが実現するのが動名詞の他動詞の環境であると言える。記述的な問題として前節で実際の形態の分布について見たが,理論的問題として,このように同一環境内において複数の非該当条件が干渉する可能性がある場合についてどのように考えれば良いのかということが挙げられるのである。

仮に動名詞による他動詞文が同じ統語構造を形成すると考えると,構造と形態の関係は次のようになる。以下本稿で示す統語構造では,「√(Root)」は動詞や名詞などの範疇が決定されていない,いわゆる語彙的要素の元になる統語的要素であること,「v[+V]」は他動性を担う機能範疇ではなく範疇を決定するかあるいは範疇を変化させる性質しか持たないことに注意されたい。

---

[6] 本動詞の「する」にはスポーツやゲームと共起するものの他に「手袋をする」や「200円する」のようなタイプもある。また,特定の文法環境において時間の経過を表す「する」もある。下記の対比から分かるように,言い切りの環境では「する」が時間の経過を表すことはできない。
 a) 1時間もすれば到着する。
 b) *あれから1時間した。(「1時間経過した」の意味で)

(7) 動名詞(他動詞)の統語構造[7](暫定版)
   [$_{CAUS}$ [$_v$ [$_{VN}$ √-√] v[+V]] CAUS]]
   a.   爆発   s   (s)ase
   b.   爆破   s   ∅(？)

自動詞タイプの方は、動詞素性が「する」、他動性を担う CAUS が「させ」として具現しているので問題ないが、他動詞タイプの方は動詞素性の非該当形のみが現れ、CAUS に関する非該当条件は適用されていないことになる。このように、先行研究では「させ」が現れることとその振る舞いが注目されてきたが、「する」「させ」を非該当形とする観点から見ると、他動詞タイプに「させ」が現れないことも一つの問題として設定することができるのである。

本稿では、この問題に対して、自動詞タイプと他動詞タイプでは形成する統語構造が異なっているという分析を提案する。

3. 分析:動名詞の内部構造とCAUSの位置

本稿では、2.で示した問題に対して、他動詞タイプでは動名詞部分に自他を決定する統語範疇 CAUS が含まれているために、その外側には CAUS の非該当形である「させ」が現れず、「する」を付けるだけで他動詞文が成立するという分析を提案する。すなわち、そもそも自動詞タイプを他動詞にしたものとは構造が異なるということである。統語構造と形態の対応は以下のようになる[8]。

---

[7] 二字漢語動詞は文法的には分解できない単純語として扱われることもあるが、形態論的には複数の形態(morph)から形成されていると考えられるので、ここでは Root の連結(√-√)として示している。ただし、後述するように漢語動名詞は二つの形態の関係によって全体の文法的振る舞いに影響があるものも存在するので、より複雑な構造を形成している可能性もある。

[8] 動名詞部分がそれ自身で複数層からなる統語構造を持つという提案に対する経験的議論については田川(2015)を参照されたい。また、動名詞が複雑事象名詞である(影山1993)ことも、動名詞がある程度複雑な統語構造を内包している可能性を支持する。事象名詞が複雑な構造を持つことについては Alexiadou(1999)などを参照されたい。

(8) 他動詞タイプの統語構造[9]と形態の対応
　　　[_v [_VN [_CAUS √-√ CAUS]]　v[+V]]
　　　　　　　爆破　　　　　　　　　s

以下，この分析を支持する議論を示す。

一つ目として，他動詞タイプでは名詞の環境に生起した場合でもノ句に動作主の解釈が可能であるという事実が挙げられる。

(9) a. 自動詞タイプ：太郎[*動作主／対象]の{爆発／死亡}
　　　　　　　　　　　　　　　　　　　　　　　　　　　(のし方がおかしかった)
　　b. 他動詞タイプ：太郎[動作主／対象]の{爆破／建設}
　　　　　　　　　　　　　　　　　　　　　　　　　　　(のし方がおかしかった)

これは，他動詞タイプでは動名詞部分に動作主を選択できる CAUS が含まれているという分析から予測されることである。一方で，自動詞タイプでは「させ」が現れてはじめて動作主の選択が可能になるので，動名詞部分を単独で名詞として用いた場合には動作主を認可する要素が存在せず，よってノ句が動作主の解釈を取ることはできない。

二つ目として，他動詞タイプでは「する」の可能補充形の「でき(る)」が生起できるということが挙げられる。

(10) 太郎は車を爆破できた。

田川(2015)では，「する」の可能補充形の「でき」は動詞素性([+V])と可能の素性([+POT(ential)])が同じ領域(同一の循環(cycle))で語彙挿入を受ける場合にのみ具現可能であることが示されている。これは，次に示すように両素性間に文法的な要素(下記では使役の要素)が介在すると「でき」が現れないことなどから分かる。

(11)a. 太郎は妹に部屋を掃除
　　　　　　　　　　　s-ase-rare-ru／*deki-sase-ru／*sase-deki-ru

---

[9] 本稿では便宜上「VN」というラベルを用いているが，厳密には複数の統語構造を形成していることそのものが動名詞の語としてのまとまり性を生じさせていると考えている。また，本稿での議論にはそれほど影響はないが，少なくともこの環境において動名詞部分は名詞性を持たないとする立場を取っている。

複数字音単位の漢語動詞の漢語部分は，よく誤解されているが，名詞ではない。
(屋名池 2011：108)

b.　[[[$_{VN}$ √ soo-ji] v[+V]] CAUS] Pot[+POT]]

(田川 2015: 116)

　他動詞タイプの場合に「でき」が生起可能であるということは，構造的にこのような要素の介在がなく動詞素性と可能の素性が近くにあるということを示している。これは，本節で示した構造に他動詞タイプの構造からそのまま導かれる。下記に示す構造では，CAUS は Root に近い位置にあり，動詞素性と可能の素性が同一領域にあることを妨げていない。

(12)　他動詞タイプの統語構造: 可能の場合

[$_{Pot}$ [$_v$ [$_{VN}$ [$_{CAUS}$ √-√ CAUS]] v[+V]] Pot[+POT]]

4. 外来語動名詞による検証
4.1　なぜ外来語動名詞を取り上げるか

　本節では，前節までの記述と分析が外来語系の動名詞の振る舞いにも当てはまるか検証する。その理由は下記の通りである。

　まず，日本語の動名詞については様々な立場から記述，分析に関する多くの研究があるが，そのほとんどが漢語系の動名詞に関するものである。動名詞の振る舞いがその文法的な性質に起因するものなのかそれとも漢語独特の性質によるものなのか調べるためには，漢語系の動名詞に関する記述，分析を深めるだけではなく，他の語種，たとえば外来語系の動名詞との比較を行う必要があろう。

　さらに具体的に述べると，外来語動名詞と比較することによって，漢語動名詞の形態構造が本稿で取り上げた動名詞としての文法的振る舞いに関わっているのか調べることができる。漢語動名詞の形態構造が全体の文法的振る舞いに関与することがあることは，多くの先行研究によって指摘されてきた（たとえば小林 2004; 張 2014 など）。よく知られている現象としては，動名詞そのものが動詞的要素とその項に当たる要素の組み合わせになっている場合，動名詞全体が項を取ることができない，あるいは項の種類に制限があるというものがある。

(13)* 昨夜，太郎はビールを飲酒しなかった。
(14)　昨夜，太郎は飲酒しなかった。

(小林 2004: 94)

上の例では、「飲酒」にすでに「酒」という項が含まれており「飲酒(する)」全体で内項を取ることができなくなっている。

一方で、外来語動名詞は形態構造が単純なものでもいくつかの点で一字漢語動名詞ではなく形態構造としては複雑な二字漢語動名詞と同じように振る舞うという事実がある[10]。

(15) 名詞化接辞「-方」が付いた場合に「の」が入るかどうか
  a. 勉強のし方／*勉強し方, 蒸発のし方／*蒸発し方,
            支持のし方／*支持し方, …
  b. *制のし方／制し方, *付のし方／付し方,
              *感のし方／感じ方, …
  c. コピーのし方／*コピーし方, クラッシュのし方／
              *クラッシュし方, …

(16) 動詞の場合と名詞の場合で語アクセントが保持されるかどうか
  a. 判断します：haˈndan-si-maˈsu ／判断を：haˈndan-o
  b. 命じます：mei-ji-maˈsu ／命を：meˈi-o
  c. コピーします：koˈpii-si-maˈsu ／コピーを：koˈpii-o

漢語動名詞にも「損(する)」など形態構造が単純であるにも関わらず二字漢語動名詞と同じ振る舞いを見せるものが存在するが、ほとんど数がなく、外来語動名詞を用いることによって体系的な比較が可能になると考えられる。

また、「日本語の中で外来語がどのような文法的性質を獲得し、文中で具体的にどのように使われているのかという文法的側面の分析に関しては、特に研究が手薄な状況にあると言える。」(茂木 2012：46)という指摘がある現状において、外来語動名詞の記述自体にも意義があると考えられる。

4.2 外来語動名詞とその分類

ここでは外来語動名詞を漢語動名詞と同様、自他の観点から三つのタイプに分ける。

本稿の目的に沿う外来語動名詞のコーパス・データベース等が得られな

---

[10] 一字漢語動詞と二字漢語動詞の体系的な違いについては三宅(2010), 田川(2015)を参照されたい(cf. 田野村 2001; 屋名池 2011)。

かったため，下記に挙げる語は先行研究で外来語動名詞として取り上げられたことがあるもの，外来語に関するリスト[11]から動名詞として用いることができるものを筆者の内省を基準に選んだ。データの収集については陣内正敬・田中牧郎・相澤正夫(編)(2012)所収の各論文および茂木(2015)を参考にした。また，数が多いため本節では一部のみを示し，今回収集した語のリストは補遺に掲載することとした。収集の詳細な基準等についてもそちらを参照されたい。

(17) 外来語動名詞：自動詞タイプ
(要求が)エスカレートする，(マシンが)クラッシュする，(重点が)シフトする，(回線が)ショートする，(光が)スパークする，スピンする，(カバーが)スライドする，(パソコンが)スリープする，(値段が)ダウンする，(後輪が)バウンドする，(予定が)バッティングする，(タイヤが)パンクする，(デビュー作が)ヒットする，(パソコンが)フリーズする，(歌手が)ブレークする，リフレッシュする，リラックスする，(話が)ループする，(機体が)ローリングする，ワープする，…

(18) 外来語動名詞：他動詞タイプ
(やり方を)アドバイスする，(能力を)アピールする，(曲を)アレンジする，(状況を)イメージする，(連休を)エンジョイする，(来場者を)カウントする，(失敗を)カバーする，(調子を)キープする，(紙飛行機を)キャッチする，(宿泊を)キャンセルする，(課題を)クリアする，(失敗を)ケアする，(新商品を)ゲットする，(資料を)コピーする，(感想を)コメントする，(マシンを)コントロールする，(お菓子を)サービスする，(同僚を)サポートする，(カードを)シャッフルする，(高校生を)スカウトする，(手順を)スキップする，(新事実を)スクープする，(食材を)ストックする，(背中を)ストレッチする，(洗剤を)スプレーする，(メールを)スルーする，

---

[11] 「外来語の言い換え提案の索引(http://www.weblio.jp/category/dictionary/grikt)」(2015年9月19日確認)および「カタカナ語を教えるために—カタカナ語(外来語)の教師用参考書—(http://katakanago.web.fc2.com/)」(2015年9月19日確認)

(力を)セーブする，(目覚まし時計を)セットする，(全文を)タイプする，(画面を)タッチする，(値段を)チェックする，(お気に入りを)チョイスする，(服を)デザインする，(新製品を)テストする，(ドアを)ノックする，(試験を)パスする，(資料を)ファイルする，(余剰金を)プールする，(失言を)フォローする，(金額を)プラスする，(ゲームを)プレーする，(時計を)プレゼントする，(豆を)ブレンドする，(手順を)プログラムする，(情報を)ブロックする，(新曲を)プロデュースする，(参加を)ボイコットする，(怪しい人物を)マークする，(技術を)マスターする，(伝言を)メモする，(競争相手を)リードする，(空き缶を)リサイクルする，(関係を)リセットする，(新作を)リリースする，(要点を)レクチャーする，(状況を)レポートする，(ビデオを)レンタルする，(車を)ロックする，…

(19) 外来語動名詞：自他両用タイプ
(給料が／を)アップする，(新店舗が／を)オープンする，(道具が／を)スイッチする，(新生活が／を)スタートする，(供給が／を)ストップする，(担当が／を)チェンジする，(5つの作品が／を)ノミネートする，(店が／を)リニューアルする，(時間が／を)ロスする，…

さらに大規模かつ正確な調査を行わなければ結論を出すことはできないが，漢語系と比べると，1)他動詞タイプがかなり多いこと，2)自他両用タイプがそれほど多くない点が特徴的である。特に他動詞タイプが多いことは現代の漢語系の動名詞において他動詞タイプの割合がそれほど高くないことと対照的である(漢語系については永澤2007を参照されたい)。

4.3 漢語動名詞との比較

ここでは上で示した外来語動名詞が漢語動名詞と同じような振る舞いを見せるか確認する。

まず，自動詞タイプに付く「する」「させ」についてであるが，下記に示すように基本的に「させ」による他動化が可能である。

(20) 外来語動名詞：自動詞タイプの「させ」による他動化

マシンがクラッシュする／マシンをクラッシュさせる，重点がシフトする／重点をシフトさせる，回線がショートする／回線をショートさせる，番組がスタートする／番組をスタートさせる，車がスピンする／車をスピンさせる，カバーがスライドする／カバーをスライドさせる，値段がダウンする／値段をダウンさせる，タイヤがパンクする／タイヤをパンクさせる，デビュー作がヒットする／デビュー作をヒットさせる，話がループする／話をループさせる，…

次に，名詞にした場合のノ句の解釈であるが，自動詞タイプでは動作主の解釈が不可能であるのに対して，他動詞タイプでは可能である。

(21) 外来語動名詞：ノ句の解釈
 a. 自動詞タイプ：太郎[*動作主／対象]のフリーズ／ブレーク
 b. 他動詞タイプ：太郎[動作主／対象]のアピール／コピー

最後に，他動詞タイプの可能の環境では，「する」の補充形の「でき」が現れる。

(22) 外来語動名詞：可能の形態[12]
 a. 太郎は自分の能力を十分アピールできる。
 b. 太郎は良い新人をスカウトできた。
 c. 太郎は最初から競争相手をリードできた。

このように，本稿の議論の範囲では漢語系と外来語系の間に明確な違いはない。これはすなわち，動名詞の自他と「する」「させる」の分布という点に関して語種の違いおよび形態構造の複雑さは関係していないということを示している。

---

[12] 茂木俊伸氏より「リフレッシュ」「リラックス」は自動詞であるにも関わらず「できる」との共起が可能であるとの指摘を受けた。これは，これらの外来語動名詞のガ句に意志的な解釈が可能であることと関係しているのではないかと推察されるが，さらに詳細な分析が必要である。

5. おわりに
5.1 成果と課題

本稿では動名詞の自動詞タイプと他動詞タイプの自他に関する振る舞いにおける「させ」の分布に関する問題提起を行い，両タイプでは形成する統語構造において CAUS の位置が異なっていると考えることによって分析できると提案した．さらに，漢語系だけでなく外来語系の動名詞も同じように分析できることを示した．

理論的な側面での貢献としては次の点が指摘できる．本稿の分析は "high/low attachment analyses" (Harley 2008: 45) に類するものであると言える．関連のある複数の文法環境を同じ統語範疇の位置(構造に加わるタイミング)の違いによって分析する方法は様々な言語の言語現象に対して試みられてきているが，この手法は近年日本語研究においても盛んになっている「カートグラフィー(cartography)」研究に対して興味深い問題を提起する．特に，統語範疇の位置や順序が基本的には普遍的であるとするアプローチにとって同一の範疇が異なる位置に現れるという分析は問題となる．また，本稿の分析の基盤として用いた田川(2009, 2015)は日本語に関する研究が比較的まだ少ない分散形態論(Distributed Morphology)というモデルを用いている．本稿では理論的な詳細には立ち入らなかったが，この研究も分散形態論のケーススタディとして位置付けることができるであろう．

記述的な側面での貢献としては，漢語系だけでなく外来語系の動名詞を分析することの意義を具体的に示し，また粗いものではあるが，外来語系の動名詞の振る舞いを記述したという点が挙げられる．特に外来語動名詞において比較的他動詞タイプが多く自他両用タイプが少ないという傾向が事実であれば，漢語動名詞の振る舞いとの比較から，文法論，形態論，語彙論にまたがる一つの新しい問題提起となる可能性がある．

理論的・技術的に解決しなければならない問題点・課題は田川(2015)でも複数指摘されているが，本稿の議論に関する範囲で述べると，なぜ動名詞内部に現れる主要部 CAUS は「させ」として具現しないかというものがある．解決策としてはたとえば CAUS が動詞範疇を選択している場合にのみ「させ」が現れるとする可能性が考えられるが，そうなると「させ」の形態規則を変

更する必要があり，使役が関わる他の文法環境の分析にも影響が出てくるため，詳細については稿を改めて論じることとしたい。

　記述的な側面での問題点としては，まず自他両形タイプの分析が本稿で提示した分析と整合的であるかどうか確認する必要がある。また，1. でやはり取り扱わないとした他動詞タイプに現れるが統語的使役を形成しない「させ」をどう分析するかということも問題になる。先行研究の知見によればやはりこのタイプの「させ」にも使役や動作主性が関わっているようであり，形態の分布とともにこの文法環境も合わせて分析できるモデルの構築が求められる。

5.2　理論研究と日本語研究

　最後に，日本語研究における理論研究について少し触れておきたい。

　"いわゆる"理論研究と"いわゆる"記述研究の接点を探る試みは定期的に行われているが[13]，各研究分野が発展を続けている状況において個人が両方の研究をフォローし続けることは年々困難になってきているとさえ言えるだろう。筆者にはその両方に関わり続けることで自身の研究が進んだり，面白いテーマが見つかったりするという体験・実感があるので，できれば多くの研究者にお勧めしたいところであるが，上記のような事情もあり実際にはなかなか気軽には踏み切れないかもしれない。

　理論研究が主眼でない研究において理論研究に言及したりその枠組みを援用したりする場合に多いのは，その概念等を問題解決・分析に使うというやり方であるように思われるが，ここではそれに加えて，理論研究（の知見）を問題発見のために（も）使ってみることを提案したい。理論研究の問題設定，テーマにはもちろん各理論特有のものも多いが，その理論の外である程度広く共有できるものもまた多く存在する。本稿で取り上げたテーマで言えば，他動詞タイプに他動化辞の「させ」が現れないことが問題として設定できるということは特定の枠組み，背景を前提にしないとなかなか明確化できないが，理論の枠を越えて共有できる問題設定になりうる。これが，大まかに言えば動名詞部分ですでに他動詞であることが決まっていてその外側に他動化

---

[13] たとえば最近のものでは日本語学会2014年度秋季大会シンポジウム「一般言語理論と日本語研究」のような興味深い試みがある（金水（他）2015を参照）。

の要素は必要ないというシンプルな分析につながっていくわけであるが，それを理論的に実現すると，動名詞の性質や日本語の階層構造など大きな問題にもつながっていくのである。

　また，本稿で取り上げた外来語のように，多くの研究の蓄積がある現代日本語(共通語)においてさえ現象面の解明や詳細な記述がまだまだ必要なことも多い。そのような新しい記述が記述研究だけでなく理論研究にインパクトをもたらすこともあるだろう。筆者は外来語がその候補の一つになりうるのではないかと期待している。

　筆者の個人的な信念として，「良い理論は良い記述を生み出し，良い記述は良い理論を生み出す」というものがある。残念ながら筆者個人でそれを実現することができたという実感はまだないが，そのような研究や交流には実際に遭遇してきた。特に複数の研究者が交流・関係を持つことによって実現される可能性は現在の状況においても高いのではないだろうか。本稿を読むのはおそらくどちらかというと記述研究になじみがある方が多いのではないかと想像しているが，これを読んで「理論研究者と(もう少し)話をしてみよう」「理論研究のイベントに(少しなら)参加してもいいかな」といったことを考えてくれる方がわずかでも増えてくれれば，日本語を対象とした理論言語学研究に携わっている者としてこれ以上の喜びはない。

補遺　外来語動名詞のリスト

　特定の分野でのみ用いられまだ広くは用いられていないと考えられる外来語動名詞(例：スケールする[14])についてはここでは取り上げないこととした。判断が難しいことも多く，その場合には辞書に「サ変動詞」であるという記述があるかどうか，分野・文脈に偏りのない実例が見られるかどうかを参考にした[15]が，最終的な判断はあくまでも筆者の内省に基づいている。また，複

14　「最近，ビジネスマンの間で使われているのをよく耳にする。「このサービスはスケールする」とかなんだが，基本的には，仕組みはそのままで利用を増やせるという意味ですね。」(2013年09月21日の記事「「スケールする」とは」http://blog.livedoor.jp/mr_panorama/archives/86515.html)(2015年9月19日確認)

15　ただし，記述があっても例文が伴っていないものや，例文が適切でないものも見受けられたので，あくまでも参考として用いた。ビタン(2012)にも外来語動名詞について

数の語義があるものについてはやはりより一般的であると考えられるものを優先的に取り扱っている。たとえば,『明鏡国語辞典』では「ブレークする」に「テニスで,相手にサービス権のあるゲームに勝つこと。」と「爆発的に売れること。」という語義を設けているが,この場合後者の語義を採用した。

さらに,本稿で取り上げる外来語動名詞にとっては形態構造が複雑でないことが重要なので,明らかに複合語と対応する外来語動名詞(例:プリントアウトする)もやはり自他に関する分類の対象にはしなかった[16]。ただし,「トレーニングする(-ing)」「カスタマイズする(-ize)」のように,原語で考えると接辞を含むものについては排除していない。

和製外来語は特に排除していないが,外来語化する際に短縮化などの形態的操作を経ていると考えられるもの(例:レスする(返信する))[17]はそうでないものと形態的特性が異なる可能性があるため,以下のリストには含めていない。

今後の研究の広がりを考慮して明確に排除できるもの以外は採用することにしたが,辞書だけでなく各種コーパスを用いたデータベースの構築とそれぞれの語の特徴についてさらなる検証が必要である[18]。

【外来語動名詞:自動詞タイプ】[19]
(ボールが)アウトする[20],アクセスする,アジャストする,(エベレストに)アタックする,アプローチする,アルバイトする,(ボールが)イレギュラーする,

---

辞書の記述とコーパスにおける振る舞いに差が見られるという指摘がある。
16 原語を基準とすることの有用性や,借用語における接辞,屈折/派生形態素の取り扱いなど,この点についても今後さらに研究を進める必要がある。
17 他には「インフレする」「オペする」「セクハラする」「ナビする」「プレゼンする」「リストラする」「リハビリする」「レスする」などがある。
18 初稿を書き上げた後にビタン(2012)による詳細な辞書・コーパス調査があることを知った。管見の限りではこれが現在最も網羅性の高い外来語動名詞に関するデータであると考えられるが,紙幅等の都合もあり本稿の考察との詳細な比較を行うことができなかった。今後の課題としたい。
19 ここには二句を取れるものも分類しており,準他動詞(杉本1991)が含まれている可能性もある。またいわゆる非能格自動詞も含めている。
20 「アウト」「イレギュラー」についてはスポーツに関する一種の専門用語であるとも考えられるが,広く複数の競技で使用されるようなのでここでは記載することとした。

(要求が)エスカレートする，ガーデニングする，キスする，(マシンが)クラッシュする，(道が)クロスする，ゴールする，コミットする，コミュニケーションする，(重点が)シフトする，ジャッジする，ジャンプする，(回線が)ショートする，ショッピングする，スクーリングする，ステイする，ステップする，ストライキする，(光が)スパークする，スピーチする，スピンする，(カバーが)スライドする，(パソコンが)スリープする，スリップする，セールする，セックスする，ターンする，(値段が)ダウンする，タックルする，ダンスする，チャットする，チャレンジする，ディベートする，デビューする，トークする，トライする，トレーニングする，(ボールが)ネットする，(後輪が)バウンドする，(予定が)バッティングする，パフォーマンスする，(タイヤが)パンクする，(デビュー作が)ヒットする，ファイトする，フィーバーする，(服が)フィットする，フィニッシュする，ブーイングする，(パソコンが)フリーズする，ブリッジする，(歌手が)ブレークする，ペイする，(ボールが)ホップする，(家具が)マッチする，メールする，リバースする，(体重が)リバウンドする，リフレッシュする，リラックスする，(話が)ループする，(機体が)ローリングする，ワープする，…

【外来語動名詞：他動詞タイプ】[21]
(論文を)アクセプトする，(成功を)アシストする，(やり方を)アドバイスする，(能力を)アピールする，(曲を)アレンジする，(曲を)アンコールする，(状況を)イメージする，(読み手を)インスパイアする，(状況を)インタビューする，(文章を)インデントする，(気になったものを)ウォッチする，(連休を)エンジョイする，(飲み物を)オーダーする，(基準を)オーバーする，(スイッチを)オフする，(新しい依頼を)オファーする，(要人を)ガードする，(患者を)カウンセリングする，(来場者を)カウントする，(マシンを)カスタマイズする，(賃金を)カットする，(AとBを)カップリングする，(資料を)カテゴライズする，(失敗を)カバーする，(調子を)キープする，(ボールを)キックする，(紙飛行機を)キャッチする，(宿泊を)キャンセルする，(課題を)クリアする，(エアコン

---

[21] いわゆる経路のヲ句等，他動詞の目的語ではない可能性があるヲ句を取るものも広くここに含めている。

を）クリーニングする，（ボタンを）クリックする，（資料を）クリップする，（店を）クローズする，（失敗を）ケアする，（新商品を）ゲットする，（高校生を）コーチする，（全身を）コーディネートする，（判定を）コールする，（資料を）コピーする，（感想を）コメントする，（商品を）コラボレートする，（マシンを）コントロールする，（作品を）コンプリートする，（チャンネルを）サーチする，（お菓子を）サービスする，（論文を）サーベイする，（自分の名前を）サインする，（同僚を）サポートする，（チーズを）サンドイッチする，（情報を）シェアする，（5年後を）シミュレーションする，（名前を）シャウトする，（カードを）シャッフルする，（ボールを）シュートする，（画像を）ズームする，（ラケットを）スイングする，（高校生を）スカウトする，（手順を）スキップする，（新事実を）スクープする，（情報を）スクリーニングする，（食材を）ストックする，（背中を）ストレッチする，（洗剤を）スプレーする，（メールを）スルーする，（力を）セーブする，（目覚まし時計を）セットする，（服を）セレクトする，（全文を）タイプする，（坂を）ダッシュする，（画面を）タッチする，（画面を）タップする，（商品を）ダンピングする，（値段を）チェックする，（お金を）チャージする，（飛行機を）チャーターする，（お気に入りを）チョイスする，（売れ残りを）ディスカウントする，（難しいテーマを）ディスカッションする，（花を）デコレートする，（服を）デザインする，（新製品を）テストする，（ピザを）デリバリーする[22]，（ボールを）トスする，（フルーツを）トッピングする，（北海道を）ドライブする，（コーヒーを）ドリップする，（輪郭を）トレースする，（選手を）トレードする，（ファイルを）ドロップする，（ゴロを）トンネルする，（自分の子供を）ネグレクトする，（ドアを）ノックする，（子供を）ハグする，（試験を）パスする，（商品を）パッキングする，（顔を）パックする，（近所を）パトロールする，（花粉を）バリアする，（大通りを）パレードする，（詳細を）ヒアリングする，（資料を）ファイルする，（情報を）フィルタリングする，（余剰金を）プールする，（パソコンを）フォーマットする，（失言を）フォローする，（電話番号を）プッシュする，（金額を）プラスする，（髪を）ブリーチする，（花の絵を）プリントする，（ゲームを）プレーする，（板

---

[22] 「デリバリーする」は「この店はピザだけをデリバリーしている」「今日は寿司をデリバリーしよう」と言えることからわかるように，配達の提供側・受け手側両方の視点から用いることができる面白い性質を持っている。

を）プレスする，（時計を）プレゼントする，（豆を）ブレンドする，（髪を）ブローする，（手順を）プログラムする，（情報を）ブロックする，（新曲を）プロデュースする，（活動を）ヘルプする，（参加を）ボイコットする，（海老を）ボイルする，（肩を）ホールドする，（要求を）ポストする，（怪しい人物を）マークする，（賃金を）マイナスする，（技術を）マスターする，（生活を）マネージメントする，ミスする，（素材を）ミックスする，（出演者を）メークする，（伝言を）メモする，（車を）メンテナンスする，（状況を）モニタリングする，（野菜を）ラップする，（川沿いを）ランニングする，（情報を）リークする，（機器を）リースする，（競争相手を）リードする，（若手を）リクルートする，（商品を）リコールする，（おいしいお店を）リサーチする，（空き缶を）リサイクルする，（論文を）リジェクトする，（問題点を）リストする，（先人を）リスペクトする，（関係を）リセットする，（配当を）リターンする，（レースを）リタイアする，（映像を）リプレーする，（生活用品を）リユースする，（新作を）リリースする，（要点を）レクチャーする，（作り方を）レッスンする，（状況を）レポートする，（ビデオを）レンタルする，（車を）ロックする，…

【外来語動名詞：自他両用タイプ】
（給料が／を）アップする，（新店舗が／を）オープンする，（道具が／を）スイッチする，（新生活が／を）スタートする，（供給が／を）ストップする，（担当が／を）チェンジする，（5つの作品が／を）ノミネートする，（車が／利益の一部を）バックする，（店が／を）リニューアルする，（情報が／サイトを）リンクする，（時間が／を）ロスする，…

　また，上述した複合語に対応すると考えられる語のリストも参考のため下記に示しておく。動詞として用いることができるかどうかの判断についてはやはり筆者の内省に基づいている。この種の外来語はまだ多く見つけることができそうであるし，原語で句動詞であるもの，修飾 - 被修飾関係，項 - 述語関係といったように各要素の関係にもいくつかのタイプがありそうなので，漢語系の動名詞の形態構造との比較という点からも興味深い研究対象になるのではないだろうか。

【複合語に対応すると考えられるもの】
アウトソーシング，アウトプット，アップデート，インプット，ウォーミングアップ，クールダウン，クローズアップ，コールバック，ソフトランディング，ダウンロード，ヒートアップ，ピックアップ，フィードバック，フェードアウト，ブックマーク，プリントアウト，ペイオフ，ライトアップ，ラストスパート，リスクヘッジ，リストアップ，レベルアップ，ログアウト，ログイン，…

付記

　研究の構想段階で秋本隆之氏および依田悠介氏との議論から重要な示唆を得ることができた。また草稿の段階で茂木俊伸氏より多くの重要なご指摘をいただいた。記して感謝したい。本稿における不備や誤りはすべて筆者の責任である。

　本研究は日本学術振興会科研費「分散形態論を用いた日本語の時・法と語性の形式的研究」(平成27-29年度，研究代表者：田川拓海，課題番号15K16758)による援助を受けている。

参照文献

奥津敬一郎(1967)「自動化・他動化および両極化転形―自・他動詞の対応―」,『国語学』70, pp. 45-66.
影山太郎(1993)『文法と語形成』, ひつじ書房.
影山太郎(1996)『動詞意味論―言語と認知の接点―』, くろしお出版.
金水敏(他)(2015)「日本語学会2014年度秋季大会シンポジウム報告　一般言語理論と日本語研究」,『日本語の研究』11-2, pp. 162-167.
小林英樹(2004)『現代日本語の漢語動名詞の研究』, ひつじ書房.
定延利之(2000)『認知言語論』, 大修館書店.
陣内正敬・田中牧郎・相澤正夫(編)(2012)『外来語研究の新展開』, おうふう.
杉本武(1991)「ニ格をとる自動詞―準他動詞と受動詞―」, 仁田義雄(編)『日本語のヴォイスと他動性』pp. 233-250, くろしお出版.
田川拓海(2009)「分散形態論による動詞の活用と語形成の研究」, 筑波大学博士論文.
田川拓海(2015)「「する」と「できる」の具現に対する感循環異形態分析」,『KLS 35: Proceedings of the Thirty-Ninth Annual Meeting of The Kansai Linguistic Society』, pp. 109-120.
田野村忠温(2001)「サ変動詞の活用のゆれについて―電子資料に基づく分析―」,『日本語科学』9, pp. 9-32.

張志剛(2014)『現代日本語の二字漢語動詞の自他』, くろしお出版.
寺村秀夫(1982)『日本語のシンタクスと意味Ⅰ』, くろしお出版.
永澤済(2007)「漢語動詞の自他体系の近代から現代への変化」,『日本語の研究』3-4, pp. 17-32.
西山國雄(2013)「分散形態論」,『レキシコンフォーラム』6, pp. 303-326, ひつじ書房.
ビタン・マダリナ(2012)「機能形態素-ing を含んだ外来語の形態・用法の特徴―「～する」動詞化の可否をめぐって―」, 筑波大学修士論文.
三宅知宏(2010)「"一字漢語スル"型動詞をめぐって」, 大島弘子・中澤晶子・ブラン・ラウル(編)『漢語の言語学』, pp. 107-119, くろしお出版.
茂木俊伸(2012)「文法的視点から見た外来語―外来語の品詞性とコロケーション―」, 陣内正敬・田中牧郎・相澤正夫(編)『外来語研究の新展開』, pp. 46-61, おうふう.
茂木俊伸(2015)「コーパスを用いた外来語サ変動詞の分析―「マークする」を例として―」,『文学部論叢』106, pp. 83-95, 熊本大学.
森篤嗣(2014)「漢語サ変動詞におけるスル―サセルの置換について―」,『帝塚山大学現代生活学部紀要』10, pp. 139-147, 帝塚山大学.
屋名池誠(2011)「第 2 章 文法論と語彙」, 斎藤倫明・石井正彦(編)『これからの語彙論』, pp. 97-112, ひつじ書房.
山田一美・山田勇人(2009)「漢語サセル動詞に関する一考察」,『紀要』39, pp. 19-29, 大阪女学院大学・短期大学.
楊昺郎(2010)「国語辞典における自他認定について―自他両用の二字漢語動詞を中心に」,『筑波日本語研究』14, pp. 75-95, 筑波大学大学院日本語学研究室.
Alexiadou, Artemis (1999) Remarks on the syntax of process nominals: An ergative pattern in nominative-accusative languages. *Proceedings of North East Linguistic Society* 29. pp. 1-15.
Harley, Heidi (1995) *Subjects, Events and Licensing*. Ph.D. dissertation, MIT.
Harley, Heidi (2008) On the causative construction. In Shigeru Miyagawa and Mamoru Saito (eds.) *The Oxford Handbook of Japanese Linguistics*, pp. 20-53. Oxford: Oxford University Press.
Kiparsky, Paul (1973) "Elsewhere" in phonology. In Stephen R. Anderson and Paul Kiparsky (eds.) *A Festschrift for Morris Halle*. pp. 99-106. New York: Holt, Rinehart and Winston.
Miyagawa, Shigeru (1984) Blocking and the Japanese causative. *Lingua* 64. pp. 177-207.
Miyagawa, Shigeru (1998) *(s)ase* as an elsewhere causative and the syntactic nature of words. *Journal of Japanese Linguistics* 16, pp. 67-110.

現代日本語における未然形

佐々木冠

1. はじめに

　現代日本語動詞の否定形と使役形と受動形には形態素境界に関して二つの分析が共存している。未然形を用いる分析と未然形を用いない分析である。前者を未然形分析，後者を非未然形分析と呼ぶことにする。二つの分析の差異が明確になる子音語幹動詞を例に図式化すると次のようになる。

表1　未然形分析と非未然形分析

	否定形	使役形	受動形
未然形分析	kaka-na-i	kaka-se-ru	kaka-re-ru
非未然形分析	kak-ana-i	kak-ase-ru	kak-are-ru

　二つの分析の違いは接尾辞の異形態にも現れる。母音語幹動詞(見る)の否定形，使役形，受動形は，それぞれ，mi-na-i, mi-sase-ru, mi-rare-ru である。未然形分析では，否定接尾辞に異形態が存在しないことになり，使役接尾辞と受動接尾辞に音節数の異なる |-sase-, -se| と |-rare, -re| という異形態があることになる。一方，非未然形分析では，否定接尾辞に音節数の異なる |-na(-i), -ana(-i)| という異形態があり，使役接尾辞と受動接尾辞に先頭の子音の有無で対立する |-sase, -ase| と |-rare, -are| という異形態が存在することになる。

　本稿では，方言の動詞活用形と非標準的な標準語の語形の分析を通して，未然形を認めることの妥当性を検証する。分析の対象とする現象は，否定形のラ行五段化，使役形と自発形のゆれ，否定推量形におけるホストの水平化である。未然形は構造主義以降の日本語研究でその存在を否定されることが多い。本稿では，方言の述語形式や述語形式のゆれ(標準語のそれを含む)を説明する上では未然形の存在を認めた方がよいことを明らかにする。また，

分布と機能から，未然形を基幹語幹の異形態とする分析を提案する。複数の現象を扱うため，それぞれの現象の分析は概略的なものとなる。

なお，本稿では「未然形」を，否定接尾辞 -na(-i) に先行する動詞の形式を指すラベルとして用いることにする。「未然(irrealis)」という名称の妥当性については別な機会に論じたい。また，本稿では形態素の異形態を列挙するだけにとどめ，異形態を音韻規則で関係づけるべきか否かは議論しない。

2. 否定形の二つの分析

未然形分析と非未然形分析は20世紀半ば以降併存しているが，それぞれの立場の研究者がもう一つの立場を批判して自らの立場を正当化することはまれである。正当化がなされている場合でも，対立する立場を批判することに成功していない。ここでは Shibatani(1990) と清瀬(1971) を取り上げ，先行研究におけるそれぞれの立場の正当化の問題を明らかにする。

Shibatani(1990) は，(1) の構造を前提として，「接尾辞や助詞は語根でなく語幹に接続する」という一般化に反するため，Bloch(1946) 提唱の非未然形分析(kak-ana-i)は問題があると批判する。

(1)　　[単語[語幹[語根　kak] -a] -na-i]　　　　　　　　(Shibatani 1990)

この批判は非未然形分析に対する批判として不十分である。接尾辞のホストが一貫して語幹であるとしても，そのことは語根と同形の要素への接尾辞の接続と矛盾しない。それ以上分解できない形態素が語根であり，単語から接辞を取り去った要素が語幹である(Aronoff & Fudeman 2005: 2; Nida 1946: 81-82)。語幹が語根と同形であることを妨げるものは何もない。Aronoff & Fudeman(2005: 2) は，英語の agree という要素についてそれ以上分解できない点で語根であるが，disagree において接頭辞 dis- が付加される点では語幹として機能していると述べている。Nida(1946: 82) は，英語の manly に含まれる man について同様の見方をしている。これらと同じことは「書かない」の kak- にも当てはまる。「書かない」を kak-ana-i と分析した際の kak- はそれ以上分析できない点で語根と認められると同時に，接尾辞 -ana(-i) のホストになっている点で語幹と見なすことができる。つまり，非未然形分析の立場に立ったとしても否定接尾辞が語幹に接続すると考えることは可

能である。これ以降，語根と同形の語幹をはだか語幹(bare-stem)と呼ぶことにする。

　清瀬(1971)は管見の及ぶ限りでは最も一貫性のある非未然形分析である。この論文の中で清瀬は，膠着語であるという形態類型論上の性質から，日本語には語形変化があり得ず，それ故未然形もあり得ないと主張する。しかし，日本語が膠着的であることを認めた場合でも未然形を認める立場はあり得る。服部(1950)は，「書く」の終止形，連用形，命令形，未然形を kak|u, kak|i, kak|e, kak|a-(「|」は形態素境界を表す。未然形に「-」が付いているのは独立用法がないため)と分析した上で，「共通の部分は同じ意味を表わし，異なる部分は異なる意味を表わすと考えられるから，これらの部分はいずれも形式(モルフェーム)であると認められる」としている。服部の分析に従うと未然形の構造は膠着的である。形態素境界も明確であるし，形態素と意味・機能の関係も一対一だからである[1]。

　では，未然形分析と非未然形分析に関して日本語動詞の一般的な構造や形態類型論上の性格付けからの正当化が成功していないのであれば，どちらの立場で分析しても問題がないのであろうか。風間(1991: 259)は，未然形分析をとるか否かに関して「別の観点からは，当然，別の体系も考えられよう」と述べている。どちらの立場をとっても現実に存在する言語データを分析し尽くせるのであれば，二つの分析のいずれかが妥当ということではなく，観点の違いということになるだろう。いずれか一方の分析の妥当性を主張するためには，もう一方の分析では分析できない(または分析しがたい)言語現象を指摘する必要がある。

3. 東日本で否定形のラ行五段化が生じないこと

　ある現象が体系的に生じないことは，言語の構造および体系を考える上で重要な証拠になる。これは，非文が文法研究において果たす役割を考えれば

---

[1] そもそも言語の形態類型は程度問題であり，膠着語でも高度に膠着的な言語もあれば，融合語(屈折語)的な性質を帯びる言語もある(Dixon 1997)。活用が融合語(屈折語)に典型的なものだと認めたとしても，膠着的な言語にそれが存在するかどうかは検証しなければわからないことである。

明らかである。動詞の否定非過去形が [...nai] もしくは [...ne:] に類する形式で終わる方言では否定形のラ行五段化が生じないことが小林 (1995) によって指摘されている。この制限は動詞の否定形の形態的構成を考える上で重要である。この節では，小林 (1995) の指摘する制限を説明する上で，未然形分析が有効であることを明らかにする。

　否定形のラ行五段化は，一段活用動詞の否定形がラ行五段動詞の否定形 (toraN「とらない」) と同様に [...raN] で終わる形式になる現象である。具体的には，miN (見ない) が miraN のように変化する現象である。この現象は西日本 (東端は岐阜県) から琉球列島にかけて分布するもので，東日本の方言には見られない。

　否定形のラ行五段化は，その名称から期待されるところと異なり語幹の変化ではなく，否定接尾辞の変化と考えられる。ラ行五段化を語幹の変化と見る分析も提案されているが (黒木 2012)，ラ行五段化を接尾辞の変化とする分析 (デ・シェン 1987) も提案されている。筆者は後者の分析が妥当と考える。以下で用いる「否定形のラ行五段化」は便宜的なラベルと了解されたい。

　否定形のラ行五段化が語幹ではなく接尾辞の変化であることは，この現象が生じている動詞の語形変化から明らかである。この現象が生じている方言で古典語の一段活用動詞に由来する動詞は二つのクラスに分かれる場合がある。全ての語形変化においてラ行五段動詞と同様の語形になる動詞と否定形がラ行五段活用動詞と同様の形式になっていても他の活用形はラ行五段活用動詞とは異なる形式をとる動詞である。例えば，大分県九重方言の miru「見る」と juru「射る」はともに一段活用動詞に由来する動詞だが，活用が異なる (糸井 1964)。juru はラ行五段活用動詞と同様に過去形で促音便が生じ (juQta, cf. toQta「取った」)，命令形は /e/ で終わる (jure, cf. tore「取れ」)。一方，miru の過去形は音便を被らない mita であり，命令形も子音語幹動詞とは異なり，/jo/ で終わる形式である (mijo)。形態音韻論上の振る舞いから考えて，juru は子音語幹動詞 jur- に変化したものと考えられるが，miru は母音語幹動詞 mi- のままであると考えられる。両者はともに否定形が [...raN] で終わる形式である (juraN, miraN)。「見る」がこの方言でも母音語根動詞である以上，「見る」の否定形がラ行五段動詞と同様 [...raN] で終わるのは，この

方言の否定接尾辞に -raN という異形態が生じたためと考えざるを得ない。

　否定形のラ行五段化が生じていない西日本の方言では,「見る」の否定形は miN である。こちらの方がより古い形式である。mi-N から mi-raN への変化は, 否定接尾辞が -N から -raN に変わることによって生じた。-raN という異形態は, 否定接尾辞の韻律的な不安定性の解消をモチーフとした五段動詞の否定形の再分析と可能動詞のラ抜き現象に並行的な類推の結果生じたものと考えられる。

　小林(1995: 14)は, 否定形のラ行五段化の背景には否定接尾辞の韻律的な不安定性があることを指摘する。

　　ナイに比較してンは音としての独立性が弱いために, ラを挿入することによって形態を安定させようとしたのではないか, ということである。

(小林 1995: 14)

　ここで指摘されている独立性の弱さとは, 次のようなことを意味するものと思われる。否定接尾辞 -N は子音一つだけからなる形態素であり, モーラを担う要素ではあるものの, それ自体で音節を構成せず, 常に先行する形態素末の母音を音節核とし, 音節の依存部に位置づけられる。一方, 東日本で用いられる -na(-i) は音節核を構成する要素である母音を含んでいるため, それ自体で音節を形成できる。この点で, -na(-i) に比べて -N は韻律的に独立性が低い。この状態を解消し, 否定接尾辞の安定を図るために /ra/ の挿入が生じたと小林(1995)は分析する。

　形態素の韻律的な独立性の低さを解消するには, 直前にある母音を取り込めばよい。しかし, 一段動詞の場合, 直前の母音は, 語根の一部でありかつ不変化部分なのでその分離は負担が重い。一方, 五段動詞の場合, 否定接尾辞の直前の母音 /a/ は語根に接続された語幹形成母音なので, その分離は負担が一段動詞の場合ほど重くないものと考えられる。子音語幹動詞の否定形が kaka-N のような「未然形＋否定接尾辞」であったとすると, 否定におけるラ行五段化への一歩は, 子音語幹動詞における否定形の形態素境界の再分析, そして -aN という否定接尾辞の異形態の成立であったと考えられる。

　母音語幹動詞に後接する -raN は, 類推によって生じたものと考えられる。日本語の接尾辞には, 母音始まりの形式とその母音の前に /r/ が来る形式が

交替するものが複数ある。非過去の{-u, -ru} (kak-u, mi-ru。標準語，九重方言とも)など。このようなパターンとの類推で，{-e, -rare}の対応関係が{-e, -re}に変わったのが，標準語に見られる可能動詞のラ抜き現象である（金田一 1977: 141)。ラ抜き現象の背後にある類推は以下のように図式化できる。

　　(2)　　tor-u: tor-e-ru = mi-ru: x(x = mi-re-ru)

　この類推と並行的な類推が，否定接尾辞 -aN が生じたあとで否定形に適用されると，以下に図式化するように，母音語幹動詞で miraN のような語形が生じる。-raN という異形態はこのようにして生じたものと考えられる。

　　(3)　　tor-u: tor-aN = mi-ru: x(x = mi-raN)

　未然形分析は，標準語を含む東日本の方言で否定形のラ行五段化が生じないことを予測する。東日本の方言では否定接尾辞が常に1音節以上のサイズを持っているため，否定形のラ行五段化の前提となる再分析が子音語幹動詞に生じる動機付けがない。kaka-na-i が kak-ana-i と再分析される動機付けがない以上，類推によって，{-ana(-i), -rana(-i)}という否定接尾辞のペアが生じることもあり得ない。

　これに対して，kakanai を kak-ana-i と分析する非未然形分析では，東日本の方言で否定形のラ行五段化が生じないことを予測することができない。東日本の方言においても否定接尾辞が母音始まりの異形態(-ana(-i))を持つと分析する以上，類推によってラ行五段化が生じる可能性があることになる。非未然形分析では，東日本の方言で否定形のラ行五段化が存在しないことは偶然に過ぎないのである。

　否定形のラ行五段化を mi- から mir- への語幹の変化と見なす分析がある。この変化が黒木(2012: 117)が分析するように「少数派を多数派に合流させるためのもの」(少数派は母音語幹動詞，多数派は子音語幹動詞)であるのならば，西日本だけでなく東日本の方言でも否定形のラ行五段化が生じることが期待される。この分析においても東日本の方言で否定形のラ行五段化が存在しないことは偶然に過ぎないのである。

　動詞の否定非過去形が[...nai]もしくは[...neː]に類する形式で終わる方言で否定形のラ行五段化が生じないという一般化には例外が一つだけ存在する。宜蘭クレオールである。宜蘭クレオールは日本語とアタヤル語の接触によっ

て誕生したクレオールで，台湾東部の宜蘭県大同郷と南澳郷に住む一部のアタヤル人とセデック人によって用いられている。簡・真田 (2011) によると現在・過去時制（未来時制と対立する）において are mada okiranay「彼はまだ起きていない」のようにラ行五段化した否定の形式が用いられる。

東日本の方言と同様に否定接尾辞が [...na...] という音連続を含むにもかかわらず否定のラ行五段化が生じているわけだが，このデータは上で述べた未然形分析の妥当性を否定するものではない。簡 (2011) によると植民地統治時代の在台日本人の約70％が西日本出身であり，在台人口が多い7つの県（鹿児島，熊本，福岡，広島，佐賀，長崎，山口の順）のうち5つの県は否定のラ行五段化がある方言が話されている県である。これらの方言からの影響によって宜蘭クレオールにおける否定のラ行五段化が生じたものと考えられる。なお，宜蘭クレオールには西日本の方言の -N に対応する否定接尾辞 -ng も存在しており，-nay と -ng は既然の事態・行為の否定と未然の事態・行為の否定というかたちで対立している。未然の事態・行為の否定の -ng は音節の核になり得ない韻律的な独立性の低い要素なので，大分県九重方言で生じたのと同様の形態素境界の再分析を誘発し得る。このように否定のラ行五段化を持つ方言から強い影響を受ける環境でない限り動詞の否定非過去形が [...nai] もしくは [...ne:] に類する形式で終わる方言で否定のラ行五段化は生じないことは，未然形分析の正しさの傍証となる。

東日本で否定形のラ行五段化が生じないことは，東日本の方言において動詞の否定形が未然形と否定接尾辞に分割できることの証拠と考えられる。そして，この節の分析は，否定形のラ行五段化が生じている西日本の方言において否定形の非未然形分析が妥当であることをも証明するものである。では，否定形のラ行五段化が生じていない西日本の方言では，動詞の否定形に関して非未然形分析と未然形分析のどちらが妥当なのだろうか。この問題については5. で考えたい。

この節では一段活用動詞を例に否定形のラ行五段化の分析を行った。変格活用動詞と二段活用動詞は母音語幹動詞である。これらの動詞は，一段活用動詞と異なり，否定形のラ行五段化が生じない傾向がある。一段活用動詞とこれらの動詞の違いが何によるものか，ここでは詳しく論じることができな

いが，語幹末の母音の音価が変化するか否かが否定形のラ行五段化の生じやすさを左右している可能性がある。一段活用動詞は，接尾辞に先行する形式が不変化部分である。一方，変格活用動詞と二段活用動詞は，接尾辞に先行する母音の音価が変化する。この点では，子音語幹動詞と共通している。変格活用動詞と二段活用動詞の語幹末母音は，子音語幹動詞の未然形の /a/ と同様，否定接尾辞の一部として再解釈される余地があった可能性がある。

4. はだか語幹接続と未然形接続のゆれ

この節では使役形のサ入れ現象と自発形のラ入れ現象を取り上げ，接尾辞のホストがはだか語幹と未然形の間で揺れる現象として分析できることを明らかにする。ここで提案する分析は，標準的な態形態法に関して非未然形分析を前提としつつ未然形の存在を認めることによって可能になる。

4.1 サ入れ現象

サ入れ現象とは，使役形が標準形「書かせ」ではなく非標準形「書かさせ」になる現象を指す。Okada(2004) は，この現象が子音語幹動詞で生じやすく母音語幹動詞と /s/ で語幹が終わる動詞で生じにくいことを指摘している。そして，この傾向の背景には「サ」という音節の連続を回避する制約(Double-*sa* constraint, 二重サ制約)があるとする分析を展開している。

サ入れ現象という名称はその現象が音韻的な挿入現象であるかのような印象を与えるが，先行研究では使役形の形態変化と見なされてきた。この現象には 2 種類の形態論的分析が提唱されている。一つは接尾辞を -sase に統一する現象として捉える分析(使役接尾辞単一化分析，井上 2003)であり，もう一つは二重使役であるとする分析(二重使役分析，Sano 2011)である。

井上(2003)の使役接尾辞単一化分析は，使役接尾辞のホストが未然形であることを前提とする分析である。未然形を使役接尾辞のホストとした場合，子音語幹動詞，母音語幹動詞，カ変動詞の使役形は，それぞれ kaka-se, uke-sase, ko-sase と分析され，使役接尾辞には音節数の異なる二つの異形態があることになる。井上(2003)は，サ入れ現象を使役接尾辞を -sase に統一する現象として分析する。子音語幹動詞に -sase が付加された形式は kaka-sase で

あり，規範的な使役形に「サ」が挿入された形式になる。

　Sano(2011)によって提唱された二重使役分析は，使役接尾辞のホストがはだか語幹(語根と同形の語幹)であることを前提とする分析である。はだか語幹に使役接尾辞が接続する分析では，通常の使役接尾辞と短縮使役接尾辞の両方に，接尾辞の先頭の子音 /s/ の有無で対立する異形態(｛-sase, -ase｝, ｛-sas, -as｝)が想定されてきた(McCawley 1968; Miyagawa 1998)。二重使役分析では，サ入れ使役述語は，子音語幹動詞のはだか語幹に短縮使役接尾辞と使役接尾辞が後接したものとして分析される(kak-as-ase)。母音語幹動詞とカ変動詞において使役接尾辞の二重の付加が生じないことは二重サ制約に違反する構造を回避したものと見なされる(uke-sas-ase と ko-sas-ase は「サ」という音節が二つ続く構造になっており，二重サ制約に違反する構造になっている)。

　これらの先行研究は分析の前提が異なるが，サ変動詞を視野に入れていない点で共通している。サ変動詞のサ入れ現象を扱っている先行研究は水谷(2011)のみである。水谷(2011)はサ入れ現象によって将来「しさせ」というサ変動詞の使役形が生じることを予測している。水谷はこれから生じるサ入れ形式として「しさせ」を予測しているわけだが，実際にはこの形式はすでに存在している。『方言文法全国地図』第3集第121図「させる」によると福島県と茨城県北部に集中して sisaseru および siraseru に類する語形が分布している。この地域の方言には使役接尾辞が -rase のものもあるので，二つの使役語形は si-sase-ru, si-rase-ru と分析することができるだろう。サ変動詞の使役形が「しさせ」になっている例はインターネット上にも存在する。

　Sasaki(2013)は，インターネット上のサ入れ形式を調べ，その結果をもとに，サ入れ現象を使役接尾辞 -(s)ase のホストが未然形に統一される現象と分析することを提案した。この論文で示されている標準形(サ入れ現象が生じていない使役形)とサ入れ形式の割合を示す表を以下に示す。ただし，下記の表はオリジナルの表を和訳したものではない。もとの論文ではサ変動詞のデータは別の表に示されていたが，ここでは他のデータと同じ表に示してある。下記の表に示されたデータは，Yahoo! Japan を使って2013年3月27日に検索されたものである。ここで，サ変動詞のサ入れ形式として調査された形式

は「しさせ」である。検索語形はサ入れ現象が生じやすいことが指摘されているテ形を用いた。

表2 標準形とサ入れ形式の件数と割合

		件数		割合	
		標準形	サ入れ形式	標準形	サ入れ形式
カ変	来る	13,000,000	207	99.998%	0.002%
サ変	展示する	3,480,000	18,100	99.483%	0.517%
	勉強する	73,900,000	330,000	99.555%	0.445%
	報告する	38,300,000	199,000	99.483%	0.517%
母音語幹					
上一段	いる	12,600,000	1,990	99.984%	0.016%
	閉じる	3,160,000	35	99.999%	0.001%
下一段	寝る	4,650,000	106	99.998%	0.002%
	食べる	5,880,000	9,190	99.844%	0.156%
子音語幹					
カ行	書く	124,000,000	1,040,000	99.168%	0.832%
	省く	2,600,000	125,000	95.413%	4.587%
ガ行	漕ぐ	203,000	14,900	93.162%	6.838%
	泳ぐ	597,000	43,400	93.223%	6.777%
サ行	出す	62,000,000	50,600	99.918%	0.082%
	落とす	2,380,000	40	99.998%	0.002%
タ行	打つ	9,880,000	79,300	99.204%	0.796%
	育つ	16,800	197	98.841%	1.159%
ナ行	死ぬ	1,050,000	15,300	98.564%	1.436%
バ行	呼ぶ	27,500,000	366,000	98.687%	1.313%
	遊ぶ	2,480,000	254,000	90.710%	9.290%
マ行	読む	9,100,000	2,840,000	76.214%	23.786%
	盗む	708,000	26,300	96.418%	3.582%
ラ行	乗る	7,840,000	173,000	97.841%	2.159%
	語る	11,400,000	46,300	99.596%	0.404%
ワ行	言う	10,400,000	557,000	94.916%	5.084%
	払う	6,920,000	108,000	98.463%	1.537%

表2から，先行研究において二重サ制約に違反するために排除されることが予測されていたカ変動詞，/s/で終わる子音語幹動詞，母音語幹動詞のサ入れ形式の標準形に対する割合が0.2%未満であることがわかる。一方，サ変動詞のサ入れ形式「しさせ」が0.4%を越えており，「語る」のサ入れ形式よりも標準形に対する割合が高いことがわかる。

　Sasaki(2013)は，子音語幹動詞とサ変動詞に生じるサ入れ形式を捉えるため，サ入れ現象を使役接尾辞のホストが未然形に統一される現象であるとする分析を提案した。その分析を図式化したものが表3である。

表3　語幹の水平化としてのサ入れ現象

	標準形	サ入れ形式	変化
子音語幹動詞	kak-ase	kaka-sase	未然形ホスト
母音語幹動詞	uke-sase	uke-sase	音形に変化なし
カ変動詞	ko-sase	ko-sase	音形に変化なし
サ変動詞	s-ase	si-sase	未然形ホスト

　使役接尾辞の異形態を{-sase, -ase}であるとした場合，そのホストは子音語幹動詞とサ変動詞でははだか語幹であり，否定接尾辞-na(-i)のホストである未然形とは異なる形式をとる。一方，母音語幹動詞とカ変動詞の場合，使役接尾辞に先行する要素ははだか語幹と見なしえる要素であると同時に未然形でもある。母音語幹動詞においてははだか語幹(すなわち語根と同形の語幹)と未然形と連用形が同形である。カ変動詞に関してもはだか語幹と未然形が同形(ko-)であるとする分析が存在する(Whitman 2008)。動詞の標準的な使役形は，捉え方によってホストが複数の文法カテゴリーにまたがっていることになる。uke-とko-をはだか語幹と捉えれば，子音語幹動詞やサ変動詞と同様にはだか語幹が使役接尾辞のホストになっていることになる。一方，uke-とko-を未然形と捉えれば，使役接尾辞は動詞のクラスによってはだか語幹をホストとしたり未然形をホストとしたりすることになる。後者のとらえ方をして使役接尾辞のホストを未然形に統一したのがサ入れ形式であるというのが，Sasaki(2013)の提唱する分析である。

使役接尾辞のホストを未然形に統一する現象としてサ入れ現象を捉える分析は，特定の分節音に言及しないため，サ入れ形式が標準形に比べて余計に含んでいる母音が /a/ の場合(kaka-sase)と /i/ の場合(si-sase)を無理なく捉えられる。この分析は子音幹動詞に関して非未然形分析を前提とする。

井上(2003)が提唱する使役接尾辞単一化分析ではサ変動詞のサ入れ形式を分析することが困難である。井上(2003)の分析においてサ変動詞の使役形（標準形）が形態論的にどのように分析されるのか明らかではないが，あり得る分析は2通りある。一つは，使役接尾辞 -sase そのものがサ変動詞の使役形であり，それ以上分割できないとするものである。もう一つは，Shibatani (1990)のように，sa-se と分割する方法である。いずれも場合も sisase という形式を導くことは困難である。-sase そのものがサ変動詞の使役形であると考えた場合，使役接尾辞を -sase に統一するという要求はすでに実現されていることになり，語形の変化は生じようがない。また，sa-se の使役接尾辞を -sase にした場合，sasase という二重サ制約に違反する構造が生じるため，ここでも標準形以外の形式が生じる余地はない。なお，井上(2003)のように使役接尾辞を |-sase, -se| から -sase に統一する現象と考えるのではなく，|-ase, -sase| から -sase に統一する現象と考えた場合，上で指摘した問題は生じない。この点については，6. で取り上げる。

Sano(2011)が提唱する二重使役分析でも，si-sase を導くことは困難である。サ変動詞の二重使役形は s-as-ase であり，二重サ制約に違反する構造になっているため排除される。また，二重使役分析は統語論と意味論の観点でも問題がある。使役接尾辞は使役者という新しい項を構文に導入する機能を持つ形態素である。使役接尾辞が二つ動詞に付加されるのであれば，二つの使役者が構文に加わってしかるべきである。実際，使役接尾辞が二重に付加される構造を持つ琉球語首里方言では，二つの使役者（一方は被使役者でもある）が出現する(當山 2013参照)。一方，標準語に見られるサ入れ使役構文には使役者が二つ出現することはない。したがって，サ入れ表現を二重使役と見なす分析は統語論と意味論の観点でも無理がある。

サ入れ現象を使役接尾辞のホストを未然形に統一する現象として捉える分析では，標準形とサ入れ形式の併存をはだか語幹接続と未然形接続のゆれと

して捉える。この分析には三つのメリットがある。(i) 母音語幹動詞とカ変動詞でこの現象が生じないことを予測できる。(ii) サ変動詞の使役形のゆれも予測できる。(iii) 意味的に不必要な二重使役を想定しないで済む。この分析を行うためには，使役以外の形態法で未然形が存在することが前提となる。**3.** で示したように動詞の否定形が未然形と否定接尾辞で構成されると考えれば，サ入れ現象の説明にも未然形を用いることができるようになる[2]。

4.2. ラ入れ現象

使役接尾辞のサ入れ現象と同様接尾辞のホストがはだか語幹と未然形の間でゆれる現象は他の形態法にも存在する。北海道および東北地方には自発接尾辞 -(r)asar を使った自発述語の派生が生産的な方言が分布している。これらの方言では自発接尾辞の述語がはだか語幹をホストとしてとる場合が多い：子音語幹動詞「書かさる」kak-asar-u，母音語幹動詞「鍛えらさる」kitae-rasar-u，カ変動詞「来らさる」ko-rasar-u，サ変動詞「ささる」s-asar-u。子音語幹動詞とサ変動詞には前述の形式よりも「ら」が余計に入った形式，すなわち「書からさる」，「しらさる」が存在することが指摘されている (山崎 1994)。これらの形式を「ラ入れ形式」と呼ぶことにする。ラ入れ形式は母音語幹動詞とカ変動詞には見られない。

自発述語におけるラ入れ現象も前節で扱った使役形におけるサ入れ現象と同様に接尾辞のホストが未然形に統一される現象として分析することができる。はだか語幹に自発接尾辞が後接した形式とラ入れ形式のゆれを図式化したものが表4である。ここでは，はだか語幹に自発接尾辞が後接した形式を標準形とした。インターネット上で検索した場合，はだか語幹に自発接尾辞が後接した形式がラ入れ形式よりも圧倒的に多いからである。例えば2015年7月27日にYahoo! Japanで検索したところ，「書かさる」が4,030件あったのに対して，「書からさる」は8件しかなかった。

---

[2] サ入れ現象を使役接尾辞のホストの未然形への水平化と捉える分析は筆者が初めて提案したものではない。2007年10月28日に西山國雄氏が日本語文法学会で配付した資料によると，1990年代に John Whitman 氏が同様の分析の可能性を示唆したという。ただし，この分析はまだ出版されていないため議論の詳細は明らかでない。

表4 語幹の水平化としてのラ入れ現象

	標準形	ラ入れ形式	変化
子音語幹動詞	kak-asar-u	kaka-rasar-u	未然形ホスト
母音語幹動詞	kitae-rasar-u	kitae-rasar-u	音形に変化なし
カ変動詞	ko-rasar-u	ko-rasar-u	音形に変化なし
サ変動詞	s-asar-u	si-rasar-u	未然形ホスト

　標準形とラ入れ形式のゆれをはだか語幹接続と未然形接続のゆれとして捉える分析は，ゆれがはだか語幹と未然形(すなわち否定接尾辞のホスト)の形式が異なる子音語幹動詞とサ変動詞でしか生じず，母音語幹動詞とカ変動詞で生じ得ないことを正しく予測する。

　上述の自発述語に関する分析は，サ入れ現象の説明と同様に未然形の存在を前提とする。自発述語における標準形とラ入れ形式のゆれを未然形を用いずに分析することは困難である。未然形を用いない分析としては，連結母音を持つ異形態の出現，すなわち {-arasar, -rasar} の対が出現したとする分析と，サ抜き形式で用いられる自発接尾辞の異形態 -ar を含む二重自発として分析する方法があるだろう。サ抜き形式は，hagemas-asar-u(「励ます」の自発形)の実現形が [hagemasaru] になる現象で，「サ」という音節の連続を回避した結果と考えられている(Sasaki 2011)。連結母音を持つ自発接尾辞の異形態(-arasar)を想定する分析では，サ変動詞の自発形のゆれ sasaru 〜 sirasaru を分析する際に，-irasar という異形態を想定することになる。連結母音として /a/ が挿入される環境と /i/ が挿入される環境を予測することは困難である。/s/ の後ろに限り連結母音が /i/ になるという規則を導入した場合，/s/ で終わる子音語幹動詞の自発述語に関して，実際に存在する「沸かす」の自発形 wakasarasaru や「押す」の自発形 osarasaru ではなく *wakasirasaru や *osirasaru を予測する。wakasa-rasar-u および osa-rasar-u と形態素分割を行う本稿の分析ではこのような問題は生じない。

　二重自発分析でもサ行変格活用の自発述語のゆれに関して問題が生じる。この分析で標準形 s-asar-u に対応する二重使役形として期待されるのは *s-ar-asar-u であり，実際に存在する sirasaru ではない。

なお，北海道・東北地方の自発述語には，ko-sasar-u, si-sasar-u, noma-sasar-u, kitae-sasar-u など，自発述語のサ入れ形式とでも呼ぶべき形式が存在する。これらの形式も自発接尾辞のホストを未然形に統一したことによって生じた形式と考えられる。ラ入れ形式は，北海道および東北地方の伝統方言の態形態素の場合（受動の -rae，使役の -rase または -rahe）と同様，母音が先行する環境で /r/ が挿入される形態音韻論的プロセスが作用した結果と考えられる。一方，自発述語のサ入れ形式は，Nishiyama(1999)が標準語の使役接尾辞 -sase に関して想定しているのと同様の接尾辞に含まれる子音が二つの音節頭にリンクされた構造と捉えることができる。北海道および東北地方でも若い話者は母音語幹動詞に付属する使役接尾辞として -rase ではなく -sase を使う傾向があり，このような傾向が自発述語におけるサ入れ現象を生じさせているものと考えられる。

この節では，サ入れ現象とラ入れ現象について，接尾辞のホストがはだか語幹と未然形の間でゆれる現象として捉えることができることを示した。使役と自発はそれぞれ結合価の増減に関与する態形態法である。接尾辞のホストを未然形に統一する変化は態以外の形態法にも見られる。次節では，否定推量の「まい」のホストが未然形に統一される現象について考察する。

5. 否定推量のホストに未然形を選択する方言

否定推量の「まい」は子音語幹動詞の場合終止形をホストとしそれ以外の動詞では未然形をホストとするのが原則だが，子音語幹動詞以外でも終止形をホストとする場合がある。これは，「まい」のホストを終止形に統一する変化によるものと考えられる。これは標準語に見られるゆれだが，否定推量の接尾辞のホストが未然形に統一された方言が存在する。

茨城県南西部で話されている水海道方言（宮島 1961）の否定推量の接尾辞 -mee は否定接尾辞 -na(~-ne)と同じ形式の動詞をホストとしてとる。動詞の否定形と否定推量形と非過去形は以下のような形式になる。参考のために標準語の形式をも併せて示す。

表5　水海道方言の否定推量形および関連形式

		否定	否定推量	非過去
水海道方言	子音語幹動詞	kaga-nee	kaga-mee	kag-u
	母音語幹動詞	hare-nee	hare-mee	hare-ru
	カ変動詞	ki-nee	ki-mee	ku-ru
	サ変動詞	si-nee	si-mee	su-ru
標準語	子音語幹動詞	kaka-na-i	kak-u-mai	kak-u
	母音語幹動詞	hare-na-i	hare-mai, hare-ru-mai	hare-ru
	カ変動詞	ko-na-i	ko-mai, ku-mai, ku-ru-mai	ku-ru
	サ変動詞	si-na-i	(se-mai,) si-mai, su-ru-mai	su-ru

　否定接尾辞に先行する形式を未然形と認めた場合，水海道方言の否定推量接尾辞は一貫して未然形をホストとして選択していることになる。そして，このような体系は否定接尾辞に誘引されるかたちで否定推量接尾辞のホストが統一されたものと理解することができる。表5に示した水海道方言の形態素分割は未然形分析を反映したものである。

　非未然形分析の立場では，はだか語幹に否定接尾辞と否定推量接尾辞が後接し，子音語幹動詞には母音で始まる接尾辞(-anee, -amee)の異形態が用いられ，それ以外には子音で始まる接尾辞の異形態(-nee, -mee)が用いられると分析することになるだろう。この方言のカ変動詞のはだか語幹が ki- であるとすると，否定接尾辞，否定推量接尾辞そして態接尾辞がはだか語幹をホストとして選択することになる（否定: kak-anee, mi-nee, ki-mee; 否定推量: kak-amee, mi-mee, ki-mee; 使役: kak-ase-ru, mi-rase-ru, ki-rase-ru; 受動: kak-are-ru, mi-rare-ru, ki-rare-ru）。

　非未然形分析はサ変動詞には適用できない。この方言のサ変動詞のはだか語幹は s- である。これは使役形(sase)が s-ase と分析できることや受動形(sare)が s-are と分析できることから明らかである。はだか語幹に否定接尾辞が後接するのであれば，サ変動詞の否定形は *s-anee，否定推量形は *s-amee であることが期待される。しかし，実際には si-nee および si-mee である。

　「まい」に由来する接尾辞が子音語幹動詞においても未然形をホストとして

とる方言は西日本にも存在する。山口県東周防方言がそうである。舩木(2014)から関与的なデータを表6に示す。標記は音素標記に改めた。また，議論を複雑にしないためにナ変動詞を省略した。

表6　東周防方言の否定推量形および関連形式

	否定	否定推量	非過去
子音語幹動詞（書く）	kakaN	kakamaa, kakumaa	kaku
母音語幹動詞（見る）	miN	mimaa, mirumaa	miru
カ変動詞（来る）	koN	komaa, kurumaa	kuru
サ変動詞（する）	seN	semaa, surumaa, sumaa	suru, seru

未然形を認める分析のもとでは，この方言は，全てのタイプの動詞において未然形をホストとする否定推量形(kaka-maa, mi-maa, ko-maa, se-maa)と終止形をホストとする否定推量形(kak-u-maa, mi-ru-maa, ku-ru-maa, su-ru-maa)が共存している体系と考えることができる。この体系はホストを終止形に統一する変化とホストを未然形に統一する変化の両方が作用したことによって生じたものと考えられる。

東周防方言の否定推量形を非未然形分析で捉えようとするならば，終止形をホストとしない否定推量形は，はだか語幹に否定推量接尾辞{-amaa, -maa}が後接するものとして分析することになる(kak-amaa, mi-maa, ko-maa, se-maa)。この分析は，子音語幹動詞と母音語幹動詞とカ変動詞に関しては問題がない。受動や使役といった態の接尾辞のホストが否定接尾辞や否定推量接尾辞のホストと同形だからである(使役：kak-ase-ru〜kak-as-u, mi-sase-ru〜mi-sas-u, ko-sase-ru〜kosas-u；受動：kak-are-ru, mi-rare-ru, ko-rare-ru)。しかし，サ変動詞では問題が生じる。この動詞のはだか語幹が se- であるとすると，期待される使役形と受動形は，それぞれ，*se-sase-ru〜*se-sas-u と *se-rare-ru だが，実際の語形は s-ase-ru〜s-as-u と s-are-ru である。

水海道方言と東周防方言では，はだか語幹と未然形の対立の仕方が異なる。カ変動詞ではだか語幹と未然形が同形である点は共通だが，水海道方言はそれらが連用形と同形(ki-)である点で東周防方言と異なる(水海道方言ではカ変

動詞のもともとのはだか語幹に遡る ko- という要素は命令形の koo の中にしか現れない)。サ変動詞のはだか語幹と未然形は，水海道方言では s- と si-，東周防方言では s- と se- である。しかしながら，否定および否定推量接尾辞のホストを未然形とし，使役および受動接尾辞のホストをはだか語幹とする分析が適切である点で二つの方言は共通している。

　山口県東周防方言は，否定形のラ行五段化が生じていない西日本の方言である。この方言においても非未然形分析は動詞の形態法を分析する上で問題がある。未然形分析が妥当な方言は東日本の方言だけではないことがわかる。

6. 現代日本語における未然形の位置づけ

　本稿では，東日本の方言で否定形のラ行五段化が生じないことを説明するために未然形というカテゴリーを認める必要があることを示した。また，はだか語幹と区別される未然形を認めることが標準語におけるサ入れ現象や北海道方言のラ入れ現象の説明に有効であること，水海道方言と東周防方言の否定推量形の説明に有効であることを示した。

　では，未然形は現代日本語の形態法の中でどのように位置づけられるのであろうか。この問題を考える上で示唆的なのがサ入れ現象とラ入れ現象である。これらの現象は接尾辞のホストがはだか語幹と未然形の間でゆれている現象として分析できる。同じ接尾辞のホストとなり得ることから，この二つの形式の機能が近いことがわかる。はだか語幹と未然形は異形態の関係にある可能性がある。二つの形式が基幹語幹の異形態であるものとしよう。基幹語幹という名称は，未然形の基本的機能を動詞の様々な派生の基幹(base)とする松本(1995: 159)の分析を取り入れたものである。このように考えるならば，現代日本語の動詞は，基幹語幹に異形態がない動詞(母音語幹動詞とカ変動詞)と基幹語幹に異形態がある動詞(子音語幹動詞とサ変動詞)に分かれることになる。本稿で取り上げた言語体系のうち未然形を認めることが有効と考えられる四つの言語体系は基幹語幹のあり方が変格活用動詞で異なる。母音語幹動詞，カ変動詞，子音語幹動詞，サ変動詞の基幹語幹は，東周防方言では mi-, ko-, {kak-, kaka-}, {s-, se-} であり，標準語と北海道方言では mi-, ko-, {kak-, kaka-}, {s-, si-} であり，水海道方言では mi-, ki-, {kag-, kaga-},

|s-, si-|である。古典語では否定接尾辞と態接尾辞のホストになる要素がサ変動詞でも単一(se-)であった。現代語の方言は古典語に比べて基幹語幹の異形態を持つ動詞の種類が増えたことになる。このようなとらえ方が正しいとすると、服部(1950)が行ったようにkaka-の中に形態素境界を認める必要がないことになる。

異形態の選択は、開音節を基調とする日本語の音配列を反映したものと捉えることができる。否定接尾辞が/-na(-i)/であり、受動接尾辞の基底形がde Chene (2009)が主張するように/-are/であるとしよう。また、音節頭子音の存在を要求する制約(Onset, Prince & Smolensky 2004)や音節末子音が存在しないことを要求する制約(NoCoda, ibid.)が高い位置づけにあるとする。受動接尾辞のホストとして、kak-はkaka-に比べてOnsetの違反がない点で調和的である(ka.k-a.re.r-u > ka.ka.-a.re.r-u(「.」は音節境界を表し、「A > B」はAがBよりも調和的であることを表す))。否定接尾辞のホストとして、kaka-はkak-に比べてNoCodaに違反しない点で調和的である(ka.ka.-na-i > kak.-na.-i)。サ変動詞に関しても同様の分析が可能である。[3]

はだか語幹と未然形を基幹語幹の異形態と捉えた場合、4.でサ入れ現象とラ入れ現象の背景にあるとした語幹の水平化は、接尾辞を子音始まりのものに統一する水平化の副産物である可能性が出てくる。接尾辞を子音始まりのものに統一する場合、日本語の音配列論を考えると、語幹は母音終わりのものにする必要があり、kak-ではなくkaka-が、s-ではなくsi-が選択されることになる。このような分析を行うならば、井上(2003)の提案するサ入れ現象の説明とは異なり、すべての語形が説明できる。

7. おわりに

標準語の規範的なデータを観察していただけでは二つの対立する分析の妥当性を検証できない(あるいは、しがたい)場合がある。そのような場合に方

---

[3] テ形および関連語形の音便で調音点が同じ子音の連続が形成されるが、これらの形式については、連用形を語幹とする分析が可能である(佐々木2005)。この段落で述べたことは、標準語に関することであり、方言によっては事情が変わる場合もある。なお、基幹語幹に異形態がない母音語幹動詞とカ変動詞の場合、Onsetへの違反を回避するために受動接尾辞の先頭に子音挿入が生じることになる。

言のデータや規範から外れた標準語のデータが問題解決の糸口になることがある。佐々木(2004)は，補文の主語に対応する斜格要素の統語構造上の位置づけに関する二つの異なる分析の妥当性を水海道方言のデータを使って検証した。本稿は，形態法における同様の試みである。

6.で提案した未然形を基幹語幹の異形態とする分析にはこれから議論しなければならない問題が残されている。異形態の間の関係のとらえ方や子音語幹動詞の未然形の最後に出てくる /a/ の起源が今後追求すべき課題と考えられる。前者については，音韻プロセスよりも Lieber(1980)がラテン語動詞の分析で提案したものと並行的な余剰規則による関係づけが有力と思われる。はだか語幹に付加される母音が1種類ではないからである。後者の問題は未然形の歴史的な位置づけだけでなくその意味や機能について考える上でも重要である。Frellesvig(2010: 120-121) は，否定接尾辞などの先頭の母音であった /a/ が語幹末の母音として再分析されたものが未然形であるとする分析を提案している。一方，未然形は日琉祖語の段階から存在したとする分析もある。服部(1976: 34-35)は，日琉祖語では未然形が独立用法を持っていたが，本土方言ではその用法が失われ，琉球語の諸方言では志向形に継承されたとする分析を提案している。伊豆山(1999)はこの分析を受け継ぎ，志向形の意味を未然(irrealis)から派生することを試みている。この問題は各地の方言における未然形と他の活用形の間の関係を考える上でも重要と考えられる。そして何よりも未然形という用語の妥当性を考える上でも重要であるので，機会を改めて論じたい。

参照文献

伊豆山敦子(1999)「琉球方言動詞言い切り形の比較研究―動詞成立史研究のために―」，『マテシス・ウニウェルサリス』1-1, pp. 185-221.

糸井寛一(1964)「九重町方言の動詞の語形表」，『大分大学学芸学部研究紀要，人文・社会科学A 集』2-4, pp. 28-54.

井上史雄(2003)『日本語は年速一キロで動く』，講談社.

風間伸次郎(1991)「接尾辞型言語の動詞複合体について」，宮岡伯人(編)『北の言語』pp. 241-260, 三省堂.

簡月真・真田信治(2011)「台湾の宜蘭クレオールにおける否定辞―『ナイ』と『ン』の変

容をめぐって―」,『言語研究』140, pp. 73-87.
簡月真(2011)『台湾に渡った日本語の現在―リンガフランカとしての姿―』,明治書院.
清瀬義三郎則府(1971)「連結子音と連結母音と―日本語動詞無活用論―」,『国語学』86, pp. 42-56.
金田一春彦(1977)『日本語方言の研究』,東京堂出版.
黒木邦彦(2012)「二段動詞の一段化と一段動詞の五段化」,丹羽一彌(編)『日本語はどのような膠着語か―用言複合体の研究―』, pp. 104-121,笠間書院.
小林隆(1995)「動詞活用におけるラ行五段化傾向の地理的分布」,『東北大学文学部研究年報』45, pp. 242-266.
佐々木冠(2004)『水海道方言における格と文法関係』,くろしお出版.
佐々木冠(2005)「日本語動詞形態論における韻律的単一性」,『日本言語学会第130回大会予稿集』pp. 152-157.
デ・シェン,ブレント(1987)「形態音韻論における心理的実在性」,大津由紀雄(編)『ことばからみた心―生成文法と認知科学―』pp. 145-180,東京大学出版会.
當山奈那(2013)「沖縄県首里方言における使役文の意味構造」,『日本語文法』13-2, pp. 105-121.
服部四郎(1950)「附属語と附属形式」,『言語研究』15, pp. 1-26.
服部四郎(1976)「琉球語と本土方言」,伊波普猷生誕百年記念会(編)『沖縄学の黎明　伊波普猷生誕百年記念誌』pp. 7-55,沖縄文化協会.
舩木礼子(2014)「山口県東周防方言」,方言文法研究会(編)『全国方言文法辞典資料集(2)』, pp. 112-124.
松本克己(1995)『古代日本語母音論―上代特殊仮名遣の再解釈―』,ひつじ書房.
水谷静夫(2011)『曲り角の日本語』,岩波書店.
宮島達夫(1961)「方言の実体と共通語化の問題点6　福島・茨城・栃木」東条操(監修)『方言学講座第2巻　東部方言』pp. 236-263,東京堂出版.
山崎哲永(1994)「北海道方言における自発の助動詞-rasaruの用法とその意味分析」,北海道方言研究会(編)『ことばの世界―北海道方言研究会20周年記念論文集―』, pp. 227-237,北海道方言研究会.
Aronoff, Mark & Kirsten Fudeman (2005) *What is Morphology?* Oxford: Blackwell Publishing.
Bloch, Bernard (1946) Studies in colloquial Japanese 1: Inflection. *Journal of the American Oriental Society* 66, pp. 97-109.
de Chene, Brent (2009) Description and explanation in inflectional morphophonology: The case of the Japanese verb. 『早稲田大学教育学部学術研究英語・英文学編』57,

pp. 1-22.
Dixon, R.M.W. (1997) *The Rise and Fall of Languages*. Cambridge: Cambridge University Press.
Frellesvig, Bjarke (2010) *A History of Japanese Language*. Cambridge: Cambridge University Press.
Lieber, Rochelle (1980) *On the Organization of the Lexicon*. Doctoral dissertation, MIT.
McCawley, James (1968) *The Phonological Component of a Grammar of Japanese*. The Hague: Mouton.
Miyagawa, Shigeru (1998) *(S)ase* as an elsewhere causative and the syntactic nature of words. *Journal of Japanese Linguistics* 16, pp. 67-110.
Nida, Eugine (1946) *Morphology: The Descriptive Analysis of Words*. Ann Arbor: The University of Michigan Press.
Nishiyama, Kunio (1999) Two levelings in Japanese verbal conjugation. 『茨城大学人文学部紀要 コミュニケーション学科論集』 6, pp. 23-49.
Okada, Judy (2004) Causative *sa*-insertion in Japanese: Verbal and sentential patterns. 『日本語文法』 4(2), pp. 69-88.
Prince, Alan & Paul Smolensky (2004) *Optimality Theory: Constraint Interaction in Generative Grammar*. Oxford: Blackwell Publishers.
Sano, Shin-ichiro (2011) Real-time demonstration of the interaction among internal and external factors in language change: A corpus study. 『言語研究』 139, pp. 1-27.
Sasaki, Kan (2011) Syllable deletion as a prosodically conditioned derived environment effect. *Japanese/Korean Linguistics* 18, pp. 214-225.
Sasaki, Kan (2013) Another look at *sa*-insertion in Japanese. *Studies in Phonetics, Phonology and Morphology* 19(1), pp. 179-190.
Shibatani, Masayoshi (1990) *The Languages of Japan*. Cambridge: Cambridge University Press.
Whitman, John (2008) The source of the bigrade conjugation and stem shape in pre-old Japanese. In: Bjarke Frellesvig & John Whitman (eds.), *Proto-Japanese*, pp. 159-174. Amsterdam: John Benjamins.

旧JLPT語彙表に基づく形態素解析単位の考察

森　篤嗣

1. はじめに

　現代日本語に関する語彙調査については，国立国語研究所が長く牽引をしてきたことは誰しも認めるところである。山崎（2013）では，国立国語研究所の語彙調査の系譜を研究所が創設された1948年から順に，準備期（1950年以前），発展期（1950年から1964年），展開期（1965年から1970年代），停滞期（1980年代前期），探索期（1980年代後期），回帰期（2000年代）と，6つに区分して示している。この中でも大きな転機は，展開期の1965年に大型計算機（コンピュータ）が導入され，2種類の調査単位（現在の「長単位」「短単位」につながる単位）が規定されたことであろう。

　その上で，山崎（2013: 149）では「今後の語彙調査」として，「今後，語彙調査は大きなプロジェクトとしては行われることはないであろう。これは，語彙調査が不要になったためではなく，電子化データが容易に入手でき，語彙調査が行えるツールも整ってきたため，個人レベルでも語彙調査が十分に行えるようになったためである」と指摘している。本稿で課題とするのは，この「語彙調査が行えるツール」すなわち「形態素解析器」の「精度」についてである。

　現代日本語に関する研究でコーパスや形態素解析器が使われる研究は非常に増え，さらに日本語教育に応用するという研究も多く見られるようになってきた。一方で，形態素解析器による形態素解析単位については，山内（2008: 152）でも「それほど使いやすいものではない」と指摘されるように，日本語母語話者の直観に沿うとは言い難いのが現状である。とりわけ，日本語教育という応用分野での使用を考えると，様々な課題がある。

　ちなみに，山内（2008）で検討されているのは，形態素解析器ChaSenとChaSenに搭載された形態素解析辞書IPAdicの組み合わせであるが，山崎

(2013)の6区分における展開期に規定された長単位と短単位は，形態素解析辞書UniDicに継承されており，形態素解析器MeCabで使用できることから，現在は現代日本語研究や日本語教育研究で広く使用されている。したがって，本稿では形態素解析器MeCabと形態素解析辞書UniDicによる形態素解析結果を研究の対象とする。

　本稿では，2015年9月現在の最新版であるMeCab 0.996とUniDic 2.1.2の組み合わせを用いて，国際交流基金・日本国際支援協会(2002)による旧日本語能力試験語彙表（以下，旧JLPT語彙表）の1級から4級までの全語について，短単位で形態素解析した結果の分析に基づき，日本語母語話者の直観に沿い，日本語教育で実用可能な形態素解析単位について考察をおこなう[1]。さらに，現在の形態素解析器ならびに形態素解析辞書の改良に向けてのユーザー視点からの提案をおこなう。

2. 形態素解析単位とは
2.1 形態素解析器における「形態素」

　そもそも本稿で考察する「形態素解析単位」とは，どのようなものであろうか。山内(2008)でも検討された日本で先駆的な形態素解析器であるChaSenのホームページの冒頭には，「日本語文(自然言語)を単語単位に分割し品詞を付与するツールの開発」という一文がある。これをそのまま受け取ると，形態素解析単位とは単語単位だということになるが，これは正確ではないだろう。単語単位に分割するのであれば，形態素解析器ではなく「単語解析器」と呼ぶべきである。

　実は，形態素解析器における「形態素」とは，言語学や日本語学における「形態素」とは異なる。例えば，斎藤(2014: 174-175)では，まず「きのう友

---

[1] 小木曽(2014: 93-97)などでも解説されているように，MeCabなどの形態素解析器では，コーパスから統計的機械学習によって生起コストと連結コストを取得して形態素解析結果(最適解)を出力している。つまり，同一語を入力したとしても，文脈によって形態素解析結果は変わることがあるということである。したがって，本稿で検討するのは，当該語を1語だけ入力して形態素解析した場合にどう出力されるかということに限ったものである。なお，旧JLPT語彙表を分析対象とするのは，現行JLPT語彙表が公開されていないためである。

だちと山に行きました」という文を例として，形態素の自由形式と拘束形式について説明している。この文をChaSen 2.4.0とIPAdic 2.7.0で解析してみると，「きのう／友だち／と／山／に／行き／まし／た」と分割される。これは，MeCab 0.996とUniDic 2.1.2でも付与される品詞は異なれど，分割位置は同じであった。斎藤(2014)では，「友だち」は「とも(友)」と「だち」という二つの形態素から成るとしている。さらに，斎藤(2014)は「差し金」「朝顔」「濡れ衣」「おがくず」「くちびる」という例を挙げ，形式上は分割可能でも，意味との関わりで，これらを一つの形態素として扱うか分割するかが問題となるとしているが，ChaSen 2.4.0とIPAdic 2.7.0でも，MeCab 0.996とUniDic 2.1.2でも，この5語は全て1語として扱われた。つまり，名詞に関しては，形態素解析器における「形態素」とは，形態素というよりも，より単語に近い概念であることがわかる。

　一方で動詞述語に関しては，「行きました」が「行き／まし／た」のように分割されている。これは学校文法に準じた切り方であると思われる。学校文法では「行き(行く)」も「まし(ます)」も「た」も，それぞれ語(自立語，附属語)として扱われる。ただ，日本語学や日本語教育では「行きました」を一語とすべきという考え方も有力であるため，一概に論じることはできない。

　そもそも，「品詞」とは，単語の意味的・文法的な分類であるため，「形態素に品詞を付与する」という時点で矛盾がある。したがって，形態素解析器における「形態素」とは，便宜的な名称であることがわかる。

2.2　国立国語研究所における語彙調査の調査単位

　前節まで見てきたように，形態素解析器の「形態素」が，かなり「単語」に近い概念であるならば，本来は単語解析器と呼ぶべきところである。しかし，単語という概念の規定に関しては非常に困難が多いため，避けてきたという事情もある。

　小椋・小磯・冨士池・原(2009)は，BCCWJの言語単位について，246ページに渡って詳細な既定をしているものであるが，その冒頭に国立国語研究所における語彙調査の調査単位の方針について述べてある。

　　語の定義については研究者によって様々な立場があるため，語彙調査

において語(調査単位)をどのように規定するかということは常に大きな問題となる。

　国立国語研究所がこれまでに行った語彙調査では，調査単位の設計に当たって，語とは何かという本質的な議論の上に立って調査単位を設計するという立場を取っていない。それぞれの語彙調査の目的に応じて最もふさわしい単位を設計するという方針の下に，一貫して操作主義的な立場を取ってきた。　　　　　　　　　　　（小椋・小磯・冨士池・原 2009：3)

そして，「操作主義的な立場」については，国立国語研究所(1987：11)を引用し，「これこれこういうものを「～単位」とする，という既定をするだけで，その「～単位」が言語学的にどのようなものなのか，単語なのか，単語でないとすれば，どこが単語とちがうのか，といった問題には，まったくふれない」と説明している。

すなわち国立国語研究所における語彙調査の調査単位とは，形態素でも単語でもないということになる。国立国語研究所がこうした方針をとってきた理由について把握するために，再度引用をする。

　調査単位の設計に当たって，操作主義的な立場を取ってきたのは，「必要以上に学術的な議論に深入りして，実際上の作業がすすまないことをおそれたため」(国立国語研究所 1987：12)であり，「学者の数ほどもある「単語」の定義について，まず，意見を一致させてから，というのでは，見とおしがたたない。」(同：12)からである。

　このような立場に対しては，当然のことながら「語というのは何なのか，調査のため便宜的に設けられた単位にすぎないのかという問題が残る。」(前田 1985：740)という批判がある。しかし，語とは何かという本質的な議論を積み重ねていくことは確かに重要ではあるが，国立国語研究所(1987：12)にも，「原則的にただしい定義に達したとしても，それが現実の単位きり作業に役立たないならば，無意味である。語い調査というのは，現象の処理なのだから。」と述べられているように，語彙調査においては対象とする言語資料に現れた個々の事象を，的確に処理するということも極めて重要なのである。このことから，これまでの語彙調査では，語とは何かという本質的な議論よりも，言語現象を的確に処理す

ることを重視してきた。　　　　　　（小椋・小磯・冨士池・原 2009: 4）
　つまるところ本稿でも，「形態素」か「単語」か「〜単位」かという名称の問題以上に，上記の引用の後半部分の「言語現象を的確に処理すること」を目指すという点においては一致している。異なる点があるとすれば，的確というよりもむしろ，「日本語教育という応用分野で役立つ単位」を模索する点である。
　したがって，本稿では仮に「形態素解析器」ないしは「形態素解析単位」という名称を用いるが，ここでの「形態素」という名称はあくまで便宜的な名称として用いていることを確認しておきたい。

2.3　長単位と短単位
　国立国語研究所が規定する長単位と短単位についても簡単に触れておきたい。短単位は『婦人雑誌の用語』(1953)の α 単位，長単位は『総合雑誌の用語』(1957, 1958)の β 単位を基に設計された単位である。
　短単位は現代語において意味を持つ最小の単位（最小単位）二つが，文節の範囲内で1次結合したものであり，長単位は概ね文節を実質語部分と機能語部分に切り分けた単位である。小澤ほか(2014: 582)の例を挙げると以下のようになる。

　(1)　【文】固有名詞に関する論文を執筆した。
　(2)　【長単位】固有名詞／に関する／論文／を／執筆し／た／。
　(3)　【短単位】固有／名詞／に／関する／論文／を／執筆／し／た／。

　名詞部分が複合名詞化し，「に関する」のような複合格助詞が取り出され，サ変動詞も結合することがわかる。

3.　各種ツール
3.1　中納言・少納言
　「中納言」は国立国語研究所で開発されたコーパスである BCCWJ (Balanced Corpus of Contemporary Written Japanese) を検索することができる Web アプリケーションである。短単位・長単位・文字列の3つの方法によってコーパスに付与された形態論情報を組み合わせた高度な検索をおこなうことがで

きる。ユーザー登録が必要であるが，2015年9月現在は無料で使うことができる[2]。文字列検索については，ユーザー登録不要の「少納言」でも同様の検索が可能である。

「中納言」は形態素解析ツールではなく，あくまで検索ツールである。BCCWJを短単位と長単位という二つの形態素解析単位に分割済みのデータが，国立国語研究所のサーバーに置かれており，そのデータを検索しているわけである。したがって，検索結果は形態素解析ツールでの解析結果と似たものに見えるが，あくまで検索結果であり，形態素解析結果ではない。

3.2 茶まめ

「茶まめ」はUniDicに付帯している形態素解析ソフトで，形態素解析器(MeCab)と形態素解析辞書(UniDic)によって稼動するGUI(Graphical User Interface)を備えた形態素解析ツールである。中納言がBCCWJの検索に限定されるのに対し，任意のテキストに使える点がポイントである。

一方で，長単位での形態素解析は，現段階では容易に使える状態にはなっていない。たとえば，小澤ほか(2014)では，機械学習に基づく長単位解析ツールComainuを発表している。しかし，Comainuはあくまで機械学習に基づいた長単位自動付与ツールであり，長単位の形態素解析辞書ではない。BCCWJについては，既に長単位で形態論情報が付与されているものが公開されているが，任意のテキストの形態素解析においては，自分で形態素解析をする必要があるため，長単位の形態素解析辞書がなければ，長単位で形態素解析することができない。したがって，長単位は「日本語教育という応用分野で役立つ単位」として魅力的ではあるが，本稿の分析は基本的に短単位に基づいておこなう。

3.3 形態素解析ウェブアプリ UniDic-MeCab

形態素解析ウェブアプリUniDic-MeCabは，形態素解析器(MeCab)と形態素解析辞書(UniDic)によって稼動するウェブアプリである。「茶まめ」はイン

---

2 契約書には年額3,150円(税込み)と書かれているが，当面の間は無償とし，有償化する場合，事前に通知するとも書かれている。

ストールが必要であるのに対し，形態素解析ウェブアプリ UniDic-MeCab はインストール不要で稼動する。

また，形態素解析ウェブアプリ UniDic-MeCab は，「茶まめ」の機能に加え，「複合名詞判定」と「サ変動詞判定」を機能として備えている。「複合名詞判定」は，名詞，接頭辞，接尾辞の連続(ただし，文境界では区切る)を複合名詞と判定し，「複合名詞」という品詞を付与する。これにより，短単位で「自動／車」，「日本／国／憲法」と分割するところを，「自動車」と「日本国憲法」の形で抽出可能となる。

3.4 雪だるま

「雪だるま」は，明確に「単語解析器」を掲げたウェブアプリである。インストール不要で稼動する。入力された任意の日本語文を単語列に分割し，表記ゆれを集約した上で品詞など様々な情報を付与して出力する。

下記のような，まとまって一つの意味を持つ複数形態素を1単語として出力するのが特徴である(山本ほか 2015)。

「気が早い」のような慣用句・慣用表現
「かもしれない」のような複合辞
「勉強する」のようなサ変動詞
「無理だ」のような形容動詞(形状詞)

2015年4月から始まったばかりのプロジェクトであり，2015年9月現在においてはまだ発展途上ではあるが，形態素解析ウェブアプリ UniDic-MeCab の「複合名詞判定」と「サ変動詞判定」は取り入れられており，本稿で取り上げる「旧 JLPT 語彙表で分割されてしまう語」についても，1単語として抽出できるように既に実装されている。

4. 旧 JLPT 語彙表の形態素解析
4.1 前処理

本節から，旧 JLPT 語彙表の1級から4級までの全語について，当該語1語だけを投入した場合の形態素解析結果の分析を進めていく。それに先立って，データの前処理について述べておく。

(1) 国際交流基金・日本国際支援協会(2002)の「4級語彙表」「3級語彙表」「1・2級語彙表」を「見出し語」と「漢字」の2列で入力する(例:見出し語「あおい」,漢字「青」)
(2) 見出し語と漢字を統合し,抽出語列を作成する(例:「あおい」＋「青」＝「青い」)
(3) 抽出語列の作成の際に「〜」は削除する
(4) 「さあ[感]」のように,角付き括弧内に品詞説明があっても無視して,語の部分のみ採用する
(5) 「(色が)あせる」のように,漢字(「褪せる」)があっても,語彙表で平仮名表記のものは平仮名表記のまま採用する
(6) 「受け入れ」と「受入」のように,送り仮名の有無がどちらもありうるものは,基本的に送り仮名のある形を採用する
(7) 「つむ(摘)」と「つまむ(摘)」,「どぶ(溝)」と「みぞ(溝)」のように,別の語として取り上げられていても,漢字にすると送り仮名が同じになる場合は,漢字で両方採用する(したがって,「摘む」「溝」は二重に採用することとなる)
(8) 「画(が)〜」「〜画(が)」「〜画(かく)」のような接頭辞・接尾辞は「〜」を入れずに漢字部分のみ採用する(したがって,「画」の場合は三重に採用することとなる)
(9) 「けだもの(獣)」「けもの(獣)」のように,読み方が違っても漢字にすると同じ語になる場合も,漢字として両方採用する(したがって,「獣」の場合は二重に採用することとなる)
(10) 「勝手」(2級),「勝手(台所の意味)」(1級)のように,同漢字の異義語は意味の解説部分を含めずに,漢字部分のみ採用する(したがって,「勝手」は1級と2級に重複して採用することとなる)
(11) 「オートマチック／オートマティック」のように,スラッシュで区切られたものは両方採用する
(12) 「しゅうちゃく／しゅうじゃく(執着)」のように,スラッシュで区切られていても,漢字にすると同じになるものは一つとして採用する

(13) 「演じる・ずる」のように，中黒で区切られたものは両方採用する
(14) 「かり(に)[名・副]」のように，品詞が中黒で区切られたものは，名詞としての「かり」と副詞としての「かりに」の両方を採用する
(15) 「コンタクト(レンズ)」のように，括弧内に漢字ではなく，省略部分が補足されている語は，「コンタクト」と「コンタクトレンズ」の両方を採用する
(16) 「いくら〜ても」は，「いくら」と「ても」のように別々に採用する

上記のルールに従って，9,605語の抽出語列を作成した。

4.2 データの構成

抽出語列の9,605語の内訳は，1級：3,020語，2級：5,079語，3級：750語，4級：756語である。

しかし，「4級語彙表」は「3級語彙表」に統合されているが，「1・2級語彙表」は，3級・4級語彙表とは完全な別表で統合されていないため，「1・2級語彙表」の語数には，「3級語彙表」の語数が含まれている。

したがって，抽出語列で重複している見出し語を削除することとした。重複削除には，Microsoft Excel 2010の「重複の削除」機能を使用した。この機能では複数の重複がある場合，行番号が最も小さい語を残すため，1級から順に並べると，複数の級に重複する語が，最上位級でカウントされてしまう。したがって，4級から1級の順に並べて「重複の削除」をおこなった。その結果，1級：2,933語(87語減)，2級：3,736語(1,343語減)，3級：725語(25語減)，4級：735語(21語減)，計：8,129語となった。

2級で大きく語が減るのは，上述した語彙表の統合の問題があるが，その他の級でも語が減っているのは，例えば前処理の(7)〜(10)で述べたような重複採用が処理されたことによる。

4.3 短単位での形態素解析の結果

「重複の削除」を実行した8,129語を，MeCab0.996とUniDic2.1.2を用い

て，当該語1語だけを投入した場合の形態素解析結果を表1にまとめた[3]。

表1　旧JLPT語彙表の短単位での形態素解析結果

	語数	1語	2語	3語	4語	5語	6語	分割語数計
1級	2,933	2,811	108	10	4	0	0	122（ 4.16%）
2級	3,736	3,457	206	49	17	4	3	279（ 7.47%）
3級	725	603	115	6	1	0	0	122（16.83%）
4級	735	641	84	10	0	0	0	94（12.79%）
計	8,129	7,512	513	75	22	4	3	617（ 7.59%）

全体の92.41%にあたる7,512語は1語として解析された。分割されたのは，7.59%にあたる617語である。次節からは，この617語が1語として解析されるためには，どのようなルールが必要であるかを考察していくこととする[4]。

5.　旧JLPT語彙表のための結合ルール
5.1　複合名詞判定

まずは形態素解析ウェブアプリ UniDic-MeCab で採用されている「複合名詞判定」，すなわち「名詞，接頭辞，接尾辞の連続（ただし，文境界では区切る）を複合名詞と判定する」という結合ルールから考察する。そもそも，短単位で「自動／車」，「日本／国／憲法」と分割するのは，日本語母語話者にとって単語としては直観的ではなく，日本語教育で使用する単語リストとしても適切とは言いがたい。この結合ルールを適用するだけで，大幅な改善が

---

[3]　正確には「形態素解析結果」であるため「形態素」と呼ぶか，UniDic の設計思想に基づき，「短単位」と呼ぶべきところであるが，便宜上，本稿では形態素解析結果を「語」という単位で呼ぶこととする。

[4]　本稿では形態素解析単位を考察の対象としたため，分割結果の問題点を挙げたが，実は接頭辞の「未」が「名詞-普通名詞-一般」の「ヒツジ」に，「ま／たがる」が「感動詞-フィラー」＋「助動詞」に誤解析されるといった事象も生じている。また，表記の問題もある。例えば，「口吟／さ／む」は「名詞-普通名詞-サ変可能」＋「動詞-非自立可能」＋「助動詞」と誤解析されていた。しかし，これは「口ずさむ」であれば，1語の動詞として解析可能である。「口吟さむ」は ATOK2013 でも変換できず，旧 JLPT 語彙表のような古い語彙表では，この種の表記ゆれについても注意が必要である。

見込まれる。

そこで，「接頭辞を結合」，「接尾辞を結合」，「接頭辞と接尾辞を結合」したときに，1語として解析可能になる語数を表2に示す。

表2　複合名詞判定の寄与率

	接頭辞	接尾辞	頭＋名＋尾	名詞同士	計	寄与率
1級	11	29	1	21	62	50.82%
2級	27	48	5	47	127	45.52%
3級	13	17	2	8	40	32.79%
4級	8	40	6	17	71	75.53%
計	59	134	14	93	300	48.62%

接頭辞の結合で1語となる語は「お／弁当」「無／意味」や「御／無／沙汰」(接頭辞＋接頭辞＋名詞)などで，接尾辞の結合で1語となる語は「研究／室」「駆け／っこ」や「産／婦人／科」(名詞＋名詞＋接尾辞)などである。接尾辞＋名詞＋接頭辞で1語となる語は「お／母／さん」「真っ／二／つ」などである。

一方で「火曜日」や「七日」などの「日」は「接尾辞」ではなく，「名詞－普通名詞－副詞可能」や「名詞－通名詞－助数詞可能」と判定されるなど，形態素解析器の精度によって，ゆれがあった。「先々／週」や「扇風／機」の「週」や「機」などの助数詞になり得る語も「名詞－普通名詞－助数詞可能」と判定されやすい語である。したがって，これらは「名詞同士」で判定されている。

「接頭辞」「接尾辞」「接頭辞＋接尾辞」「名詞同士」で1語と解析できる語の総数を分子，表1の「2～6語の小計」を分母として，「旧JLPT語彙表のための結合ルール」の寄与率を計算して表2に示した[5]。4級では75.53%，全体でも48.62%と仮説通り大幅な改善が見られた。

5　ここで求められる寄与率は，あくまで本稿の旧JLPT語彙表を対象とした調査で確認された値であるが，「接頭辞と接尾辞の結合」という結合ルールを他のコーパスに適用したときのサンプリングによる効果との一つとも仮定できる。

5.2 サ変動詞判定

次に，形態素解析ウェブアプリ UniDic-MeCab で採用されている「サ変動詞判定」，すなわち UniDic における「名詞 – 普通名詞 – サ変可能」と「動詞 – 非自立可能」を結合して，サ変動詞として1語と判定するという結合ルールについて検証する。

表3　サ変動詞判定の寄与率

	サ変動詞	寄与率
1級	4	3.28%
2級	2	0.72%
3級	51	41.80%
4級	9	9.57%
計	66	10.70%

サ変動詞の寄与率は3級に集中しており，旧JLPT語彙表が3級にサ変動詞の習得を集中して位置づけていることがわかる。全体でも10.70%の寄与率があり，結合ルールとして十分に効果的であると言える。

5.3 外来語ペア

本節では「テープ／レコーダー」のような，語種において外来語と判定された語同士の外来語ペアを結合することで，1語と判定するという結合ルールについて検証する。

旧JLPT語彙表は1994年発行の『日本語能力試験出題基準』の初版に収録されたものであり，なおかつ『日本語能力試験出題基準』の「総説」には，国内の教材は文化庁編『国内の日本語教育機関の概要』(1987年発行)，海外の教材は「世界各地の日本語教育機関における使用教科書調査」(1987年作成)に基づいて調査資料を選定した旨が書かれているため，実際の語彙表編成作業は1990年前後，すなわち25年も前であるということになる。このような時代背景から，現在から見ると外来語が非常に少ないということは致し方ないことである。その結果，外来語に関しては寄与率が低くならざるを得ないが，

現在のコーパスにおいてはもう少し数値が高くなると思われる。

表4 外来語ペアの寄与率

	外来語ペア	寄与率
1級	9	7.38%
2級	7	2.51%
3級	2	1.64%
4級	2	2.13%
計	20	3.24%

外来語ペアには「パート／タイム」「ラッシュ／アワー」「ティッシュ／ペーパー」「ベスト／セラー」などがあった。基本的には5.1で検討した「複合名詞判定」の「名詞同士」と一致するが、「ドライ／クリーニング」のみ、「ドライ」が「形状詞－一般」(ナ形容詞)と判定されており、一致しなかった[6]。

一方で表4には含めていないが、「消し／ゴム」「ジェット／機」「e／メール」という混種語も存在した。これらの混種語は形態素解析結果の品詞からは、一律に結合ルールに集約しにくい面もあり、今後の検討課題である。

5.4 語末の「に」

本節では「徐々／に」「しきり／に」「非常／に」といった語末が「に」で終わる語を結合するというルールについて検証してみたい。「徐々／に」は「名詞－普通名詞－一般」＋「助詞－格助詞」、「しきり／に」は「副詞」＋「助詞－格助詞」、「非常／に」は「形状詞－一般」＋「助動詞」という品詞が付与されている。「に」も「に」の前接語も品詞は様々であるが、これらを「語末が「に」で終わる語を結合」というルールに集約した結果を示す。

---

6 UniDicにおいては、学校文法でいう形容動詞、日本語教育でいうナ形容詞を、形状詞という品詞を付与する。

表5　語末の「に」の寄与率

	語末の「に」	寄与率
1級	10	8.20%
2級	25	8.96%
3級	5	4.10%
4級	2	2.13%
計	42	6.81%

　表5には「お／気の毒／に」「お／互い／に」など，接頭辞を含む語も含まれている。一方で，「いつ／の／ま／に／か」のように語中に「に」を含む語は含まれていない。語中に「に」を含む語については，機能語として形態素解析辞書に登録してしまった方が混乱を防ぐことができると考えられる。

5.5　残された語

　前節までの4つの結合ルールは，それぞれ独立に寄与率を求めてきたが，本節では，これまでに挙げた4つの結合ルールを適用したときに，残る語数と表1で示した分割語数計を分母として，残された語の残存率を求めた。

表6　残された語と残存率

	分割語数計	残された語	残存率
1級	122	43	35.25%
2級	279	126	45.16%
3級	122	26	21.31%
4級	94	12	12.77%
計	617	207	33.55%

　表6のとおり，3・4級では4つの結合ルールにより，かなりの圧縮に成功している。1・2級では「どう／やら」「か／も／しれ／ない」「できる／だけ」など，機能語類が多いこともあり，圧縮は半数強程度にとどまった。これら機能語類については，先にも述べたように形態素解析辞書に登録してし

まう方がよいだろう[7]。

　また，複合動詞については，MeCab0.996とUniDic2.1.2でほとんどが結合されたため，本調査の分割語で対象となるのは「言い／出す」「見／慣れる」（共に2級）の2件のみであった。したがって，今回の調査では非常に少数であったため，結合ルールとして取り上げなかったが，対象コーパスの性質によっては，結合ルールとして機能する可能性もある。

　さらに，「一生／懸命」で「懸命」，「高等／学校」で「高等」が「形状詞－一般」と判定されて残された語となっているほか，「真／ん／円い」の「ん」が「感動詞－フィラー」と誤解析されており，1語と判定されていなかった。

　この種の判定のゆれから考えると，本稿で示した4つの結合ルールも，形態素解析器による品詞付与のゆれや誤りの影響で，本来の寄与率を発揮していないと言える。したがって，(1)「新たな結合ルールの発見」だけでなく，(2)「形態素解析器による品詞付与の精度向上」の両方を志向していく必要がある。(1)は言語学・言語教育学研究者の仕事であるが，(2)は言語学・言語教育学研究者のフィードバックにより，自然言語処理研究者に改良を依頼しなければならない。つまり，「日本語教育に役立つ形態素解析単位」のためには，文系・理系研究者の連携が不可欠であると言える。その意味では，日本語学・日本語教育・自然言語処理の接点である形態素解析器の改良という分野では，まだまだ日本語学・日本語教育研究者のすべき仕事は多く残されていると言えるだろう。

6. 日本語教育で使用する単語リストとしてのアンケート

　本稿では「日本語教育に役立つ形態素解析単位」を目指して考察をおこなっているわけであるが，果たして本当に日本語教育関係者は，「分割しな

---

[7] 特に2級にのみ見られる5・6分割語（「いつ／の／ま／に／か」「お／また／せ／し／まし／た」「お／せわ／に／なり／まし／た」「お／まち／ど／お／さま」「ご／ちそう／さま／でし／た」「それ／は／いけ／ませ／ん／ね」「よく／，／いらっしゃい／まし／た」）はもちろん，22語ある4分割語の多くもいわゆる定型表現が多く，単語という概念を逸脱している。しかし，「日本母語話者の直観に沿い，日本語教育に役立つ」という視点に立てば，「お待たせしました」を動詞「待つ」としてカウントするよりも，「お待たせしました」として抽出できる方がメリットがあるのではないか。このあたりはポリシーの問題である。

い」ということを求めているのであろうか。この点を検証するため，アンケートを実施した。

　アンケートは2014年9月に日本語学・日本語教育に興味を持つ人々が集まる研修会で実施した。被験者は30人であり，日本語教育経験者は30人中25人，日本語母語話者は30人中21人であった。指示文は下記の通りである。

(17) 　日本語教育で使用する単語リストを作成するとき，下記の二種類の語の単位のうち，どちらを採用しますか。採用すると思う方に丸を付けてください。<u>「どちらも採用する」という場合は，両方に丸を付けてください。</u>

　　　例）株式会社　→　「株式会社」という語としてリストに入れる。
　　　　　株式／会社　→　「株式」という語と「会社」という語として，
　　　　　　　それぞれリストに入れる。

　旧JLPT語彙表での形態素解析結果に基づいて作成した設問は全部で40題であり，「短単位では分割されてしまう語」を19題，「短単位でも1語」を11題，「短単位2語分」を10題提示した[8]。

表7　日本語教育で使用する単語リストとしてのアンケート

短単位では分割	採用	不採用	短単位でも1語	採用	不採用	短単位2語分	採用	不採用
競争する	21	19	昼御飯	19	18	栄養補給	16	24
案内する	20	19	ガイドブック	26	9	介護保険	16	22
叔父さん	21	16	放り込む	26	9	未発表	14	21
高等学校	22	11	センチメートル	24	9	無記名	21	15
見慣れる	25	9	立ち上がる	28	7	ビデオカメラ	24	14
知らせる	23	9	金持ち	26	7	急停車	24	13
耳鼻科	25	8	チームワーク	27	6	ウールマーク	22	12
従業員	26	8	片仮名	27	5	本格的	24	12
ガソリンスタンド	27	7	受け止める	28	4	埋蔵金	26	9

8　本来，「短単位では分割されてしまう語」を20題，「短単位でも1語」を10題という内訳にするつもりであったが，調査後にMeCab0.996とUniDic2.1.2のバージョン違いによる影響で，「短単位では分割されてしまう語」のつもりで出題した「センチメートル」が分割されないことがわかったので，内訳を変更した。

地平線	28	5	後回し	27	3	回り込む	26	8
正方形	27	4	無邪気	27	3			
いただきます	25	4						
できるだけ	27	4						
一生懸命	29	3						
感無量	27	3						
多数決	27	2						
自転車	29	2						
乾電池	29	1						
冷蔵庫	29	1						

　表7の各セルの最大値は30であり，両方を採用する場合があるため，各語の回答計は30を上回る場合もあり，一定ではない。「短単位では分割」「短単位でも1語」「短単位2語分」それぞれの群で，対応のある t 検定をおこなったところ，「短単位では分割」では $t(18) = 9.514$, $p<.001$，「短単位でも1語」では $t(10) = 9.334$, $p<.001$，「短単位2語分」では $t(9) = 2.031$, $n.s.$ という結果と成った。「短単位2語分」では有意な差が見られなかったのに対し，「短単位では分割」及び「短単位でも1語」では有意な差が見られたことから，「短単位では分割」群は「短単位でも1語」群と同じく「分割しない」ことを求められていることがわかった。

　ただし，「競争する」「案内する」というサ変動詞については，分割の有無でかなり均衡している。「競争」や「案内」を名詞としても導入すべきという意見が多いと言え，サ変動詞を結合ルールで安易に1語にするべきかどうかはさらなる検討が必要かもしれない。また，「高等学校」の「学校」や，「叔父さん」の「叔父」のように，基本語彙としての卓立性が高い語もゆれが大きいようであり，今後の課題としたい。

7. 単語リストにおける「〜」の造語力

　単語リストの作成に当たって，もう一つ指摘をしておきたい。それは「〜」の扱いについてである。4.1の前処理において「(3) 抽出語列の作成の際に「〜」は削除する」という規則を立てた。重複削除前の9,605語のうち，「語」

列に「〜」を含む語は369語もある。「〜」を含む語は，単語リストに1語として立項してよいものだろうか。国際交流基金・日本国際支援協会(2002：11)には，「助数詞は「〜人」「〜冊」「〜杯」などとする」とあり，「造語成分となる基本的な語は，「〜屋」「〜語」「〜人(じん)」などとし，「本」「たばこ」は挙げるが，「本屋」「たばこ屋」は挙げない」とされている。助数詞と「〜屋」を同様の扱いをしてよいのだろうか。

そこで，本節では例として上記の「〜人(にん)」「〜冊」「〜杯」「〜屋」「〜語」「〜人(じん)」の造語力を調べてみることにした。手順は(1)中納言2.1.1の短単位データ1.1で「大分類－名詞(キー)」＋「大分類－接尾辞 or 名詞＆語彙素」を検索する。(2)異なり語数を計算する。(3)異なり語リストを旧JLPT語彙表と比較するというものである。

表8に示したとおり，6つの「〜」を含む語の平均は256語であった。数量詞は造語力が弱く，「造語成分となる基本的な語」は造語力が高いようである。「〜」を含む語は，旧JLPT語彙表に369語あったわけなので，この6語をサンプルとして，369語の造語力を計算すると，$256 \times (369/6) = 15{,}744$ となる。旧JLPTの1級の語彙数は10,000語とされているが，「〜」を含む語だけで，その1.5倍もの造語力をもつことになってしまう。

表8 「〜」の造語力

	中納言検索結果	BCCWJ異なり語数	旧JLPT語彙表
〜人(ニン)	68,496	385	166
〜冊	3,229	60	24
〜杯	3,401	225	69
〜屋	13,938	2,091	570
〜語	19,178	764	225
〜人(ジン)	63,178	2,028	482
平均	28,570	926	256

もちろん，「本」と「〜屋」がわかれば，「本屋」もわかるという理屈もあり得るとは思うが，「日本語教育に役立つ単語リスト」を志向し，なおかつ形

態素解析器など自然言語処理研究にも役立つようにするためには，できるだけ「〜」を含む語は，単語リストに立項しない方が望ましい。

8. まとめ

本稿では，MeCab 0.996とUniDic 2.1.2の組み合わせを用いて，国際交流基金・日本国際支援協会(2002)による旧日本語能力試験語彙表(以下，旧JLPT語彙表)の1級から4級までの全語について，短単位で形態素解析した結果の分析に基づいた考察をおこなった。形態素解析器の出力の名称が，「形態素」であれ「単語」であれ「短単位」であれ，それがポリシーに基づいたものであればよい。短単位は「現代語において意味を持つ最小の単位(最小単位)二つが，文節の範囲内で1次結合したもの」というルールに基づき，粒度を揃えようとしている。短単位は言語学的なポリシーに支えられた単位であると言えるが，厳密には「最小単位」の定義すら言語学的には困難であるのも現実である。

一方で「日本母語話者の直観に沿い，日本語教育に役立つ」というポリシーもあってよいはずであり，本稿はこちらを目指したものである。旧JLPT語彙表で「短単位で分割されてしまう語」だけを問題にするならば，「分割されてしまう語」を形態素解析辞書に登録してしまえばよいだけであるが，汎用的な効果を考察するため，敢えて品詞情報に基づく結合ルールを考察した。

また，日本語教育関係者が「短単位で分割されてしまう語」について，本当に「分割しない」ということを希望するのかについてアンケートで検証し，前処理で問題となった「〜」を含む語についても考察した。

このように，本稿では旧JLPT語彙表を短単位で形態素解析することにより，「短単位で分割されてしまう語」を結合して，「日本母語話者の直観に沿い，日本語教育に役立つ」という形態素解析単位とする結合ルールの効果について考察した。本稿はいわば自然言語処理研究に対して，言語研究者が発するメッセージであると言える。乾・浅原(2006)では，「本稿の目的は，自然言語処理の研究を始めるのに有用な情報を自然言語処理以外の研究領域で活躍している研究者に提供することである」としており，本稿はこの逆方向を試みたということになる。日本語学・日本語教育と自然言語処理という文

系・理系の枠を超えた協働によって,「日本母語話者の直観に沿い,日本語教育に役立つ」ことを目指すことは,「新天地」を目指す一つの方法と言えるのではないだろうか。

付記

　本稿におけるデータの形態素解析には,京都大学情報学研究科—日本電信電話株式会社コミュニケーション科学基礎研究所共同研究ユニットプロジェクトによる MeCab 0.996 と,国立国語研究所による UniDic 2.1.2 を使用させていただいた。記して感謝申し上げたい。また,本稿の端緒となるアイディアは熊本大学の茂木俊伸氏とのやりとりから生まれた。茂木氏に記して感謝申し上げたい。

　なお,形態素解析ウェブアプリ UniDic-MeCab は科学研究費補助金(基盤研究 A,研究課題:やさしい日本語を用いたユニバーサルコミュニケーション社会実現のための総合的研究,課題番号:22242013,研究代表者:庵功雄),雪だるまプロジェクトは科学研究費補助金(基盤研究 B,研究課題:日本語教育用テキスト解析ツールの開発と学習者向け誤用チェッカーへの展開,課題番号:15H03216,研究代表者:山本和英)の助成を受けており,本稿はその成果の一部である。

各種ツール

茶筌　　　https://osdn.jp/projects/chasen-legacy/
中納言　　https://chunagon.ninjal.ac.jp/
少納言　　http://www.kotonoha.gr.jp/shonagon/
MeCab　　http://taku910.github.io/mecab/
UniDic　　http://pj.ninjal.ac.jp/corpus_center/unidic/
形態素解析ウェブアプリ UniDic-MeCab
　　　　　http://www4414uj.sakura.ne.jp/Yasanichi1/unicheck/
雪だるまプロジェクト　http://snowman.jnlp.org/

参照文献

乾健太郎・浅原正幸(2006)「自然言語処理の再挑戦—統計的言語処理を超えて—」,『知能と情報(日本知能情報ファジィ学会誌)』18-5, pp. 669-681.
小木曽智信(2014)「形態素解析」, 小磯花絵(編)『講座日本語コーパス 2　書き言葉コーパス—設計と構築』pp. 89-115, 朝倉書店.

小椋秀樹・小磯花絵・冨士池優美・原裕(2009)『国立国語研究所内部報告書(LR-CCG-08-03)『現代日本語書き言葉均衡コーパス』形態論情報規定集改定版』, 独立行政法人国立国語研究所.
小澤俊介・内元清貴・伝康晴(2014)「BCCWJ に基づく長単位解析ツール Comainu」,『言語処理学会第20回年次大会発表論文集』pp. 582-585.
国際交流基金・日本国際支援協会(2002)『日本語能力試験出題基準改訂版』, 凡人社.
国立国語研究所(1987)『国立国語研究所報告89 雑誌用語の変遷』, 秀英出版.
斎藤倫明(2014)「形態素」, 日本語文法学会(編)『日本語文法事典』pp. 174-175, 大修館書店.
前田富祺(1985)『国語語彙史研究』, 明治書院.
山内博之(2008)「形態素解析に関する提案―日本語教育の視点から―」,『実践国文学』73, pp. 141-152.
山崎誠(2013)「語彙調査の系譜とコーパス」,『講座日本語コーパス1 コーパス入門』, pp. 134-158, 朝倉書店.
山本和英・宮西由貴・高橋寛治・猪俣慶樹・須戸悠太・三上侑城(2015)「日本語解析システム「雪だるま」―単語解析部の設計思想―」,『電子情報通信学会 テキストマイニングシンポジウム, 信学技報』115 (222), pp. 13-18.

名詞並置型同格構造

森山卓郎

1. はじめに

　日本語には名詞が並置されるという構造がある。ここで並置というのは，アクセント核が融合せずに，小さなポーズを伴って別個に発音される，独立した名詞が並ぶ構造である。独立した名詞を並置する場合，表記的には「・」でつなげられることもある。名詞の並置構造は，ある意味で最も単純な構造であるが，様々な意味関係が観察される。例えば，

　　（1）　仮設店舗が軒を連ねる宮城・名取の「閖上さいかい市場」
　　　　　（「復興へむけて頑張ろう　みやぎ」ポスター，東京メトロ大江戸線，2015年11月）

の場合，「宮城・名取」は「宮城に属する名取」という所属関係となっている。
　これに対して，

　　（2）　津波から1年後，漁師町・閖上地区にあった商店がここで事業を再開しました。　　　　　　　　　　　　　　　　　　　（同）

の「漁師町・閖上地区」では，「漁師町である閖上地区」という同一関係が結ばれ，全体が一つの名詞句相当の位置づけとなっている。この「漁師町・閖上地区」のように，2つ以上の名詞が同一関係で結ばれて名詞句相当の成分を構成する場合，その2つの名詞の関係は同格といわれる（ただし，2つの名詞が全くの同資格というわけではない。後述）。
　特に同一の指示対象を持つ名詞が並置される場合を名詞並置型同格と呼ぶことにする。例えば，田中先生という人物が学生部長である場合，

　　（3）　学生部長，田中先生

のように言うことができる。これは，

　　（4）　学生指導の鬼，田中先生

のような句を含む形で使われることもある。さらに，本人が言う場合には，

  (5) 私，田中が〜

ということもある。いずれも指示対象が同一であり同格関係といえる。さらに，この関係は，

  (6) 学生部長 |である・の| 田中先生が〜

のような形でも表すことができる場合もある。本稿では，こうした名詞並置型同格表現の特性をめぐって関連する形式も含めて考えてみたい。

2　名詞並置型同格関係の三類
2.1　同格関係と名詞並置

 名詞並置型同格関係では，「名詞＋名詞」の間に同一関係が認められる。まずはそれぞれ生起位置にしたがって，前項名詞，後項名詞というように呼びたいと思う。小林(1996)は，前項名詞と後項名詞(同論文では「N1N2」)の意味関係について，「われわれつまり日本人」「首都の東京」「寅次郎という男」など，それぞれ「つまり」「の」「という」(パリという花の都，のように逆転)などを介した言い方ができるかどうかという観点から整理し，

  (7) 前項名詞が人称代名詞：「われわれ日本人」：N1はN2の指示，特定化
     前項名詞が総称的： 「男寅次郎」：N1はN2の本質，内面性を強調
     前項名詞が資格： 「首都東京」：N1はN2の主な属性を強調
     前項名詞が別称： 「花の都パリ」：N1はN2の特性を強調
     前項名詞が外来語： 「ユニセフ国連児童基金」：
            対等の関係で，N1はN2の意味補足・強調

というように整理している(小林 1996 の p. 8の表をもとに筆者が書き方を改編)。ここでは，「首都の東京」のような「の」を介在させた言い換え，「寅次郎という男」のように「という」での順序を逆転させた言い換え，など，他の表現との言い換えが分類の基準になっている。そうした言い換え関係は重要であり，日本語教育にも有用であろう。

 ただし，言い換えられた個々の表現には，固有の特性があるのであり，それはそのまま名詞並置型同格の構造に対応するわけではない。名詞並置表現のタイプは同論文で挙げられるように並列的に分類できるのではなく，いく

つかに再整理することもできそうに思われる。また，言い換えられるといっても，その場合の意味の違いも検討する必要があろう。さらに，

　　(8)　　［ここ］［観光都市］［京都］　では紅葉の季節を迎え，

のように名詞が三つ並置される同格関係も見られるほか，

　　(9)　　［みかん，レモン等］［柑橘類］　の扱い方

のように例を挙げる同格関係も見られる。

そこで，本稿では，こうした名詞並置型の同格構造を次のように分類したい。

　　(10)　例示同格：　メンバー例を本体名詞に前置：みかん，レモン等柑橘類
　　　　　境遇語同格：境遇性のある名詞を本体名詞に前置：我々日本人
　　　　　別称同格：　タイトルや言い換えを表す名詞を本体名詞に前置：
　　　　　　　　　　　ふぐの店田中本店，IOC 国際オリンピック委員会

2.2　名詞並置型同格の順序性

これらには順序性が見られる。例えば，

　　(11)　みかん，レモン等これら柑橘類にはカビが生えることがある。
　　(12)　これら，みかん，レモン等，柑橘類にはカビが生えることがある。

と言えるが，

　　(13)　*みかん，レモン等，柑橘類，これらにはカビが生えることがある。
　　(14)　*柑橘類，みかん，レモン等，これらにはカビが生えることがある。
　　(15)　?柑橘類，これら，みかん，レモン等にはカビが生えることがある。
　　(16)　?これら，柑橘類，みかん，レモン等にはカビが生えることがある。

とは言いにくい。

こうしたところから，特に境遇語の部分は後項名詞に生起しないということと，例示同格も例示部分は基本的に前置され，最後部の名詞にはならないということが指摘できる[1]。境遇語，例示，別称の部分は，前項名詞となるのであって，後項に来る名詞のいわば前置きとなっているのである。意味の中心は最後部の名詞にあり，名詞並置型の同格構造は，最後部の名詞を本体名

1　例示部分と本体部分だけからなる並置構造において「柑橘類，みかん，レモン等」という表現自体はできそうである。「みかん，レモン等」で一定のカテゴリーが想定できるからであろう。

詞(主要部)とする内心構造と考えてよい。

別称同格で並置される場合も，タイトルやニックネームは前に置かれ，固有名は後にくる。例えば，「新商品開発チーム」に「仕事人集団」という別称(ニックネーム)がある場合，

 (17) 仕事人集団，新商品開発チームがんばってくれた。

というが，

 (18)？新商品開発チーム，仕事人集団がんばってくれた。

とはあまり言わないように思われる(仮にこの言い方にすれば「仕事人集団」は別称というよりもそれを中心の名称として言い直すような印象の表現になる)。

これと「彼ら」のような境遇語と，「田中，佐藤，鈴木等」などといった例示が共起する場合，一般的には，

 (19) ［彼ら］［田中，佐藤，鈴木等］［仕事人集団］［新商品開発チーム］
    は，新商品を開発することに成功した。

というような順序で並ぶように思われる。

 (20) ［田中，佐藤，鈴木等］［彼ら］［仕事人集団］［新商品開発チーム］
    は，新商品を開発することに成功した。

のように，「彼ら」を例示の後に生起することもできそうである。

以上から，名詞並置型同格の前項名詞には，一つの傾向として，

 (21) 例示同格・境遇語同格＋別称同格＋後置される本体名詞

という順序性があるように思われる。この順序は，言語としての線条性に関与しており，例示や境遇語という情報のアクセスを行うものが先行し，意味付けを行う別称が本体名詞の直前に位置づけられるという構造だと言える。以下，この順でそれぞれの形式について検討してみたい。

3 例示同格構造
3.1 例示同格構造の構文論的特徴

例示同格とは，

 (22) ［みかん，レモン等］［柑橘類］

 (23) ［椅子，机等］［什器一式］

のように，例示部分が同格的に前に位置する構造である。例示されるものは

そのカテゴリーや集団のメンバーであり，「等，ら，とか」等の例示のマーカーが必要である。挙げられるのは例であって「である」「すなわち」などで言い換えることはできない。

(24) *みかん，レモン等である柑橘類
(25) *椅子，机等すなわち什器一式

などと言うことはできない。例示はメンバーを示してカテゴリーを参照させるにすぎず，例示されたメンバーで厳密な意味での同一関係が構成されるわけではないからである。

例示的同格において，修飾節を含む名詞句が文法的に構成されることは可能であり，文法的に構成された名詞句も同格関係になる。すなわち，「私の好きな柑橘類」のような名詞句を同格関係で結ぶことは次のように可能である。

(26) ［みかんやレモン等］［私の好きな柑橘類］を買った

ただし，同格構造全体を修飾する場合，例えば，

(27) ? 私の好きな，［［みかんやレモン等］［柑橘類］］を買った

という形はやや安定性に欠けるように思われる。名詞並列型の例示では，例示する部分に切れ目ができ、修飾部と被修飾部の間に同格部分が介在するとやや不安定になってしまうのではないだろうか。これはこのタイプの例示が先頭に位置して，情報のアクセスのためにいわば言い換えるということと関連している。そこで，あえてこの語順を守るのであれば，

(28) 私の好きな，みかんやレモン等の柑橘類を，買った

のように「の」を入れ，名詞句としてまとめる方が表現として落ち着くように思われる[2]。

3.2 例示としてのカテゴリーと例示マーカー

例示同格では，前項の名詞は例であり，後項の本体名詞はそれを総括する上位の概念ないしそれを要素として所属させる全体概念である。例えば，

(29) ［介護休暇等］［特別休暇］

のように，前項の名詞が名詞一語の場合もあり得るが，その場合でも，例示

---

[2] もっとも，修飾関係を変えて［［私の好きなみかん］やレモン等］［柑橘類］という構造も可能である。

同格として例示される部分は，一定の集合である必要があり，「等」「ら」などの例示の接尾辞が必要である。例えば，「等」を除くと

  (30) 介護休暇特別休暇

のように，例示としての解釈はできなくなる(あえて解釈すれば並列のように解釈されるのではないだろうか)。唯一の要素を「等」などを伴わずに例示とすることはできない。複数のメンバーがあることで例示としてのカテゴリーを形成することができるのである。

 付言ながら，「ら」は例示を表す用法と複数を表す用法を持っている。例えば「特別プロジェクトチーム」が10名いる場合に，

  (31) ［山田花子，鈴木春子，佐藤夏子ら］［特別プロジェクトチーム］

のように，例としてのメンバーを挙げる構造としても成立する。これに対して，メンバーが3名の場合に，

  (32) ［山田花子，鈴木春子，佐藤夏子ら］［三名の特別プロジェクトチーム］

のようにいったん「三名」という形でまとめると「ら」は例示というよりも複数の表示になる。例示同格構造は，例示という形式でなくてはならず，そこに例示マーカーが必要なのだが，複数表示接尾辞が例示に使われ得ることと連続して，全メンバー列挙の場合も，拡張的に例示同格構造を形成させることができる。

3.3 他形式との相関―限定的か説明的か―

 先に触れたように，例示型同格は次のように「の」を伴う形に言い換えることができる。

  (33) みかん，レモン等柑橘類は意外に腐りやすい。
  (34) みかん，レモン等の柑橘類は意外に腐りやすい。

のように「の」を入れた表現に置き換えることもできるほか，

  (35) みかん，レモンといった柑橘類

のように「といった」「という」などの引用的な例示表現を使うことも可能である(例を挙げる点で「といった」の方がより適合する)。

 では，違いはあるのだろうか。例えば次の場合は言い換えができない。

(36) これだから，学校がいやになるのだ。学校は，学問するところではなくて，くだらない社交に骨折るだけの場所である。きょうもクラスの生徒たちは，少女倶楽部，少女の友，スター等の雑誌をポケットにつっこんで，ぶらりぶらりと教室にやって来る。学生ほど，今日，無知なものはない。　　　　　　　（太宰治『正義』）

ここでの「少女倶楽部，少女の友，スター等の雑誌」を「少女倶楽部，少女の友，スター等，雑誌」とすると，少し違和感があるのではないだろうか。前者は「雑誌」の中の下位集合として「少女倶楽部，少女の友，スター等」に類するものをアドホックにカテゴリーとして限定して抽出するのに対して，「少女倶楽部，少女の友，スター等，雑誌」といえば，「雑誌」そのものについての一般的な解説情報になるのである。ここから次のようなことが言える。

(37)　「A等の〜」ノ型同格：例示例Aに類するものを下位集合として限定抽出してアドホックカテゴリーを形成

　　　「A等，〜」例示同格：例示Aは後項の本体名詞のカテゴリー全体についての解説

従って，例示の同格が二重になる場合，

(38) 彼らが犯す犯罪の大部分は軽微で，［万引きなどの窃盗や遺失物などの横領，無銭飲食などの詐欺等］，［あまり体力を必要としない財産犯］が9割近くを占めている。（朝日新聞社説91年10月10日）

のように，「の」を介する同格が下位にあり，名詞並置型同格は，全体を総括する上位の位置にあると言えそうである。すなわち例えば「無銭飲食などの詐欺」は，「詐欺等」の中でも「無銭飲食」に類するものをアドホックなカテゴリーとして限定抽出する(詐欺にもほかに大事件に発展するような巨額なものなどがある)。ここで「無銭飲食など詐欺」とすると，「詐欺」の一般的説明情報としての「(略)無銭飲食等」が挙げられることになる。一方，そういったものを総体として含み，「あまり体力を必要としない財産犯」の解説に相当する「万引きなどの窃盗や遺失物などの横領，無銭飲食などの詐欺等」という部分は名詞並置型の同格で取り上げられ，いわば言い換えて説明されている。

以上，例示を表す名詞並置型同格構造は，名詞から離れた位置に出現する

ことなどを見た。例示マーカーによって例示であることを示し，例を言い換えることで，本体名詞へ情報的にアクセスしやすくする構造となっている。意味的にも，こうした言い換えであるところから一般的説明になるのである。

4 境遇語同格構造
4.1 境遇語同格の構文論的特徴
境遇語同格と呼ぶべき同格関係とは，例えば，
　(39)　ここ京都では美酒が飲めます。
　(40)　わたくし司会が，歌います。
のような用法であるが，「京都」「司会」などの特定の存在を指示する名詞に対して境遇性 deixis を付与する成分が先行する。「*司会わたくし」のような順序は前述のごとく不自然である。

境遇性の典型は「私」「今」「ここ」中心のものだが，
　(41)　君たち学生
　(42)　彼ら社員たち
のような表現も可能である(ただし，一人称，「ここ」を除き，代名詞の場合には複数のマーカーが必要なようである。この理由はわからないが例示同格への連続性とみることもできる)。小林(1996)では前項名詞が「代名詞」として位置づけられているが，代名詞に限らず，
　(43)　本日2月14日はなんとバレンタインデーです。
　(44)　当社株式会社マヤリモはこの件について関知しません。
のような表現もあること，
　(45)　*これみかんを食べる
のように代名詞がすべて言えるわけではなく，代名詞性が重要ではないように思われること，などから，ここでは境遇語という特徴づけをしておく。

構造的には，ほかの同格構造と同様，単一の名詞ではなく，名詞句としてのまとまりを同格並置することができる。例えば，
　(46)　私たち日本人と韓国人と中国人はお箸をよく使う。
は，多義的である。
　(47)　[私たち][日本人]と，韓国人と中国人はお箸をよく使う。

のように隣接する名詞だけが同一関係になる関係でも解釈できる。さらに，

  (48) [[私たち][日本人と韓国人と中国人]]はお箸をよく使う。

のように，名詞句全体が同一関係を構成することもある。

4.2 境遇語同格構造における非叙述性

 通常，この境遇語同格は，名詞単独で使われることはない。

  (49) 我々日本人。

  (50) ここ京都。

だけではテクストとしては独立しにくいのではないだろうか。これに対して，例示同格や後述の別称語同格は，名詞だけでの独立した使用もできる。例えば，

  (51) 椅子，机等什器一式

  (52) ふぐの店田中本店

という名詞だけでメモや案内板などの独立したテクストを構成することができる。

 これは，境遇語同格が説明的であることに深く関わる。同一関係を叙述することに意味があるのではなく，テクスト上の注釈として言い換え的に説明するのであり，「の」を伴う構造は存在しない。すなわち，前述の例示同格や後述の別称同格の場合，意味的に適合する限りでは，

  (53) みかん，レモン等の柑橘類。

  (54) 首都の東京

のように「の」を介在させた同格もあるのだが，境遇語同格の後には「の」を補うことはできない。

  (55) *[私たち]の[日本人]

  (56) *[[私たち]の[日本人と韓国人と中国人]]

などと言うことはできないのである。「の」以外にも，「という」「である」などを入れた形に置き換えることはできない。

  (57) ここ{*の・*である}京都

  (58) 私{*の・*である}田中

境遇性同格は，境遇性をもったインデックスをつけて言い換えをする表現である。その点で，情報として有意な同一関係をコピュラに相当する叙述的な関

係として明示することは不適切なのである。

5 別称同格構造
5.1 別称同格構造の構文論的特徴
　名詞並列型の同格表現で，前項名詞が称号や位置づけを表すものの場合を別称同格と呼ぶ。典型的には，名乗り，評価，役割，位置づけ，言い換え等の別称が前項名詞に位置し，後項には具体的な個体を表す名詞(固有名詞や言い換えを受ける本体の名詞)が位置する。

　　(59)　［天下の観光都市］［京都］
　　(60)　［ふぐの店］［田中本店］
　　(61)　［首都］［東京］
　　(62)　［貧者の核兵器］［生物化学兵器］
　　(63)　［学生部長］［田中太郎］

　別称同格も，文法的な構造であり，文法的に合成された名詞句をとることができる。例えば，

　　(64)　［［<u>抽選監視員</u>］［田中太郎氏と佐藤次郎氏］］が抽選に当選したが，<u>それ</u>は普通当選してはいけない役職だ。

のように並列名詞の別称部分だけを代名詞で取り上げることができ，文法的に組み立てられた表現である(いわゆる指示における「島」の制約には従わない)。

　さらに文法的な組み立てによる表現という点で，例えば

　　(65)　名作『吾輩は猫である』と『坊っちゃん』

のような並列構造と共起した場合にも二通りの解釈がある。

　　(66)　［名作］［『吾輩は猫である』］と『坊っちゃん』
　　(67)　［名作］［『吾輩は猫である』と『坊っちゃん』］

という二つの関係が可能性として考えられるのである。

　ただし，並列して出現することで同一関係が成立するのであって，

　　(68)　太郎が昨夜行った，［ふぐの店］［田中本店］

とは言えても，

　　(69)　*［ふぐの店］，［太郎が昨夜行った，田中本店］

のようには言えない。別称同格も隣接し，かつ，別称の名詞が本体名詞に前置されなければならない。

5.2 別称同格構造における「別称」

別称同格における前項名詞には，名乗り(称号，役割)，渾名，言い換えを表すものという大別して3つのタイプがある。

まず，名乗りタイプは，称号や位置づけ等の役割関数的な名詞である。称号とは，

　　(70)　［学生部長］［田中太郎］

のような役職に関するものが典型である。役職の場合，一種の敬称にもつながることがあり，例えば，電話をする場合も，

　　(71)　学生部長，田中です。…

のように自ら言うことはあまりない。「学生部長の田中」のように，「の」によって情報を付加するような言い方にする方が自然である。一方，

　　(72)　式辞。学生部長，田中先生。

のように儀式的な場合など，文体的に改まった場合や，文内部での使用とはなっていない場合に，こうした称号の別称的用法が見られる。

同じことは，狭い意味での役割を言う場合にも成立する。役割を言う場合とは，

　　(73)　司会，鈴木花子
　　(74)　本日のスープ，パンプキンクリームスープ

など，役割関数的な名詞が前項に位置して後項にその値が来るような構造の同一関係である。ただし，文体的には改まった場合で使われるのが普通であろう。例えば，高級レストランのウェイターが客に対して，

　　(75)　こちらは，シェフお勧めのスープ，パンプキンクリームスープでございます。

と言うのは自然である。「シェフお勧めのスープ」として名乗る内容が「パンプキンクリームスープ」という値であり，同定関係ができた上での言い換えとなっている。しかし，文体的に改まらない場合，店員同士の会話では，

　　(76)　シェフお勧めのスープ[?? φ・の]，パンプキンクリームスープは

　　　　　　人気があったね。
のように「の」を入れる方が自然であろう。名詞を並列させるだけの構造で同一関係を構成するのは一種の言い換えによって表現しなおすというところから，ある種のフォーマルな発話としての文体的効果を持つのである。
　さらに，名乗りを渾名的に関係者自らがする場合も考えられる。
　　（77）　［ふぐの店］［田中本店］
のような場合である。これは前項名詞が位置づけないし特徴づけをすることになっている。
　しかし，これも文体的に制約がある。例えば「ふぐの店田中本店」と名乗る店があったとして，一般客は，
　　（78）　昨夜は送別会で，ふぐの店，田中本店に行ったよ。
のようにはあまり言わない。広告的な名乗りをわざわざ名乗るのは，その店の関係者など，自分からその別称を付加したいという特別な意図がある場合に限られる。これも，別称同格が名詞を並列させて「言い換える」ことで同一関係を表すということと関連している。言い換えをしなおす点で文体的にフォーマルなニュアンスや当事者的なニュアンスが付加されるのではないだろうか。
　これらの名詞並置型同格構造は，前述の役割関数的な名詞の場合，基本的に「の」「である」を介在させる表現に言い換えることができる。
　　（79）　学生部長｛φ・の・である｝田中先生
　　（80）　本日の当直責任者｛φ・の・である｝田中です。
などと言える。指示対象が同じでも，別称としての関係は，同一性が問題にできるからである。
　一方，自ら渾名的に名乗る場合には，
　　（81）　ふぐの店｛φ・?の・?である｝田中本店
のように，少し言いにくい。これは，その臨時性に関わっている。例えば，
　　（82）　恐怖のカレー店，ウロクタ
　　（83）　天空の城，竹田城
などもいわば「渾名的名乗り」であり，既成の概念ではない。その場合には，
　　（84）＊恐怖のカレー店｛の・である｝ウロクタ

(85)＊天空の城{の・である}竹田城

とはあまり言わないように思われる。アイデンティティが確立していなければ「の」「である」の同格は言いにくいのである。一般的な同一関係として取り上げることができないような渾名的な名乗りは，名詞並置型同格によって，いわば臨時的な言い換えとしてしか表せないと考えてよいのかもしれない。

　なお，「という」「といわれる」による呼び方は可能であるが，この場合，

　　(86)　日本一の観光都市といわれる京都

は，キャンセルすることができ，

　　(87)　日本一の観光都市といわれる京都は実はまだまだ観光都市とは言えない。

のように言える。ところが，「日本一の観光都市京都」という別称同格構造の場合，

　　(88)　日本一の観光都市京都は実はまだまだ観光都市とは言えない。

のようなキャンセルはできない。「という」はあくまで呼び方を取り上げるのに対して，別称同格は言い換えることで，同一関係を結ぶことになっているからである。

　以上二つのタイプは，いわば名乗りに関する別称であるが，もう一つ，略称，別名の言い換えによる別称（いわば形式的言い換えのタイプ）もある。これは，

　　(89)　IOC 国際オリンピック委員会
　　(90)　中央教育審議会（中教審）

のように単に形式上の言い換えのみを表すタイプである。情報がわかりやすくなる方向での言い換えが一般的なようであるが，注釈的に略称や原語，正式名称を言う場合は，

　　(91)　国際オリンピック委員会（IOC）
　　(92)　中教審（中央教育審議会）

のように，一定の慣用はあるが，順序は比較的自由で後に括弧付けで置かれる場合もある。

　前置される場合も，後置される場合も，いわば別名での呼び名を表すことになり，間に「の」「である」などを介在させることはできない。

(93) *IOCの国際オリンピック委員会
(94) *中央教育審議会の中教審

などとは言えない。略称は概念的にも全く同一であることを前提として，その呼称の変異を示すに過ぎず，同定関係を構築することにはならないからである。

別称での言い換えにおいて，呼称導入と呼ぶべき同格表現の拡張も見られる。

(95) ［新商品開発チーム］が，このたび表彰された。

に対して，

(96) ［新商品開発チーム］［別名，SKT］が，このたび表彰された。

のように「別名」などがあれば別の呼称を同格として導入できる。「通称」「別名」「いわゆる」などは，別の呼び方を示す表現であり，別呼称としての同一関係を構成する。

(97) ［被告］［[田中太郎]［[通称「赤目の銀次」］［別名「ほねシャブラー」]]]

のようにタイトルに共起させて長い単位を構成することもできる[3]。これは，別名としての呼び方を補足するものであって，後に置かれる。これら別名を表示する場合も「の」を介在させることはできず，例えば

(98) *田中太郎の通称赤目の銀次

などとは言えない。

以上，別称同格構造は名詞を並置するにあたり，同一関係にある名詞の別称をもって言い換えることで同格構造を形成するものと言える。別称としての在り方には語それぞれの特質が反映しており，称号や役割などの役割関数的な名詞のタイプ（「の」「である」での置き換えが可能），渾名タイプ（「の」での置き換えは臨時的な場合には不可能）のような特殊な言い換えをするタイプ，略称など形式的言い換えのタイプ（「の」での置き換えは不可能）の3つがある。

---

[3] 「別名をキラータロー」のように対格を含む場合は，省略された動詞も含めた全体が慣用化したものである。

6 「である」「の」などの他の同格関係
6.1 「である」同格―同一関係の明示―

最後に，他の同格構造についても見ておきたい。「である」を含む同格構造は，

　　(99)　遅刻常習者である田中太郎くんが珍しく時間前に来た。

のような場合であり，前項名詞と後項名詞とは，断定の表現を介在させることで同一関係を構成する。断定の述語を介在させているので，

　　(100)［遅刻常習者であった田中太郎君］はもう生まれ変わった。

のようにテンスを含んだ言い換えも可能である。ただし，この同一関係は有標的であり，

　　(101) 学生の田中君から電話があったよ

の場合，田中君についての同定の参考になるという程度の情報を付与するものとして自然であるが，

　　(102)?? 学生である田中君から電話があったよ。

と言いにくい。「である」による同一関係明示は「学生である」という属性が特に問題になる文脈である。したがって，例えば，

　　(103) 学生である田中君には留学のための十分なお金がない。

のようになれば言える。さらに，

　　(104) 苦学生である田中君

のように特に属性が問題になる場合，「である」によってその同一性を明示することができる。

　なお，同一関係の明示ということから，

　　(105) ふぐの店である田中本店

のような別称同格に相当する言い換えも可能だが，その場合には称号的なニュアンスはなくなる。特に属性を問題にするような文脈での使用となるように思われる。例えば，次のような場合は同一関係を取り上げることが有標的であり，「である」を用いることで意外感をニュアンスとして表せる。

　　(106) ふぐの店である田中本店がカレーを出すようになった。

　こうしたことからも，「である」で同一関係を示す場合は，その同一性が述語によって明示され，その関係は有標のものとして提示されると言える。

　また，例示同格と境遇性同格について言えば，

(107) ＊私たちである日本人
(108) ＊みかんやキンカン等である柑橘類

のようには言えないことはすでに述べた。その同一関係は有意なものではなく，説明的に付与されるものに過ぎない，いわば自明のことであり，述語動詞「である」をわざわざ使うことは不適切なのである。そこで，情報へのアクセスの手がかりとなる言い換えとして，名詞並置型の同格構造しか使えないことになる。

6.2 「の」同格—属性付与的「の」—

「の」同格は，同格関係でありながら，後項名詞を限定するものである[4]。例えば，

(109) 蒲団店の田中本店ではなく，ふぐの店の田中本店

のように言えば「田中本店」の単なる識別を表す。「の」は同定関係を限定として表すからである。一方，

(110) ふぐの店，田中本店

になれば「名乗り」としての「ふぐの店」が取り上げられ，言い換えとしての表現になるのであった。

例示同格の場合における違いもあり，

(111) ＊みかん，オレンジ等柑橘類とレモン等柑橘類は違う。

のような言い方はできないが，

(112) みかん，オレンジ等の柑橘類とキンカン等の柑橘類は食べるところが違う。

は言える。「の」は限定を表すところから，挙げられたものを中心とするアドホックカテゴリーを表すからである。「みかん，オレンジ等の柑橘類」は柑橘類全般の例ではないのである。一方，「みかん，オレンジ等，柑橘類」という名詞並置型の同格構造では，言い換えをすることになり，本体名詞である「柑橘類」の一般的な説明としての例を挙げることになる。

---

[4] 寺村（1991: 248-249）は「監督の西本さん」「首都の東京」などの構造について「「N_1ノ」は N_2 について注釈を加えるという「修飾」の機能をもつものと考える」とする。また「ノ」は「ダ」の連体形という考え方を「妥当」としている。

なお，別称同格のうち，
　(113)＊ふぐの店の田中本店
のような名乗りに関する表現や
　(114)＊IOCの国際オリンピック委員会
のような完全な言い換えの場合および，
　(115)＊私の田中は〜
のような境遇性同格の場合に，「の」が介在できないことについても述べた通りである。「の」による同格的な関係が成立するには，すでに前項名詞にあたる名詞概念が成立していて，それに相当するものを後項名詞が限定するという関係になっているからであろう。

7. おわりに

　以上，同一関係にある名詞が並置される構造について見てきた。すなわち名詞並置という構造は，名詞が並べられるだけの簡単な構造である。それにも関わらず同一関係を形成するのがこの構造である。その条件として整理できるのが，例示，境遇性付与，別称，といった構造である。いずれも広い意味で「言い換える」構造としてまとめることができる。そこでの順序性は，言語表現としての線条性にも相関している。また，意味的には説明的であるという側面が「である」「の」などの同一関係の構築とは違うことなども見た。
　例を挙げることで同一関係的な言い換えを作る場合も，解説的に境遇語を置く場合も，また，別称を提示する場合も，いずれも，文法的な手続きによって構成的に名詞句レベルでの同一関係を結ぶことができる。文法的な組み立ての手続きによる言い換えである。
　面白いことに，これらの同格構造は，
　(116)＊何など，経済対策が必要だろうか？
　(117)＊学生部長、誰がおっしゃった？
　(118)＊どんな町京都にいるの？
と言えないように，疑問文にできない(問い返しの疑問を除く)。これはこの構造が説明的ないし解説的な情報であるからだと言うことができる[5]。同格

5　例示内容は「何など，大好物？」といえないように，一般に疑問文にできない。

表現ということは，同一関係にあるものを並列して言い直すということであり，そこには，情報としての限定性はなく，疑問の焦点にはならないのである。

一方，「である」は同一関係を明示的に述語として示すものであり，また，「の」は同一関係の内容を指定する関係で名詞と名詞を接続するものである。

今後，「という」「すなわち」など他の関係での同格関係の形成や，「医者の友人」「友人の医者」など，「の」における用法の違いなど，同格という構造をめぐってはさらにいろいろと議論すべき問題がある。

一方，名詞並置型構造という観点でも検討すべき構造はほかにある。例えば，
　　(119) 黒川温泉一温泉(黒川温泉が全体として1つの温泉であることを主
　　　　　張する意味。同温泉のチラシより)

では，文相当の同一関係を主張する，いわばコピュラ文相当型の構造となっている。また，
　　(120) 牛丼，並。

のような言い方もあり得る。これは「牛丼の並」に置き換えられる(この場合の属格構造については三宅(2001)，鈴木(2002, 2008)などを参照)。これは，同一指示対象とは言いにくく，本稿の対象とはならないが，やはり関連する構造と言える。今後の課題としたい。

参照文献

小林幸恵(1996)「同格をめぐって」,『東京外国語大学留学生日本語教育センター紀要』22, pp. 1-13.

鈴木浩(2002)「日本語属格の周縁―意味上の主要部を後項に認めがたい型―」,『文芸研究』88, pp. 134-121(pp. 33-46), 明治大学.

鈴木浩(2008)「『同格』考―「太刀のをかしき」型名詞連結体の文法論的定位―」,『実践女子短期大学紀要』29, pp. 81-93.

坂原茂(1990)「役割．ガ・ハ．ウナギ文」, 日本認知科学会(編)『認知科学の発展 Vol. 3』, pp. 29-66, 講談社サイエンティフィク

寺村秀夫(1991)『日本語のシンタクスと意味Ⅲ』, くろしお出版

三宅知宏(2001)「主要部の概念と"XのY"型名詞句」,『鶴見大学紀要　国語国文学編』38, pp. 9-18.

文の階層性と文中要素の解釈
―― 日本語文法研究と生成統語論の実りある協同に向けて ――

長谷川信子

1. はじめに

　野田(2000)は，現代日本語を扱う文法研究は，分野の成熟，研究者の増加，日本語教育の必要性など，研究環境が整ってきているにもかかわらず，以前のダイナミズム・面白みが欠けつつあると警鐘を鳴らし，研究領域の拡大，課題設定の創造性，研究手法の開拓などの観点からの活性化の必要性を指摘している。生成統語論研究を専門とする筆者には，野田の指摘する日本語文法研究の「手詰まり感」をどこまで共有できているかは分からないが，実は，生成文法・統語理論においても，その発祥から半世紀以上を経て，当初の言語の見方，分析法における圧倒的な斬新さ，理論体系構築と共に明らかにされた新たな規則性や体系，言語現象の発掘，それらから得られた知的興奮などが，大幅に減退してきている[1]。

　日本語生成文法と日本語文法研究は，共に「日本語の統語的文法現象」を扱ってきてはいるが，前者の考察対象はあくまでも「(その時々の)理論発展上の興味や分析可能性」に限られ，後者は，理論研究で得られた知見や記述的考察への応用可能性が十分に検討されてきているとは言いがたい。このことは，両分野の研究の目的や目指す方向性が異なることから，当然の帰結とも言える。しかし，もし，両者の研究領域それぞれに「手詰まり感」が感じられるのなら，それは，両者の「垣根」を越えて，二つのアプローチが，相補い，片方からだけでは得られない一般化や規則性が獲得できるような関わり方を目指すことから，打破できるかもしれない。以下では，そうした可能

---

[1] その原因の一つは，生成文法の究極の目的の「ヒトの認知基盤としての言語の解明」が生物的進化・発展の視点を含めた「生物言語学」の課題設定に移行してきていることと無縁でないのが，多少皮肉である。生物言語学の目的と，個別言語の現象の丹念な考察からの理論化という「人文学的言語学」の研究興味が乖離しはじめているのである。生物言語学の動向については，藤田他(2014)を参照されたい。

性を，日本語学研究でも統語論研究でも想定している文構造の階層性を軸に示したい。特に，日本語学での記述的一般化が明示されている文末表現と副詞や取り立て詞の現象を，統語論の最も統語的とされる文中要素の共起制限（一致操作）の観点から考察し，両方の成果・知見を生かした文法研究の可能性を追求してみる。

2. 文構造の階層性：生成文法と日本語学統語研究の共通基盤

単純化を恐れずに述べるなら，生成文法研究と日本語統語研究に見られる（少なくとも表面的な）大きな違いは，文を樹形図のような明確な階層構造として捉えるか，表出する発話や表現に従った線的な構造と見るかという点であろう。つまり，(1)の文の構造に，日本語統語論では，(2)のようなラベル付けは想定するとしても，生成文法が想定する(3)のような明確な階層構造までは求めていないよう思われる[2,3]。

---

[2] 以下で述べるが，日本語統語研究でも，南(1974)，田窪(1987)，益岡(1987, 2007)，野田(1989, 2013)，仁田(1991)他では，文には異なるサイズがあり，上位の文サイズには，下位の文要素を包括することが示されている。以下の(8)参照。つまり，日本語の文が下位構造から上位構造への階層性を持つことが，指摘されている。ただ，文を考察する際，多くの日本語文法研究の論考では「平板な前後関係のみを示す記述」以上の構造が「常に」志向されているわけではないことも事実だと思われる。日本語統語研究の分野における日常的な研究活動や様々な言語現象の考察，ひいては，将来の研究者の育成の場に，階層構造的表記や分析がもう少し頻繁に，かつ文構造の基本として取り入れられるなら，現象の扱いや一般化にも異なる視点が育まれるように思えるのである。以下では，そうした視点から現象を考察することの利点を示したい。

[3] 統語研究でやっかいなことは，その基本の構造表示が，理論の変遷や時代および研究者により（また，扱う現象により）常に「同じ」「統一」されたものが提示されているわけではないことである。ここで示す(3)の構造は，(2)の日本語学研究での線的表示を階層的な樹形図で示しただけのように見えるかもしれないが，何が上位の要素で，それが何を包括するかという統語構造の基本的関係性が線的記述より明確に示されている。

生成文法からの文末のモダリティ構造については，井上(2007, 2009)，上田(2007)を参照されたい。(3)の句の名称は以下である。D-ModP: Discourse-Modal Phrase（談話・発話・対人的・聞き手志向のモーダルを主要部とする句），E-ModP: Epistemic（もしくはEvent)-Modal Phrase（事態・認知的・対事的・話し手志向モーダルの句），TP: Tense Phrase（時制辞句），AspP: Aspect Phrase（アスペクト句），VP: は Verb Phrase（動詞句）。ここでは，ガ格主語要素やヲ格目的格要素の構造的位置はVP内としているが，ガ格要素は時制辞「タ・ル」の存在と深く関わっていることが知られており，派生の最終段階では，VP内部からTP内部へ移動するとの分析が一般的である。長谷川(1999, 2011)，竹沢(1997)などを参照されたい。移動操作については，以下で述べる。

(1)　花子がテレビを見ているらしいよ。

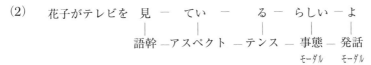

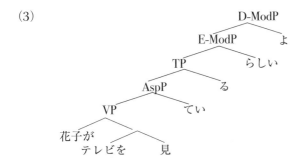

上記の(2)も(3)も，語末要素の名称と表記において大した違いがないように見えるかもしれないが，(2)で示されているのは，文末の順番だけであるが，(3)では，各々の要素が自らの下位領域にどういった要素を包括するかが明確に示されており，「語」一つ一つのラベルや性質以上に，その要素が生起するには，どういった要素を下部に選択する必要があるか，までを示すことができる。[4]

この(3)の構造を想定し，さらに，(他言語からの考察も含めて得られた)副詞の生起に関わる言語一般に課される条件——副詞的要素は句の主要部により認可される(もしくは，その投射内に生成される)(Cinque 1999)——を採用するなら，野田(2013)による文末要素の順番と文の左方領域(文頭)部分に生起する副詞の機能と順番が鏡像関係になっているとの指摘は「予想される

---

[4] 文末要素の「左右・内外関係」が「上下関係」を示す階層構造と考えられることは，野田(2013)も「内側の階層を「下の階層」，外側の階層を「上の階層」というように考えてもよい」(73頁)と述べているように日本語研究でも想定されていることである。ただ，(3)の構造の観点からは，「考えてもよい」以上に，「考えるべき」であり，そう考えることからの発展・予測が興味深いのである(以下(8)も参照されたい)。

現象」「当然の帰結」ということになる[5]。野田の考察した例も含め以下の文法性の対比を観察してみよう。

(4) a. <u>たぶん</u>　<u>注意深く</u>　運転した。
b.?*<u>注意深く</u>　<u>たぶん</u>　運転した。
(5) a. <u>実は</u>　<u>学生時代に</u>　留学した。
b. *<u>学生時代に</u>　<u>実は</u>　留学した。
(6) a. <u>学生時代に</u>　<u>１年間</u>　留学していた。
b.?*<u>１年間</u>　<u>学生時代に</u>　留学していた。

「たぶん」は事態の確定性に対する話し手の判断と関わっており、事態的モーダル(E-Modal)と共起する。「注意深く」は出来事・行為の様態と関わり、動詞句(VP)内の副詞である。(4)の文法性の対比は、順番が「事態的モーダル」と関わる副詞が「出来事の様態」を表す副詞より先行するなら容認されるが、その逆は許されない(容認度が落ちる)ことを示している。それは、(3)のような構造で、「多分」はE-Modalによりその句(E-ModP)内で、「注意深く」はVP内で認可されるとするなら、前者が上位であり、それが必然的に先行することから、説明がつく。同様に、(5)と(6)の対比も、発話モーダル(D-Mod)と関係する副詞「実は」や、継続アスペクト(AspP)の「テイル」と共起する期間副詞の「１年間」が、時制を修飾するTP内の副詞「学生時代」より上位に位置し、文の左方部で必然的に先行することから、当然予想されるものである。つまり、(3)の構造の句の左方部に副詞が生成されるとするなら、(4)(5)(6)のような現象は、構造的に説明できるのである[6]。

---

[5] 野田(2013)では、文末要素に(2)だけでなく、ヴォイスや肯定否定要素なども加え、さらに、それら各々の要素に対応する副詞と、主語や目的語などの格成分も合わせて考察し、「外側の階層にあるものほど前、つまり述語から遠い位置に置かれ、内側の階層のものほど後、つまり述語に近い位置に置かれる傾向がある。」(99頁)との一般化を提示している。この一般化は、以下の(7)の構造を文構造の基本とするなら、予想される帰結である。

[6] (7)に示した副詞は、(4)から(6)に使用したものであり、一例にすぎない。どういう副詞がどの階層に属するかについては、意味と語順の容認度の関係や、以下で考察する特定要素の「作用域」などからの考察が必要である。仁田(2002)などを参照されたい。

(7)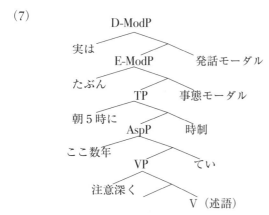

こうした階層構造を想定するなら，文の「左方要素」の順番と「右方要素」の順番が鏡像(逆)になることが必然ということになる．文を線的に捉えるより上下の階層(包摂)関係で捉えることの利点である．

上記では，副詞と文末要素の順番から，階層構造の有用性を示したが，文が，外側の要素が内側の要素より上位要素として包括する階層構造を成していることは，すでに，日本語統語研究でも提示されている．南(1974)は従属節をその内部に含めることができる要素の関係からサイズ分けし，以下のような一般化を得た．(8)は田窪(1987)による南の一般化のまとめである．

(8)　　A類：(様態・頻度の副詞)＋補語＋述語[語幹・ボイス]
　　　　B類：(制限的修飾句)＋主格＋A類＋(否定)＋時制
　　　　C類：(非制限的修飾句)＋主題＋B類＋モーダル[事態のムード]
　　　　D類：(呼掛け)＋C類＋終助詞[聞き手に対するムード]　　　（田窪1987）

この4分類は，A類はVP，B類はTP，C類はE-ModP，D類はD-ModPというようにほぼ(7)に対応している．つまり，文を階層的構造として捉えるという点では，日本語生成文法と日本語統語研究で，すでに共通の基盤がある．違いは，線的左右関係から，上下の包摂関係を導くか，後者を言語共通の基本とし，そこから前者の線的関係を考察するかである．微妙な違いだが，他の統語現象を構造との関係で考察する際には，また，他言語から得られる一般化や規則性も含めて日本語を分析する際には，その違いがもたらす影響は小さくはない．

3. 基本構造と構造変換：移動現象

　生成統語論と日本語統語研究とのもう一つの違いは，「一般化」から逸脱していると思われる現象をどう扱うかである。**2.** の(7)と(8)でみたように，階層的文構造と各階層に属する要素については，どちらのアプローチでもほぼ同様の一般化に到る。日本語統語研究では，それは，詳細なデータの分析から＜帰納的＞に導き出されたものである。上記では，生成統語研究がどのように(7)に至ったかについては触れていないが，実は，半世紀余りの様々な言語の考察，言語一般の性質の理論化から，近年は，文の基本的構造については，(9)が＜演繹的＞一般化として採用されている[7]。

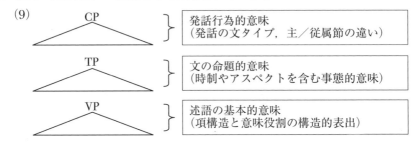

(9)

- CP — 発話行為的意味（発話の文タイプ，主／従属節の違い）
- TP — 文の命題的意味（時制やアスペクトを含む事態的意味）
- VP — 述語の基本的意味（項構造と意味役割の構造的表出）

この構造は，(7)の構造とほぼ同じだが，これは，様々な言語にも適用可能な「言語の基本構造」と見なされている[8]。日本語の場合，上述のように，この構造の適用可能性は広く帰納的に導くことができた。しかし，他言語，例えば，生成文法の推進役を担ってきた英語では，この構造に収まり切らない「例外」と思われる現象が，その最も基本的な文，例えば(10)で観察できる。

(10) a.　Mary will go to Sapporo.

---

[7] 構造(9)を，更に細分化し，CP領域に，ForceP, TopicP, FocusP, FinitePなど，TP領域には，NegativeP, AspectP, VoiceP, VP領域には自他の違いと関わるvPなどを想定する枠組み（カートグラフィ）もある。本稿では，簡易的に，CP-TP-VPの3段階としておくが，多層を想定することで捉えられる現象などが討議されている。Rizzi (1997), Endo (2007), 長谷川 (2010, 2012), 棗原 (2010) などを参照されたい。

[8] D-ModPとE-ModPが必ずしもCPを形成するというわけではない。E-ModP要素は言語やモダリティのタイプにより独立した述語として現れる場合もあり（例えば，英語のseemやbe likely，日本語の「ようだ，らしい」など），一概に，TPとCPの間に独立した範疇を形成するとは言えない。井上 (2007, 2009), 上田 (2007) 参照。以下ではE-ModPについては，扱わない。

b. What did John buy?

(9)の構造と各句レベル定義に従えば，最下部のVPには，述語(V)のgo, buyだけでなく，主語のMaryやJohnも，着点を表すto Sapporo，目的語のwhatも，述語のgoやbuyの意味と関わる必須要素(項)であるから，最下部のVP内に生起する筈である。そして，時制要素willやdidはTP要素であるから，主語より上位(左側)に現れることが予想される。しかし，それらをそのまま(10)の語順に当てはめても，(9)の構造には合致しない。特に，VP内部の「最下位」の要素であるべき主語や目的語が，その上位のTP要素を越えて左側に来ることは，日本語の副詞の例(4)～(6)と同様に，許されるべきではない。(9)の構造が文の意味・機能の観点からも整合性があるのなら，(10)ではなく，(11)のような語順で表れるべきであり，それならTPとVPの上下階層が保たれる。どうして(11)は英語では許されないのか？何故，整合性の薄い(10)の語順となるのか？

(11) a. [$_{TP}$ will [$_{VP}$ Mary go to Tokyo]]
b. [$_{TP}$ did [$_{VP}$ John buy what]]

こうした「相反する状況」での選択は，(i)(10)の「見たまま」の語順を英語の基本とし(9)のような構造を退けるか，(ii)(9)を基本としそれに準じた(11)から派生した構造を(10)と考えるか，である。生成文法が採用した道筋は(ii)である。当然，そこからの課題設定は，どうして英語(言語)は，言語の構造として整合性の高い(9)(もしくは(11))をそのまま表層化することができないのか？ そして，その(9)(もしくは(11))から(10)に到る過程にどのような条件，法則が関わり，(10)が「必然的な結果」として表面化するのか，という問いである。そして，生成文法の操作の基本は，こうした問いへの答えを求める作業から得られている。

以下では，先ず，このプロセスを概観する。その上で，日本語でも，(9)の「反例」となるような現象に，上記(ii)の課題設定から考察することで，日本語統語研究と生成文法研究の相互発展の可能性を探ってみたい。

3.1 英語の構造と派生：日本語との対比

英語も日本語も(9)のような構造を文の基本とするが，二つの言語は，述語

の位置で大きな違いがある。日本語は述語が文末に来るが，英語では(10)からも分かるように文の中程(少なくとも目的語の前)に現れる。この違いは述語の位置だけでなく，(12)から分かるように，全ての句の構造で，句の主要部(句の性質を決める範疇)の位置に共通する違いである。(12)では，下線の要素が各範疇の主要部である。

(12)

本を読む	VP	read a book
[私が読んだ] 本	NP	books [I read]
大阪から	PP	from Osaka
[本を読ん] だ	TP	will [read books]
[花子が来る] なら	CP	if [Hanako comes]
[雨が降った] から	CP	because [it rained]

こうした「線的」語順に現れる違いは，大きな言語類型的な特徴であり，日本語は「主要部後置言語」，英語は「主要部前置言語」と分類される。この違いは，「階層的」構造(9)の観点からは，各句レベルにおける主要部と補部の位置関係に反映され，(13)のような構造が，日本語と英語の「基本構造」ということになる[9]。

(13) a. 日本語 b. 英語

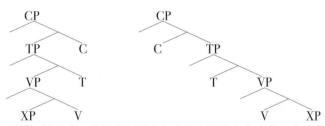

さて，上記の疑問に戻ろう。英語が(13b)を「基本構造」とするなら，どうして英語では，そこから，明らかに「線的」に逸脱している連なりを持つ文

---

9 つまり，(9)の構造で示した，CP-TP-VP の階層は，最上位のレベルの CP の主要部 C が TP を，TP の主要部 T が VP を，それぞれの内部に，必須要素(補部)として取ることを示している。そして，最下部の VP の V は XP (名詞句 NP，前・後置詞句 PP，目的節 CP など，様々な句)を選択し，それが述語の事態的意味を構成する。

が表面化するのか，ということである。例文(14)で考察してみよう。この文のwhat, will, Maryの位置は，明らかに，基本構造(13b)から(15b)に矢印で示した「移動」を想定しなければ，表面的な構造は得られないのである。ちなみに，対応する日本語の(14b)は，基本構造(13a)が保持されているように見える[10]。

(14) a.　What will Mary buy?　　← [TP will [VP Mary buy what]]
　　 b.　花子は何を買ったの？

(15) a.　日本語　　　　　b.　英語

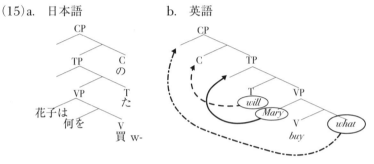

英語の(15b)では，三つの移動操作が関わっている。先ず，主語がVP内部からTPの領域へ移動している。肯定文(10a)から明らかなように，英語の主語位置は時制要素(TP主要部)より常に左側に来る。主語がVP内に留まったままでは，その位置を占めることは不可能なのである。また，疑問詞のwhatが文頭に移動している。これは，CPが(9)で示したように発話行為(聞き手への働きかけ)と関わる領域であるから，「疑問文」機能の明示という機能により移動したと考えられる。TのCへの移動も疑問詞の移動と関係する。つまり，(15b)には，二つのタイプの移動が起こっている。一つは，主語の表示(VP内からTP内へ)であり，もう一つは，文の機能のCP領域における明示(疑問

10　(15a)で示すように，日本語には英語のような「移動」などの操作が関わっていないように見えるが，以下では，日本語にも同様の操作を想定することが必要になること，そう想定することで，表面的には「例外的な現象」が例外ではない形で分析できることを示す。文末の「の」をここでは疑問文表示のC要素としたが，本来のC要素は「か」である。ただ，主文の疑問文では「のですか」の「ですか」が省略され，あたかも「の」がC要素のように振る舞うのであるが，本稿では「の」もC要素としておく。疑問文の「の」と「か」の分析には，棗原(2010)，三原・平岩(2006)などを参照されたい。

詞とTのCPへの移動)である。これらの移動には理由がある。英語のような主要部前置言語では，基本構造(9)だけでは，意味の表示が不十分であり，当該の文を解釈可能な構造に変換するためには移動が不可欠ということなのである[11]。

さて，翻って，日本語の(15a)では，英語のような「移動」は観察されていないように見える。実際，この文の機能が疑問文であることは，文末の「の」(もしくは「か」)により明示できていることから，疑問詞の移動は不要である。しかし，主語においては，文の左端部にあることから，それが，VP内に留まっているのか，TP内へ移動してきているのか，はたまた最上のCP内まで上昇してきているのかは定かではない[12]。主要部後置言語の日本語では，文末が主要部の順番によって構造を明示できるのに対し，文頭や文中部分から文構造全体を推し量ることは容易ではない。しかし，(15b)で観察した英語の文の派生から，表面的には(9)の構造の「例外」と思われる現象でも，「移動」を想定することで，文の意味解釈へ橋渡しできることを観察した。日本語でも，そうした「移動」を想定することで，表面的には「例外的」と思われる現象を，許された統語操作の範囲で分析して，文の構造と意味を合致させることが可能な筈である。そうした現象を見てみよう。

4. 日本語の移動現象

言語は移動操作を許すことで(9)のような基本構造だけでは明示できない文

---

[11] 実は，移動には，もう一つ「構造構築上」の理由があると考えられている。それは，(9)のような構造は，文が持つ異なる機能と意味を階層的に重ねたものであるが，それだけでは，構造として不安定で，それが構造内に表出している要素も含め「揺るぎない構造」として機能させるためには，文中の要素を「格標示」によりつなぎ止め，各階層を構造的にも補強する必要があるというものである。その「構造補強，構築」の手立てが，下位範疇の要素を上位範疇内へ組み込む(つまり，主語をVP内からTP内へ移動し主格を与え，TはCへ，疑問詞をVP内からCP内へ移動させる)という操作なのである。そうだとすると，以下でも触れるが，日本語でも，同様の操作が適用されている筈で，それが，述語要素の膠着化(主要部VのT，さらにはCへの移動)であり，格付与(ガ格，ヲ格など)である。

[12] 例文(14b)では，主語に「ハ」が用いられている。トピック(主題)を示すハ格は，南の構造(8)でもC類に生起し，(9)に照らせば，CP領域の要素である。しかし，本稿では，ハ格については扱わない。

全体の発話機能や特定要素の意味解釈を可能にする。(15)で見たように、日本語では英語で観察されるような明らかな移動の必要性があるようには見えないかもしれない。しかし、移動を想定することで、現象の本質が見えてくる場合もある。以下では、そうした例をいくつかケーススタディとして扱い、これまで積極的には採用されていないが、移動を想定することで得られる一般化を指摘し、今後の日本語統語研究のでの可能性を探りたい。先ず、4.1で、日本語にも疑問詞移動が必要な場合があることを指摘し、4.2と4.3で、例え、明白な形で「移動」が観察されなくとも、解釈上の整合性から(見えない形で)「移動」していると考えることで統一的な説明が可能となることを示す。

4.1 短縮疑問文

(15)で疑問詞疑問文を観察した。日本語では文末(CP主要部)に疑問詞が現れるが、疑問詞自体は文頭に移動する必要はない。一方英語では、疑問詞が文頭に移動することが求められ、それが疑問文の機能を明示する[13]。つまり、疑問詞疑問文は、日本語ではCPの主要部で、英語ではCPの指定部(句の左端上部)で構造的に明示するのである。このことを念頭に、以下の疑問文を観察してみよう[14]。

(16) a. 花子が何かを買ったが、[何を買った*(か)]分からない。
b. Hanako bought something but I don't know [what she bought].

(17) a. A：「花子が何かを買ったよ」
B：「え？何を買った(*か／*の)？」
b. A: "Hanako bought something."
B: "Yeah? What did she buy?"

上記には、先行する文の「何か, something」を受ける疑問文の例が示してあ

---

13 (15b)の分析では、時制辞TのCへの移動も疑問文標示のためとしたが、(16)以下で扱うように間接疑問文ではTの移動は必要ない。また、英語では他の構文(例えば、Never have I said that.のような否定強調文)でも時制辞TのCへの移動が観察されることから、疑問文標示のための移動は疑問詞が担っていると考えられている(注19も参照のこと)。

14 (16a)と(17a)で、*(か)というのは、「か」の省略は許されないことを示し、(*か)は、「か」の生起は許されないことを示す。

り，英語も日本語も，短縮化が可能である。(16)は間接疑問文の例であるが，日本語では，短縮の如何によらず，文末のCには疑問詞マーク「か」が必要であり，英語では，CP領域に疑問詞を移動させ，疑問詞以外を省略している。(17B)の例は，(16)同様の「短縮疑問詞疑問文」だが，その発話機能は(16)とは異なる。つまり，(16)は間接疑問文を埋め込んでいるが主文全体としては断定文であるが，(17B)は短縮疑問文自体が主文の疑問文として機能している。その機能の違いがあるが，英語での短縮文は，共に，疑問詞のみで成り立っている。つまり，CPの指定部へ移動した疑問詞部分だけが残された文であると分析できる。

興味深いのは日本語で，(16a)の間接疑問文と(17a-B)の主文疑問文で，その短縮形にCPの主要部「か」が生起するか否かが異なるのである。疑問文標示に主要部Cの「か」が用いられるのが日本語なのであるから，(17a-B)でも(16a)同様「か」(もしくは「の」)の生起が予想されるが，予想に反して「か」は許されない。疑問詞のみで主文疑問文として機能しているのである。しかも，語調も興味深い。日本語では，疑問文は通常「昇り音調」であるが，短縮疑問文では「下り音調」でも許される(いや，むしろ，「下り音調」の方が自然かもしれない)。主文疑問文では，短縮しないのなら，「*花子は何を買った。」が下降音調では「か」(もしくは「の」)を伴わない限り非文となるのに対し，短縮疑問文なら「下り音調」のまま「か」を許さずに「疑問詞疑問文」として機能するのである。これは，まさに，英語の状況と同じである。英語は，CPに疑問詞を持つ疑問文は「下り音調」であり，それは，短縮疑問文でも変わらない。この短縮疑問文における日本語と英語の類似性は，日本語でも，主文の短縮疑問文は，疑問詞をCP領域に移動させて標示し，主要部での標示は使っていないとすれば，説明できる。では，どうして日本語では，「主文」の「短縮形」には移動が適用されるのだろうか？

それは，次のように考えられる。CP領域での疑問文表示は，言語によってその表示法は異なり，日本語は，主要部でマークし，英語は疑問詞をCP領域の指定部に移動させてマークする。[15]間接疑問文の場合は，上位述語「知ら

---

[15] 指定部と主要部の両方を使う，という言語は少ない。言語には余剰性を嫌うという傾向(経済性の原則)があると考えられている。その観点からも，英語の疑問詞疑問文で

ない」がその補部(目的節)に疑問文を指定し，その指定は主要部 C の「か」により満たされる。結果として短縮形の場合(CP 指定部には移動していない)「疑問詞」と「か」が必要となる。それに対し「主文」としての疑問詞疑問文を短縮するということは，「必要最低限」の要素で疑問文機能を満足させるということである。その要求が，主要部か指定部のどちらかで，満足させられるのなら，両方を使う必要はない。しかし，疑問詞の値を聞く疑問文で疑問詞を省くわけにはいかない。当然，疑問詞を使うことになる。しかし，CP 領域(疑問文をマークする領域)の存在を無視することはできないので，結果として，英語と同様の「CP 領域に疑問詞を移動させる」操作を日本語でも採用しているのである。つまり，統語構造に許された操作と文の機能を考慮すると，日本語にも疑問詞の CP 領域への移動が，必要とあらば可能な筈である。(17a-B)は，まさにその必要性がある現象なのである。それは，疑問詞疑問文の一般化「日本語は，文末(CP の主要部 C)で疑問文を明示する」に反する例であるが，言語が持つ，CP 領域の機能，その機能を明示する操作としての CP 指定部への移動，を想定するなら，まさに，日本語であっても，予測される現象として捉えることができる。統語理論研究の観点からは，こうした「例外的」「一般化に反する」現象は，最も興味深い現象であり，そこに新たな分析が見いだせる可能性があるのである。以下では，日本語統語研究でも多くの論考のある「取り立て詞」のひとつの「も」の現象から，「も」の「作用域」解釈とその「例外的」と思える解釈が，実は，階層的構造と移動操作から分析できることを示したい。

4.2 「も」の作用域

英語の疑問詞疑問文(15b)では，疑問詞は基本構造(9)の VP 内部から CP 領域へ移動することを観察した。日本語では，CP 主要部の「か」により疑問文表示が可能なことから，(17a-B)のような短縮疑問文ではない限り，疑問詞は移動していない(移動する必要はない)としたが，特定な解釈が必要な要素は，表面的な位置に関わらず，解釈のために「移動」していると想定するこ

の時制辞の C への移動は，疑問詞表示とは別の操作と考えられる(注 13, 19 参照)。

とが望ましい場合がある。同類事象を暗示する(「累加」also の意味の)「も」の作用域の現象から，明示的ではない「移動」を想定することで説明が可能となる現象を考察しよう。まず，(18)を見てみよう。

(18) a.　太郎も来た。(太郎の他に来た人がいる。)
　　　b.　花子はその本も読んだ。(花子は他の本も読んだ。)

「も」の基本的機能は，文中の「も」の句と同類のもの——(a)では「太郎以外の人」，(b)「その本以外の本」——が関わる同様の出来事の存在を暗示することである。(18)では，暗示されている別の出来事を(　)に示した。では，次に否定辞「ない」と「も」の関係を見てみよう。

(19) a.　太郎も来なかった。
　　　　(ア．太郎以外に来なかった人がいる。)
　　　　(イ．*太郎以外に来た人がいるが，太郎も来たわけではない。)
　　　b.　花子はその本も読まなかった。
　　　　(ア．花子が読まなかった本が他にもある。)
　　　　(イ．*花子は他の本を読んだが，その本も読んだわけではない。)

ここで考察したいのは，否定文の中に「も」を含む要素がある場合，暗示されるもう一つの類似した出来事というのが，「否定」を含む文(つまり，(ア)で示した Also-Not の全否定の意味)なのか，否定を含まない肯定文((イ)の Not-Also の部分否定の意味)なのか，もしくは，そのどちらの可能性もある曖昧な文となるのか，ということである。(イ)の「*」印で示したが，これらの文には部分否定の意味はなく，暗示されるのは，表記の文と同様の否定文であり，「も」と否定辞が共起すると，全否定文になるのである。[16]では，どうして「部分否定」の読みが出て来ないのだろうか。

---

[16] 「も」と否定辞の関係を，(19b)を例に，簡易的な意味表記で示すと，(i)のようになり，(19b)は(ア)の読みだけが可能となる。以下で，それが，「も」の句が否定辞より上位に移動した(20)の構造から導きだせることを述べる。つまり，「も」と否定辞の意味関係は統語構造から読み取れるのである。Kuroda (1992) が詳しい。Hasegawa (1990) も参照されたい。

(i)　(19b-ア)　[y (y ≠ x) [$_{NegP}$ [花子がその本 x を読 m] なかった] &
　　　　　　[$_{NegP}$ [花子が y を読 m] なかった]]
　　　(19b-イ)　[$_{NegP}$ [花子がその本 x を読 m] なかった] &
　　　　　　[y (y ≠ x) [花子が y を読んだ]]

「も」が付随しているのは述語の必須項であるから,VP内部の要素として生起しているのなら,否定辞「ない」より下にある筈だから,Notが上のNot-Alsoの「部分否定」読みが出てきても不思議ではない。しかし,全否定(否定辞も含めた文の暗示)しか得られないということは,「も」は,述語が示す出来事VPだけに作用するのではなく,(9)のような統語構造に照らせば,VPより上位の領域を(ここでは,VPとTPの間に否定辞領域NegPを想定する)「作用域」(解釈が影響を与える範囲)にしていることになる。つまり,「も」は,VP内部から否定辞の上位の位置(すなわちTPかそれより上部)へ移動し,その位置から解釈が設定されることになるのである。その派生を(19b)を例に(20)に示す。「その本も」が否定辞「ない」の上位に位置し,NegP以下が「暗示」要素に対応することとなる。

(20)

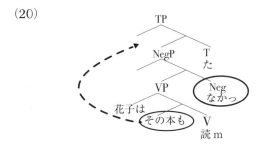

(19b)が持つ全否定の「意味標記」は,注15の(i)-(19b-ア)に示したが,「も」の句がVP内に留まらずに否定辞「ない」より高位の位置に移動した(20)の構造なら,その表示の「も」と「否定辞」の関係を容易に導くことができるのである。つまり,「も」と「否定辞」の解釈は,「も」が移動できるなら,統語構造により決定づけられるのである。

では,その「も」の句の移動の動機とは何であろうか。ここで,英語での疑問詞移動(15b)の必要性を思い出してみよう。英語では疑問詞をCP領域に移動させることで,疑問文解釈が可能となった。何故CPへ移動したかというと,そこが「疑問文」を表示する発話行為表示のレベルだからである。「も」についても,同様に考えたい。「も」の機能は,前述したように「明示された出来事と同様の出来事の存在の暗示」である。その出来事は時の情報も含むことから,それはVPだけでなくT(時制辞)を含むTPであろう。「も」

はTP領域に移動することで，別の出来事の存在を保証するのである。ちなみに，この「も」の性質こそが，日本語文法で「も」を係り助詞とし，その「結び」先を「終止形」(つまり時制辞のT)と分析している所以と考えられる。つまり，(20)の構造を想定する分析では，「係り結び」とは，「結び」となる主要部(ここではT)が，その句(ここではTP)の指定部に「係り」を要求し，そこで「係り」の作用域を決定する操作と考えられる。こうした「主要部」と「指定部」の呼応・連動関係は，統語理論では一般に，「一致現象」とみなし，最も統語的な現象——つまり，統語構造と統語操作があってはじめて，その規則性と性質が明らかとなる現象——とされている。上記の「も」の現象は，まさに「も」と「終止形」(T)との一致現象として，統語操作上は，捉えることができる。その操作の結果が，否定辞との関係では「全否定」解釈として現れるのである。

「も」はTへ移動し，それが「も」の作用域を決定する。この一般化をもう少し，(9)の基本的統語構造との関係で考察してみよう。

4.3　否定辞と「も」の関係：疑問文と条件節

「も」は常にTP指定部に移動する。TPは否定辞Negの上にあることから，(19)のような「も」と否定辞を含む文では，全否定(Also-Not)(ア)の読みだけで，部分否定(Not-Also)(イ)の読みは不可能となることの説明である。しかし，その「一般化」には反する例が観察される。(21)の例文を(19)と比較して観察してみてほしい。考察のポイントは，上記で考察した「全否定」と「部分否定」の解釈可能性である[17]。

(21) a.　太郎も来ないの？
　　 b.　太郎も来ないと，試合ができない。
　　 c.　その本も読まないと，試験に落ちるよ。

これらが「全否定」の解釈を持つであろうことは(19)と同様の文が用いられているのであるから，予測される。確かにその読みは存在する。つまり，

17　Hasegawa (1990, 1994)では，疑問文と条件節における，作用域を取る要素の振る舞いを扱い，「も」だけではなく，「何か」「何も」などの対極表現や数量詞も否定辞との関係で考察している。

(21a)は，「太郎の他に来ない人がいて，それに加え太郎も来ない」のかどうかを問う疑問文であり，(21b)は，「他に来ない人がいて，それに加えて太郎も来ない」のなら，「試合ができない」と述べているのである。

しかし，これらの文には，「Not-Also の部分否定」の解釈もある。「他に来る人がいる」のだが，その人に加え，(21a)「太郎も来るのではないのか」，(21b)「太郎も来るのでないと，試合ができない」という解釈である。なぜ，こうした「部分否定」解釈が可能となるのだろうか。(21)は(19)とどこが異なるのだろうか。

明白な違いは，(19)が断定文なのに対し，(21)は，(a)は疑問文であり，(b)と(c)は条件節である。つまり，(19)で得た「「も」は否定辞より上の作用域を持つ」という一般化は，断定文には適用するが，疑問文や条件節には当てはまらないのである。「例外」とするにしても，文の機能上のタイプが関係しているとすると，ただの「例外」ではない。例外に特徴があるのなら，その特徴を明確にすることで，「例外」ではなく，「一般化」の一部となり得る。「例外的解釈」が，文のタイプと関係あるなら，それを指定する構造上の範疇である CP 領域が，関わっている筈である。CP 領域を巻き込むと部分否定 (Not-Also)——否定辞 Not が Also の「も」より上位の作用域を持つ——解釈が可能となるのである。このことは，否定辞「ない」が，疑問文や条件節ではCの所まで上昇して，構造的に，「も」の位置（Tの指定部）より上位の位置を占めるとすれば，説明がつく。つまり，(19)で得られた一般化の(22a)は踏襲したまま，それに加えて(22b)という操作が適用すると考えれば，(19)には全否定の解釈しかないが，(21)には「部分否定」の解釈も可能となることに対し統語構造の方から説明ができるのである[18]。

(22) a. 「も」は T の指定部に移動する。

---

18 繰り返しになるが，「も」はTに移動することで，それより下位の構造を明示し，それが「類似した出来事」(注16に示したような意味部門表示) に対応するのである。
　また，(22b)は句の中心要素（主要部）の移動であるが，その移動には，句（疑問詞や「も」の句）の移動とは異なり，「移動は常にすぐ上位の範疇への移動に限られる」という条件が伴うことから，否定辞要素の「な(い)」がCへ移動するためには，Tへ移動し，Tを含めてCへ移動する。主要部(X)はその投射である句(XP)の中心要素であるから，その移動には句内の要素（項など）の移動より強い制限がかかるのである。

99

b. 疑問文や条件節など，特定の文機能を持つCPのCには，主要
　　　部要素が移動する。
つまり，(21)のような文では，「も」の移動(22a)だけでなく，少なくとも
Neg-T(否定＋時制辞)の要素がCへ移動し，Negが「も」より上位に位置する
構造が可能となり，それが，「Not-Alsoの部分否定の読み」を導くのである。
(23)

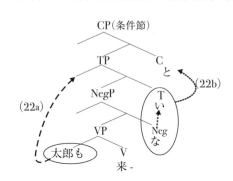

(22b)の移動はNegP，TPの主要部が，その上のCPの主要部Cへ移動した
ものであるが，こうしたT(Neg)要素のCへの移動は，英語でも疑問文や条
件節や否定強調文などでも観察され，断定文とは異なる「特別の文機能を持
つ文」で観察される[19]。翻って，(21)のような特殊構文でのみ観察される「部
分否定」読みは，CPが，文(節)の談話機能や主文との関係性を構造的に明示
する領域であることの証左となる。そうした機能はどの言語でも表す必要の
ある特性で，それが日本語でも英語でも同様の移動操作により構造的に明示
されるのである。
　3.1で，日本語では文末要素の順番から，英語のような言語では容易に得ら
れない「文の機能を示す要素とその関係」が分かると述べたが，順番だけで

---

[19] 以下の例(ii)から分かるように，英語でも，疑問文，条件節，強調文など，特別な
機能を示す必要のある文では，T(やNeg)がCに移動する。
(i)　　Mary {doen't eat/eats} sushi.　(断定文)
(ii) a. Doesn't Mary eat sushi?　　　(否定疑問文)
　　 b. Unless Mary eats sushi, ⋯　　(条件節；unless＝if not)
　　 c. Had Mary not eaten sushi, ⋯　(条件節)
　　 d. Only sushi did Mary eat.　　　(強調文)

は，文末要素の「上下関係」，文中の他の要素(例えば，副詞や疑問詞，「も」の句)との関係性が明確には読み取れない。樹形図のような階層構造が想定されてはじめて，順番だけでは説明のつかない現象に対応できるのである。「も」と「否定辞」，さらには「節のタイプ」が関わって観察される「作用域」の違いは，「同じ線的な語順」でも「優位関係」が異なることを示しており，それを示す階層構造，階層構造での統語操作の必要性を示している。同時に，そうした階層構造と統語操作を想定するなら，線的順番では気づかない現象の存在が予測され，その予測から構造を基本にした分析の有用性，優位性が証明できる。最後に，そうした現象を指摘し，その分析の可能性を示し，そこから，統語理論上も日本語の記述的一般化の上からも，更なる深化が必要なこと，その深化のためには生成統語研究と日本語統語研究の相互理解と活性化が求められることを指摘する。それが，お互いの分野の「手詰まり感」解消の道筋となると思うのである。

5. まとめと今後

2.の(7)では，副詞のタイプと節構造の関係に見られる野田(2013)などで指摘されている一般化について，階層構造で捉えることの有用性を示した。生成統語研究では，階層性は移動との関係で理論化されてきたことから，3.では，英語の構造と疑問文を扱い，それとの比較では，主要部後置言語の日本語では疑問詞などの移動も主要部(Tなど)の移動も起こっていないように見えると述べた。しかし，4.では，短縮疑問文，「も」と否定辞の作用域関係，条件節などの特殊構文での現象などから，日本語でも，階層構造を元に，「句」の移動，主要部の移動を想定することで得られる一般化を示し構造的な分析を提示した。

ただ，そうした「移動」も，英語などとは違い，主要部後置言語では，主要部移動でも指定部(句の左端部への)移動でも，明確な「語順の違い」として現れにくいことも確かである[20]。しかし，階層と移動，そして「移動」の理

---

[20] 蛇足だが，この「基本構造からの逸脱が表面的には見えにくい」ことが，日本語研究分野での統語理論研究の知見(それは，英語のような「移動の必要性が明らかな」主要部前置言語などの考察から獲得されたものが多い)が十分に生かされていないことと関係

由としての「主要部と指定部の呼応の必要性」の観点から，現象を探ると，考察対象にも分析の方向性にも新たな可能性が見えてくる。それを最後に指摘し，今後の研究への期待としたい。

5.1 疑問詞疑問文と「も」の関係

3. と**4.** では，疑問詞や「も」の句は，明示的には移動していない（移動する必要はないが），各々が解釈されるレベルの指定部（疑問詞はCの「か」，「も」は時制（終止形）のT）と呼応する必要があり，統語構造が解釈への対応を示すとするなら，「見えない，音に影響を与えない」としても，統語分析上はそれぞれ，CとTの指定部（CP，TPの左端部）に「移動」するとの分析を示した。

しかし，以下の「疑問詞」と「か」が共起する現象を考察すると，疑問詞と「も」の句は，実際に該当する指定部に移動していると分析することが望ましいと思える。

(24) a.　誰が　その本も　読んだの？
　　 b. ?*その本も　誰が　読んだの？
　　 c.　その本を　誰が　読んだの？
　　 d.　その本も　太郎が　読んだの？

(25) a. ?*花子も　何を　買ったの？
　　 b.　何を　花子も　買ったの？
　　 c.　花子も　本を　買ったの？
　　 d.　何を　花子が　買ったの？

(c)と(d)の例が示すように，疑問詞も「も」の句も，文中に単独で生起するなら，他の要素との語順は容認度に影響しない。しかし，(a)と(b)の対比から分かるように，二つの要素が文中に現れると疑問詞と「も」の句の順番は，「疑問詞－も」でなくてはならず，逆の「も－疑問詞」となると容認度は著しく落ちる。この順番は，文のVP内部で生起される要素（主語と目的語）の順番ではなく，文末の要素の順番と対応している。すなわち，上位のCと対応

があるかもしれない。しかし，上記でみたように，それらの知見を取り込むことで，現象の異なる見方，一般化が得られる可能性があり，それが両分野の研究にプラスとなるに違いない。

する疑問詞が文頭に，その下のTと対応する「も」の句が，疑問詞の後に現れるのである。この状況は，2.で扱った副詞の位置とそれと関わる文の階層での現象と同じである。つまり，疑問詞も「も」の句も，副詞の順番の説明同様，主要部（文の階層）と対応する「指定部」に生起しなくては，文の解釈が成立しないのである。しかし，単独なら「移動」しなくてもよさそうである。これを(26)に記述的一般化としてまとめておこう。

(26) 主要部と呼応関係を持つ文中の要素は，他に同様の要素があるなら，それぞれの主要部の領域（指定部）に「可視的」（音形的に語順として現れる順番となるよう）に移動しなくてはならない。しかし，他に同様の呼応関係を示す要素がないなら，可視的に移動しなくてもよい。

この「移動」の必要性，可視的な形での対応関係の読み取りは，疑問詞と「も」以外にも，「しか－ない」や取り立て系の「係り結び」を示す要素，「誰か」などの極性表現，副詞や副詞節の位置と順番，などにも関係する。[21]その観点からの「記述」の整備と検証は，日本語統語研究でも部分的にはなされているが，統語構造と派生に関わる操作と条件の観点を含めての考察はまだまだ不十分である，もしくは，統語理論上の視点が強すぎ，日本語の体系の解明には至っていない[22]。

そして，(26)のような，「規則（移動）の適用が，対象要素だけでなく，それ

---

[21] 野田(2013)は，副詞・副詞節と文中成分（主語や目的語）の関係や語順を考察し，「この語順でなければ文として成り立たないという絶対的なものではない。この語順のほうが相対的に多く表れるという傾向にすぎない。」(99頁)と述べている。(26)は，その記述とも無関係ではなく，野田も指摘するように今後の研究には，どの要素がどういう状況の時に，語順（可視的な階層）が不可欠かを記述的にも明らかにする必要がある。また，生成文法研究で，埋め込み文から主文への取り出しなどについても，文の左端境界要素と文中要素で容認度に違いがあることが知られているが，それも(26)の現象と思われるが，明確な理論化は今後の課題である。

[22] 筆者も，Hasegawa(1990, 1994)，長谷川(2011, 2012)などで扱っているが，日本語の全体像の提示には至っていない。日本語統語研究では，森山(1988)，野田(1995)，仁田(1991, 2002)，益岡(2007)，田窪(2010)，沼田(2009)などに興味深い現象が多々指摘されているが，現象の指摘以上の体系的考察は今後の課題であろう。また，理論的視点からは，Takahashi(1990)，Tanaka(1997)，佐野(2007)，Endo(2007)，遠藤(2015)などがあるが，理論と関連する部分だけに集中している感があり，そこからの知見が日本語統語研究への興味を喚起するような形での波及までには至っていない印象である。

以外の存在や状況に左右される」という一般化は，統語規則の適用条件としては，理論的な位置付けに難があり，容易に組み込めるわけではない。その意味でも，こうした日本語の現象は，理論的考察の観点からも，挑戦的で興味深く，今後さらに，日本語統語研究からも生成文法研究からも考察・分析・検証が必要で，相応の結果が得られれば，両分野への波及も期待できる。それぞれの研究課題設定とアプローチに限定することなく，それぞれの利点を生かし，相互に発展が期待できる形で研究が進むことを期待したい。

付記
本稿の4.で扱った「も」や短縮疑問文の現象は，Hasegawa(1990, 1994, 2008)，長谷川(2006)などで扱ったものを含んでおり，その一部は神田外語大学大学院の授業や国内外の学会での口頭発表などでも言及した。それらは，生成文法の課題の観点から考察しており，日本語統語研究の成果への配慮が十分に生かせていなかった。その反省からも日本語統語研究と生成文法研究の意義ある交流・統合・協同が今後発展することを強く望みたい。

参照文献
井上和子(2007)「日本語のモーダルの特徴再考」,長谷川信子(編)『日本語の主文現象：統語構造とモダリティ』pp. 227-260, ひつじ書房.
井上和子(2009)『生成文法と日本語研究―「文文法」と「談話」の節点―』,大修館書店.
上田由紀子(2007)「日本語のモダリティの統語構造と人称制限」,長谷川信子(編)『日本語の主文現象：統語構造とモダリティ』pp. 261-294, ひつじ書房.
遠藤喜雄(2015)「日本語研究の海外発信：副詞節の事例研究」,益岡隆志(編)『日本語研究とその可能性』pp. 222-247, 開拓社.
栗原和生(2010)「日本語疑問文における補文標識の選択とCP領域の構造」,長谷川信子(編)『統語論の新展開と日本語研究―命題を超えて―』pp. 95-127, 開拓社.
佐野まさき(2007)「とりたて詞の認可と最小性条件」,長谷川信子(編)『日本語の主文現象―統語構造とモダリティ―』pp. 73-111, ひつじ書房.
田窪行則(1987)「統語構造と文脈情報」,『日本語学』6-5, pp. 37-48.
田窪行則(2010)『日本語の構造―推論と知識管理―』,くろしお出版.
竹沢幸一(1997)「格の役割と構造」,竹沢幸一・John Whitman『日英語比較選書第9巻：格と語順と統語構造』pp. 2-102, 研究社出版.
仁田義雄(1991)『日本語のモダリティと人称』,ひつじ書房.
仁田義雄(2002)『副詞的表現の諸相』,くろしお出版.

沼田善子(2009)『現代日本語とりたて詞の研究』,ひつじ書房.
野田尚史(1989)「文構成」,宮地裕(編)『講座日本語と日本語教育Ⅰ:日本語学要説』pp. 67-95,明治書院.
野田尚史(1995)「文の階層構造からみた主題ととりたて」,益岡隆史・野田尚史・沼田善子(編)『日本語の主題と取り立て』pp. 1-35,くろしお出版.
野田尚史(2000)「日本語学習者の「は」と「が」の習得―文法研究の領域拡大を目指して―」,日本語文法学会第1回(設立記念)発表資料.
野田尚史(2013)「日本語の副詞・副詞節の階層構造と語順」,遠藤喜雄(編)『世界に向けた日本語研究』pp. 69-103,開拓社.
長谷川信子(1999)『生成日本語学入門』,大修館書店.
長谷川信子(2006)「Sluicing and Truncated Wh-Questions」,鈴木右文・水野佳三・高見健一(編)『言語科学の神髄を求めて』pp. 453-470,ひつじ書房.
長谷川信子(2010)「CP領域からの空主語の認可」,長谷川信子(編)『統語論の新展開と日本語研究―命題を超えて―』pp. 31-65,開拓社.
長谷川信子(2011)「「所有者分離」と文構造:「主題化」からの発展」,長谷川信子(編)『70年代生成文法再認識―日本語研究の地平―』pp. 85-121,開拓社.
長谷川信子(2012)「現代版「係り結び」としてのト条件節構文―CP構造における従属節と主節の呼応―」,『日本語文法』12-2, pp. 24-42.
藤田耕司・福井直樹・遊佐典昭・池内正幸(編)(2014)『言語の設計・発達・進化―生物言語学探究―』,開拓社.
益岡隆志(1987)『命題の文法』,くろしお出版.
益岡隆志(2007)『日本語モダリティ研究』,くろしお出版.
南不二男(1974)『現代日本語の構造』,大修館書店.
三原健一・平岩健(2006)『新日本語の統語構造―ミニマリストプログラムとその応用―』,松柏社.
森山卓郎(1988)『日本語動詞述語文の研究』,明治書院.
Cinque, Guglielmo (1999) *Adverbs and Functional Heads: A Cross-Linguistic Perspective.* Oxford University Press.
Endo, Yoshio (2007) *Locality and Information Structure: A Cartographic Approach to Japanese.* Amsterdam: John Benjamins.
Hasegawa, Nobuko (1990) Affirmative polarity items and negation in Japanese. In Carol Georgopoulos and Roberta Ishihara (eds.) *Interdisciplinary Approaches to Language*, pp. 271-285. Dordrecht: Kluwer.
Hasegawa, Nobuko (1994) Economy of derivation and A'-movement in Japanese. In

Masaru Nakamura (ed.) *Current Topics in English and Japanese*, pp. 1-25. Tokyo: Hituzi Syobo.

Hasegawa, Nobuko (2008) *Wh*-movement in Japanese: Matrix sluicing is different from embedded sluicing. *The proceedings of the Workshop on Altaic Formal Linguistics* 4: pp. 63-74. MITWPL, MIT.

Kuroda, S.-Y. (1992) Remarks on the notion of subject with reference to words like *also, even*, and *only*. *Japanese Syntax and Semantics: Collected Papers*. pp. 78-113. Dordrecht: Kluwer.

Rizzi, Luigi (1997) The fine structure of the left periphery. In Liliane Haegeman (ed.) *Elements of Grammar: Handbook of Generative Syntax*, pp. 281-331. Dordrecht: Kluwer Academic Publishers.［邦訳：Rizzi, Luigi (2010)「節の Left Periphery(左端部)構造の精緻化に向けて」, 長谷川信子(編)『統語論の新展開と日本語研究―命題を超えて―』pp. 333-369, 開拓社.］

Takahashi, Daiko (1990) Negative polarity, phrase structure and the ECP, *English Linguistics* 9, pp. 69-118.

Tanaka, Hidekazu (1997) Invisible movement in *sika-nai* and the linear crossing constraint, *Journal of East Asian Linguistics* 6, pp. 143-178.

日本語に潜む程度表現

中俣尚己

1. はじめに

　日本語教育のための日本語学研究は，学習者の誤用から出発すべきであろう。学習者にとって習得が容易な項目に関する研究は，日本語学習者や日本語教師に還元するものは少ないと考えられる。しかし，一口に誤用と言っても，野田(2005)が夙に指摘するように，コミュニケーションにあまり影響を与えない誤用と，重大な影響を与える誤用が存在する。例えば，格助詞の「に」と「で」の誤用は，大きな誤解を生むことは少ないだろう。

　　(1)　にほんはーあー，埼玉県いわきしー，<u>で</u>住んでいます

(KY コーパス CIM01)

では，以下の例はどうだろうか。これは筆者が実際に聞いた非母語話者の発話である。

　　(2)　<u>この程度の論文</u>は，なかなかいいですね。

筆者はこの発言の前半部，「この程度の論文は」を聞いた時点で，否定的な評価が下されることをほぼ確信した。最後まで聞いてなお，肯定的な評価であるという解釈には至れなかった。(2)の例文がどうにも奇妙なのは，「この程度の」という低程度の評価表現が，述部のプラスの意味の表現を上書きしてしまうからである。(3)は実質語で上書きが行われた例である。

　　(3)　上述の「也」の母語転移と考えられる語順不適切型が3例含まれ，
　　　　誤用全体の３％弱を<u>占める</u>。

これは筆者が非母語話者の論文のネイティブチェックをしていた時に発見した例であるが，どうにも違和感があった。確かめると，この文の意図は「語順不適切型が少ない」ということであった。３％というのはなるほど少ない。しかし，「占める」という動詞を用いたために，「少ない」という客観的な意味が「多い」という主観的な程度性によって上書きされてしまうので

ある。

　日本語にはこのように主観的な程度性を潜ませている表現が多く，その全容は未だ明らかになっていない。本研究は問題提起として，機能語，実質語について1件ずつケーススタディーを行う。その手法はコーパスから得られた用例に対する質的分析である。扱う対象が主観的な意味であるため，必ず人手による主観的な判断を必要とする。

　以下，2.では主観的な程度性に関する先行研究について述べる。3.では「そんな」を対象にしたケーススタディーを行い，低程度の意味の発生条件について考察する。4.では「パーセント」に後続する動詞を分析し，程度性をもつ動詞のリストを作成するというケーススタディーを行う。5.はまとめである。

2.　先行研究

　客観的な意味に加えて，話者がどのように程度を捉えているのかということを主観的に示す表現の代表例はとりたて助詞である。例えば，日本語記述文法研究会(2009)では「さえ」「まで」「でも」「も」などが極限のとりたてとされている。「太郎まで休んだ」という文の背後には「太郎が休む」という事態は「ありえそう」という程度が極めて低いという主観的な態度が隠れている。同様に，「なんか」「なんて」「など」「くらい」などは評価のとりたてとされている。「マンガなんか読まない」という文の背後には「マンガを読む」という事態は価値が低いという主観的な態度が隠れている。このようにとりたて助詞の意味記述において主観的な程度性という概念は必要不可欠の要素ではあるが，例えば極限のとりたてと評価のとりたての関係を明らかにした研究は管見では存在しない。

　品詞の壁を超えて総括的に主観的な程度表現を扱った研究として，鈴木(1998, 2004, 2006, 2007, 2008)があり，補助動詞「しまう」，並列助詞「だの」，指示詞「そんな」，接辞「めく」「生」が取り上げられている。これらに共通する話者の主観的なとらえ方について，鈴木(2008: 29)を引用する。

　　話者は事態を「予測通り」の「望ましい」ものととらえているかどうか：
　　　　a.　話者は，事態を「予測通りではない」，あるいは「予測の範囲外」

ととらえている。
　　b. 話者は，事態を「望ましいものではない」ととらえている。

評価的な意味として，特に a. の意味が存在することを指摘したことは重要である。「そんな」のコーパス調査においても a. の意味に当てはまる例が極めて多く，量から言えばこの a. の意味が大多数を占める。これは各語がどんな意味を表しているかに着目した研究であり，「そんな」の意味記述においては鈴木(2008)は非常に有効であると言える。

　また，中俣(2010)も指示詞「そんな」，とりたて助詞「ばかり」「なんか」，並列助詞「や」「やら」「だの」，接続助詞「し」を取り上げ，これらに共通するのは複数性であり，複数性から低評価性が生まれるメカニズムとして「経験基盤的ヒエラルキー構造」を提案した。その後，中俣(2012)でも同じメカニズムを利用し，低評価に偏る「その程度の」と高評価に偏る「それほどの」について考察した。本論文でもこのメカニズムを元に論じるので，ここで簡単に紹介する。

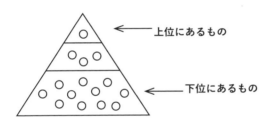

図1　経験基盤的ヒエラルキー構造（中俣 2010）

　図1は我々の経験に基づく「上位にあるものは数が少なく，下位にあるものは数が多い」という知識を図にしたものである。何をもって上位・下位とするかは状況に応じて変わるが，いずれにせよ，上位の階層にあるものの数が少ない。社長は平社員よりも数が少なく，貴族は平民よりも数が少ない。ここから「ヒエラルキーの下層にあるもの＝数が多い」という結びつきが生まれる。

　この結びつきが十分強固になると，次は「数が多い」ということ，つまり集合化することで「ヒエラルキーの下層にある」ことを示すことが可能になる。

「そんな」は，事物の属性に注目し，それと同様の属性をもつ事物の集合を作り上げる働きをもつ。そのため，図1の「経験基盤的ヒエラルキー構造」が適用されてしまい，必然的に「ヒエラルキーの下層に位置する属性である」という意味が読み込まれてしまうのである[1]。その結果，「低程度」あるいは「予想と違う」という意味を表すことになったと考える。このメカニズムの利点はとりたて助詞「ばかり」「なんか」，並列助詞「や」「やら」「だの」，接続助詞「し」など複数性をもつ語に低程度の意味が派生することを統一的に説明できる点にある[2]。

しかし，先行研究において不十分な点は，これらの形式は必ずしも低程度の意味をもつとは限らず，どのような時に低程度の意味をもち，どのような時にニュートラルな表現となるのかという条件が解明されていないことである[3]。理解においては先行研究でも十分に説明できるが，例えばここで「そんな」を使っても失礼にならないかどうか，といった判断ができるようになるためには，更なる研究が必要なのである。これはむしろ条件というよりも傾向レベルの現象ではあるが，100％を目指さない文法（庵 2011）の精神に従い，本研究ではコーパスを用いてこの課題に取り組む。

また，「占める」などに高程度の意味が潜んでいるということは研究が進んでいないことよりも辞書に載っていないことのほうが問題である。本研究ではこの問題についてもコーパスを用いて解決を試みる。

3. 「そんな」と主観的な程度性

ここでは，「そんな」の程度性についてその程度性が発生する条件を論じる。「そんな」は指示表現であるが低程度の意味をもつことがあり，時には不

---

[1] 鈴木（2006）では「そんな」のもつ「まとめ上げ」の機能から評価的な意味が生まれたとしている。しかし，この説明ではなぜ「高」ではなく「低」の意味になるのかという点が十分に説明できない。

[2] 正確には「共通の属性を持つ集合を作り上げる表現」に低程度の意味が派生する。「と」などは複数性を表すが，「ハリー・ポッターと賢者の石」のように共通の属性を必要としないので，低程度の意味は派生しない。

[3] 鈴木（2006）では後ろに評価語や「もの」「こと」「私」が来る時の記述はある。中俣（2012）は後続の品詞ごとに偏りが変化することを示している。本研究はこの方針を更に進める試みである。

適切な使用になることがある。(4)は教員と学生の会話であるが，意味的には全く正しいにもかかわらず学生の発言は失礼である。

 (4) 教員「何か私のハンコが必要な書類はありますか？」
    学生「おお，<u>そんな</u>書類はありません。」

これを「そのような書類」に変えるだけで失礼さはなくなるので，(4)は不必要に低程度を表す「そんな」を使用したことが失礼さの原因であると考えられる。

3.1 調査の方法

中俣(2010)は『日本語話し言葉コーパス』から「そんな」の例を収集したが，これはかなり長い独話のコーパスであり，対話での「そんな」の使われ方とはズレがある恐れもある。そこで，今回は『名大会話コーパス』[4]から「そんな」の例を収集した。テキストファイルから文字列「そんな」を検索した結果，1,859例が見られた。ただし，これは「そんなに」と「そんなこんな」は除外した数である。今回はこのうち，500例を分析対象とした。

500例の「そんな」をまず係り先の名詞の有無で係り先のある通常の「そんな」，フィラーの「そんな」，「そんなに」と置き換えがきく「そんな」に分類した。これが表1の横軸である。続いて，各例を「高程度」「低程度」「程度性なし」の3つに分類した。これが表1の縦軸である。「低程度」の認定は鈴木(2008)にならい，話者がその事態をとるにたらない，望ましくないものであると考えている場合と，話者がその事態が起こる可能性が低いものであると考えている場合の2通りを認定した。これらはむしろ低評価と呼ぶほうがふさわしいが，本研究では他形式との共通性を考え「程度」という呼び方に統一する。低程度とは「望ましさ」あるいは「実現可能性」の程度が低いということである。この2つの基準での分類結果を表1に示す。

---

4 国立国語研究所のwebサイト内(https://dbms.ninjal.ac.jp/nuc/)からデータをダウンロードした。

表1 『名大会話コーパス』に現れた「そんな」の係り先と程度

	通常の「そんな」	フィラーの「そんな」	「そんなに」と置換可能	合計
程度性なし	121	14	5	140
低程度	209	51	2	262
高程度	15	3	80	98
合計	345	68	87	500

3.2 「そんなに」と置換可能な「そんな」

表1を見てまずわかることは会話における「そんな」は「そんなに」と置換可能な例が全体の15%ほどあり、その大部分が高程度であるということである。以下に名大会話コーパスの例をあげる。

(5) いや、でも学校で買ってもらったやつだからそんな安い もん じゃないと思うよ。

(6) でもそんなはっきりわかんないよ。

(7) そんな、な、そんな大きい トイレ ?

(8) なんでそんなおなかいっぱいになるの？
そんなたくさん食べた？

このような「そんな」には(5)と(6)のように後ろに否定形式がくるか、あるいは(7)と(8)のように疑問や驚きを表す表現が来ることが非常に多い。また、(5)と(7)は後ろに係り先の名詞があるが、(6)と(8)は名詞が存在しない。これらは「そんなに」の「に」が話し言葉で脱落した例であると見るべきであろう。

そして、「そんなに」と同様にこれらはいずれも高程度を表していると考えられる。(5)で言うと、「そんな安い」は安さのスケールにおいて高い領域にあることをまず表し、改めてそれを否定しているのである。鈴木(2008)は後ろに評価語が来る「そんな」としてまとめていたが、実際には評価語が来ない例も多い。

(9) 景色はそんな出てこないじゃないですか。

(10) M031:どんと座ってね、動かない。この人はほんと。

F098: そんな知らないじゃないの。

これらも「そんなに」が副詞的に使われ，「に」が脱落した形であると考えられる。これらは「そんなに頻繁に出てこない」「そんなにたくさん知らない」のように動詞がもつ何らかの程度性が高程度であるということを表していると考えられる。

「そんなに」の後には否定・疑問・感嘆の形式が来ると述べたが，以下の様に条件文の前件も存在する。

(11) リンゴ取りにいく人もいな(原文ママ)だろうし。そんな寒くなっちゃったら，それこそ行けないし。

否定・疑問・感嘆・条件はいずれも「未実現・未確定の事態」であるとまとめることができる。既実現の事態については「そんなに」が使えないのは以下の例からもわかる。

(12) うちの学食はそんなに{*おいしいよ。／*おいしかったよ。}

しかし，日本語教育のことを考えれば，ここまで抽象的な説明を行うことは不要であり，単に高程度を否定する「そんなに〜ない」と，疑問・感嘆表現に使われる高程度の「そんなに」があることを押さえれば十分である。ここで重要なのは自分の経験や体験について話す時は否定の「そんなに〜ない」のみが使われ，肯定の「そんなに」は使われないということである。

3.3 フィラーの「そんな」

「そんなに」と置き換えがきかず，また，係り先の名詞が存在しないものをフィラーの「そんな」として分類した。表1で示した通り，低程度の例が非常に多い。

(13) そういって言ってたよって言って，うそーって言って，そんなー，保険に入るかいがないじゃんとか言ってさあ。

(14) M027: C【大学名】は本当は講座別に採りたいぐらいですよ。バーッと11人中9名＊＊＊。

F098: そんな, ひどい

(15) M023: ユー・キャン・チューズ。

F128: ああ, そっちの。どっちでもいいよ。あ, 何, そんな両方

あるわけ？
(16) だって今行こうと思ってもさ，つき合ってくれる友達があんまりいないよ。そんな1か月も。

(13)と(14)は後に「かいがない」「ひどい」という言葉が来ているように，話題となっている事柄や相手の発言に対して望ましさの程度が低いという否定的な態度を表している。(15)は両方あることが意外であること，(16)は1ヶ月もつきあってくれる友達がいるという事態が稀であることを表しており，どちらも実現可能性の程度が低いと話し手が認識しているという態度を表している。

一方で，必ずしも程度性が認められない例も存在する。

(17) ほいでもしょうがいな(原文ママ)もんで，あのねー。すごいしょうがなかったじゃんね。そんなー。

(18) (ヨーロッパ旅行の話題の最中)
F002：そんな，いわゆる南仏じゃなくて，トゥールーズ行きでおもしろかったのは，列車ね。

(19) F152：そうだよね。めんどくさいけどね，みたいな。〈笑い〉そんなことないよね，たぶん。
F088：別にそんな，ホテル，インターネットとか(うんうんうん)ファックスとかで。

これらは特に望ましさの程度が低いとか事態の実現可能性の程度が低いとかいった意味を表してはいない。しかしながら，(17)は直前に「しょうがない」という否定的な態度を表す表現が，(18)は直後の文が否定文である。(19)は発話が完成されていないが，「別に面倒くさくはない。ホテル・インターネット・ファックスで簡単にできる」という意味であり，やはりフィラーの「そんな」は何らかの形で否定と結びついていると言えるだろう。単に否定文の前置きのような形で「そんな」が使われる例もあるということである。

ただし，数量表現を指示するような場合には低程度の意味をもたず，否定とも共起しないことがある。

(20) なんか香りがやっぱりなんかいいですよね。日本も最近，安いワ

インとか結構あるから、私は、料理天国っていう、あの、ありましたよね。今もあるのかしら、なんかそのお料理専門用のワインって売ってましたけど、最近は結構スーパーでもすごい安いワインがあるから、そういうの買ってお料理に使ったりするけど、買うときに、そんな、そんな＊＊＊500～600円のだったりするじゃないですか。

数量を指示するときには、高程度・低程度の偏りを失うというのは他の程度表現とも共通する特徴である。

3.4　名詞を修飾する「そんな」

ここでは名詞を修飾する「そんな」についてみる。低程度の意味が読み取れるものと、そうでないものはおよそ2：1の割合になっている。低程度の意味が読み取れるものは以下のようなものである。

(21) そう、何かね、そう、だから、わかることと描けることは違うよねって。でもそのさ、おかし度を競い合ってさ、おかし度じゃないけど、どれだけ上手に描けるかって描いてたんだけど、おもしろかった。そんなことはどうでもいいだよね。どこに行くか決めようよ。

(22) でも、何かぐだぐだになっちゃったらもう帰ってって言われるから。そこまでなったことはなくって、それは最初に、バイト入るときに言われてたから。はい、わかりましたとか言ってがんがん飲んでて。〈笑い〉そんな、いいかげんと言えばいいかげんなバイトで。

(23) だってお母さんに言ったら、何か、定収入でー(うん)楽な仕事ってそんなもんあるわけないじゃんとかって。

(24) M023：　いや、勉強はあいつは好きではないんだよ。ただ、覚えようと思ったら一瞬で覚えるタイプ。
　　　F128：　そう。
　　　M023：　天才肌ね。
　　　F128：　あーほんとだよね。

F116: ほんとーそんな人がおるん，世の中に

(21)は典型的な低程度の用法で，今の話題を程度が低い，価値がないとみなし，話題転換に使われている。親しい間柄であればこそ許される言い方である。(22)も「望ましさ」の程度が低いバイトであるということを示している。(23)と(24)は指示内容自体は望ましいものであるが，その実現可能性の程度が低いことを表す用法である。(23)は否定表現，(24)は疑問・驚きの表現と共起している。このように，実現可能性の程度が低いことを表す用法の例は，否定・疑問・驚きの表現と共起する例が非常に多い。

続いて，低程度の意味が読み取れない例をあげる。

(25) F107: 早くーとか言って。
　　　F023: 早く出てくれー。
　　　F107: そんな感じ。
(26) F128: でもそういうなんかさあ，イギリスは次にねらわれるとかさあ，そういう情報が流れてたのかもしれない。裏にね。
　　　F107: あ，もうそんなの流れてた。
(27) F004: え？蒲プリ？そうだったけ。
　　　F006: ほら周辺。うん。
　　　F004: なーんかそんな記憶がないでもないね。
(28) 1番が姫路，姫路，姫路ナンバーって荒いの，よくわかんないけど。あたし1がわからないのね。で，1姫・2和泉・3三河だったと思うじゃんね。すごい何かね，そうなんだーってあたしね，あそっか，でもそんなふうに言われるぐらい荒い運転の三河ナンバーだから，まいっかとか言って。〈笑い〉

数の上から言えば低程度の意味が読み取れない例の方が少ない。そこで，「そんな」が低程度の意味をもたない時の条件を以下では考察する。

結論から言うと，「そんな」が低程度の意味をもたない条件は，後の名詞が益岡・田窪(1992)のいう内容節に使われる名詞である時である。表2に後接名詞を多い順に示す。

表2　低程度の意味をもたない「そんな」に後接する名詞（N=106）[5]

名詞	頻度	名詞	頻度
こと	51	子	2
の	19	話	1
感じ	16	時間	1
ふう	9	金	1
もの	7	雰囲気	1
気	5	クラス	1
よう	3	記憶	1
大学	2		

　まず，実質語に注目すると「そんな感じ」が非常に多いことがわかる。これは相手に同意する時によく使われる表現で，低程度の意味も否定的な意味も一切もたない。ニュートラルな意味の「そんな」の代表例である。他にも「そんな風」「そんな気」「そんな雰囲気」など，何となくの感覚を表す語が目立つ。

　次に，機能語に着目すると「こと」は51例中43例が「そんなことない」のように否定とともに使われている。

(29)　M023：　初対面，基本的に初対面じゃん。
　　　F128：　違うよ。そんなことないって。
(30)　F021：　私に声かけてくる人なんていないと思い込んでるからね。
　　　F096：　そんなことないのにねえ。

これらは程度が低いとか，起こる可能性が低いというよりも単純に相手の発言の否定の前置きとして使われていると考える。低程度ではないが，「否定」という機能と結びついている。また，「こと」のもう一つの特徴としては「言う」という動詞と結びつく例が多いことである（51例中17例）。

(31)　F155：　24，あー，32とかだよね。
　　　F021：　何かそんなこと言ってた

5　名詞，特に実質的な内容をもつ名詞は話題の影響を大きく受ける。中俣（2010）で使用した『日本語話し言葉コーパス』の「程度なし」の「そんな」の用例を再分析したところ，2例以上出現した名詞には表2の他に「形」「ところ」「思い」「町」「僕」があった。

(32) F132: わたしは2年目かなんかにさ，あっ，ここ，あの，言われて，ちょっとなんかそんなことちょっと感じないでもなかったもんね。ちょっと成績が，ペーパーでA取ったりなんかしたらさ，あの子はいいステューデントだ，そんなこと言ってたりするようなことあるね。

益岡・田窪(1992)は内容節をとる名詞として引用が関係する名詞をあげている。「こと」は多義的な名詞であり，(31)や(32)の例では内容節に近い振る舞いをしていると言えるだろう。そのために低程度の意味はもたないのである。

「そんなの」「そんなん」の例は以下のようなものである。これらについては特に特徴などは見られなかった。これらは名詞修飾の「そんな」という色が薄れ，一つの指示語となった形式であると考えられる。

(33) F128: 絵はがきってきれいだよね。
　　　M023: うん，そんなん好きだね。

(34) 始まらないでしょう。何今ごろ言ってんのって。論文を書いたとしてもね，時間もないしね，先生にむだですって言われたとか言うからさ。そんなの書いてみなきゃわかんないって。

対照的に「そんなもの」「そんなもん」は低程度でない例は多くない。7例中4例は以下のように，指示内容に数量表現を含むものであった。

(35) F065: でも，50から60の間，10年間の間にー，年に2回。
　　　M028: あーそうそう，大体そんなもんですよ。

指示内容が数量表現を含むと低程度の意味をもたないというのはフィラーの「そんな」でも観察された現象である。(36)の「そんな時間」も指示内容に数量表現があるため，低程度の意味をもたなくなった例である。

(36) F004: で，ね，家帰ってくると8時40分ぐらいじゃん。
　　　F090: うん。
　　　F004: でさ，店もそんな時間にさー，店なんてやってないんだって，フランス。

ただし，ここまで低程度の意味をもたない例に注目してきたが，全体に目をむけると，機能語に接続する場合は低程度の例のほうが多い。「そんなこ

と」は108例中57例(52%)，「そんなの／そんなん」は97例中72例(74%)が，「そんなもの／そんなもん」は29例中17例(59%)が低程度である。「そんなこと」に関しては低程度ではないが否定と結びつく例が多いことはすでに述べた。

　一方，実質語の「そんな感じ」は20例中4例のみが低程度であった(20%)。ただし，これは文脈から低程度性が読み取れるということであって，「そんな感じ」自体は程度に関してニュートラルな表現であると考えられる。

　また，上記にあげた名詞以外でも，先行文脈でその内容が非常に明確に述べられ，引用に近いような指示内容を表す時は低程度への偏りをもたなくなる。以下は先程あげた不適切な「そんな」の使用である。

　　(37)　教員「何か私のハンコが必要な書類はありますか？」
　　　　　学生「おお，そんな書類はありません。」(＝(4))

しかし，この(37)を(38)のようにすると，それほど失礼ではなくなる。

　　(38)　教員「さっき配ったプリントに書類が混ざってませんでしたか？学生の名前の表が一覧になってて，右上をホッチキスで5枚ぐらい止めてあるものです。」
　　　　　学生「いえ，そんな書類はありませんでした。」

それは(37)の「そんな」は前の発言を引用しているとは到底考えられないのに対して，(38)の指示内容がかなり具体的で，前の発言をそのまま引用していると考えられるからである。つまり，このような例では低程度を生み出す原因となる共通の属性に基づく複数性や鈴木(2008)の言うまとめ上げが存在しない。そのため，経験基盤的ヒエラルキー構造も適用されず，低程度に偏らないのである。「そんなこと言ってた」が低程度になりにくいのも，具体的な引用された発言1つを指し示すため，複数性が存在しないためである。また，「そんな感じ」が相手の発言や眼前の状態などただ1つの感覚を指示することが半ば習慣化しているため，低程度にならないのであろう。

3.5　まとめ

　本節では「そんな」を「そんなに」に置き換えられるもの，フィラー，名詞を修飾するものにわけて，程度性の偏りを観察した。その結果をまとめる。

(ア)　後ろに評価を表す語や動詞が来る場合の「そんな」は「そんなに」と同じである。

(イ)　「そんなに」は「そんなに〜ない」という否定の形か，相手の発言に対する疑問・驚きに使う高程度を表す表現である。自分の経験を語る平叙文には使えない。

(ウ)　後ろに名詞が来ない「そんな」はフィラーである。これは話されている内容を低程度である，または意外であるとみなしている時か，あるいは内容そのものを否定するときに使われ，何らかの形で話し手が否定的な態度である時に発せられるフィラーである。

(エ)　名詞を修飾するフィラーは「感じ」「風」「気」など内容節になる名詞に修飾するときは特に低程度にはならず，ニュートラルな指示表現として機能する。

(オ)　それ以外の名詞に接続する時は，基本的に何らかの形で否定的な態度と結びつくので注意する必要がある。事態を低程度と見なす場合，「そんなことない」のように単に相手の発言を否定するのに使われることもある。

(カ)　指示対象が数量表現である場合「そんな」は低程度の意味をもたない。

　更にまとめると，低程度にならない「そんな」の典型的なものは「そんな感じ」，「そんな風に」，「そんなことない」，（量を指示する）「そんなもん」であり，これら以外の「そんな」を目上の人に対して使用する場合には注意が必要であるということである。

5. 主観的な程度を表す実質語

　ここまでは，主に機能語に潜む主観的な程度の意味を見てきた。しかし，実質語の中にも，辞書にのっていない評価性・程度性をもつ語が多く存在する。以下に，学習者の誤用例をあげる。

(39)　上述の「也」の母語転移と考えられる語順不適切型が 3 例含まれ，誤用全体の 3 ％弱を<u>占める</u>。（=(3)）

(40)　二人が一緒だったらタクシーで空港からホテルまでいく方が良いと

思う。タクシならホテルまで40分くらいかかるらしい。

(39)は３％が少ないということを言いたいのに「占める」を使ったため，主張があべこべになってしまっている。(40)は，意図としては「タクシーが一番早い」という意味なのであるが，最初に後半を読んだ時は「タクシーは時間がかかる＝遅い」と解釈してしまった。

このような例の問題点は，まず一読しても文法的には全く問題なく，しかし意味が正反対になってしまうということである。さらに，既存の辞書を見ても，「多い」「少ない」という主観的な意味は掲載されていない点も問題である。

(41) 「占める」の意味
    『広辞苑』：数量詞の例なし
    『明鏡』：全体の中である割合をもつ。
    『日本国語大辞典』：全体の中で，ある位置，比率，価値などを有する。

(42) 「かかる」の意味
    『広辞苑』：負担すべきものとして課せられる。また，費やされる。
    『明鏡』：時間・費用・労力を使うことが必要になる。
    『日本国語大辞典』：費用，時間，人手などが消費される。必要である。

主観的な意味は学習辞書にはぜひ載せるべき情報である。では，どのようにして実質語の研究を進めていくべきか。機能語は限られているために，文法研究者の内省で研究を進めやすいし，体系性も見いだせる。しかし，実質語は数が膨大であるため，内省にたよった研究は難しい。

そこで，『現代日本語書き言葉均衡コーパス』の検索システム「中納言」を利用し，数量詞とのコロケーションで，記述の対象となりうる語を絞り込むという手法をとった[6]。今回は数量詞「パーセント」との共起を利用する。具体的には中納言の短単位検索で，キーを「品詞＝動詞」，１語前を「品詞＝助詞」，２語前を「語彙素読み＝パーセント」と設定して検索，8,294例をダウ

---

[6] 調査は2013年３月に行った。

ンロードした。うち，10例以上出現した61語を「高程度」「低程度」「中立」「一般動詞」に分類したものが表3である。なお，「中立」とは動詞の意味として数量に関係する概念を表すが，程度性の偏りはもたないものであり，「一般動詞」とはそれ以外の動詞がたまたま数量表現と共起したものである。両者は連続的であるが，この論文で取り上げるのは「高程度」と「低程度」である。

表3 「パーセント」＋助詞に後接する動詞の分類（数字は出現頻度）

高程度		低程度		中立		一般動詞	
占める	1,713	過ぎない	253	成る	2,073	言う	716
超える	509	留まる	107	当たる	282	する	238
達する	354	下回る	67	対する	117	ある	71
上回る	107	切る	44	引き上げる	56	いる	55
上る	94	満たない	26	比べる	50	見る	35
及ぶ	42	下がる	32	引き下げる	44	使う	25
続く[7]	41	落ち込む	26	示す	24	目指す	23
増える	36	割る	24	下げる	19	取る	18
上がる	36	減る	20	含む	18	支払う	17
伸びる	24	落ちる	15	加える	17	つく	14
高まる	22	抑える	15	上げる	15	見込む	11
持つ	18			掛ける	15	行く	10
超す	17			乗ずる	12		
高める	11			差し引く	11		

結果として，多くの「高程度」「低程度」表現が「パーセント」と共起していることがわかった。特に，高程度を表すものが多く，辞書による説明を鵜呑みにして，これらを量が少ない時に使うと，反対の意味に解釈される。

今回の調査は「パーセント」でしか行っていないため，(39)の誤用は解決

---

7 「続く」の用例は以下のようなものである。
　　その国籍別内訳はトルコが最も多く，外国人全体の33.9％を占め，以下，ユーゴスラビア12.9％，イタリア11.3％と続く。　　　　　　　　　　（『警察白書』）
　このように1位のものについて述べたあと，2位，3位のものについて言及する時に「続く」が使われる。1位ではないが，必ず上位のものに使われるため，高程度に分類した。

できても，(40)の誤用は解決できない。しかし，同様の調査を他の数量詞に対して行えば，かなりの程度，主観的な程度・評価表現を拾い出すことができよう。

6. おわりに

　この論文では，日本語に潜む低程度を表す表現について述べた。3.では，低程度にならない「そんな」の典型例をあげ，それら以外は低程度に偏る危険性が大きいことを述べた。4.では実質語に潜む程度表現についてコーパスを用いて洗い出す方略を紹介した。

　この論文の結論として，日本語教育において重要なことは，これらの語が客観的な程度を上書きして主観的な程度を表すということである。そのためには(43)や(44)のような極端な例を使って日本語にはこのような現象があることを説明する必要がある。

　　(43)　あのチームはずるいやり方で勝った。そんな優勝には意味がない。
　　(44)　自殺は，日本人の死因の2.7％を占める。

　その一方で，様々な語についていちいち教えるのは負担が大きすぎるため，個々の語の程度性については，例外も含めて学習辞書への記述で対応すべきであると考える。日本語の学習辞書については，野田(2011)が理想的な学習辞書が備えるべき要件について網羅的にまとめている。その中では「聞く」ための辞書には「語句の評価的な意味がわかるようにする」(p. 12)，「話す」ための辞書には「その表現を使うと，場合によっては失礼になるようなものは，そのことを明示しておく」(p. 18)という記述がある。この論文で取り上げた主観的な程度表現はまさにこれらに該当する項目であり，多くの語について研究を進め，蓄積し，学習辞書に記載しなければならない内容であることがわかる。

　今回の調査の結論として言語学的に興味深いことは，指示詞系列の語について，数量詞や引用といった具体的な指示内容をもつ場合には低程度性がキャンセルされ，高程度性はキャンセルされないという現象が確認できたことである。その理由やなぜこれらの語が程度性を獲得するに至ったかということについて更なる課題がある。

また，主観的な程度性が客観的な量を上書きするということ自体は，むしろ日本語の基本的な構造と一致しており，例えば仁田(1989)が示した以下の図と同じ構造である。

| 言表事態 | 言表態度 |

仁田(1989: 1)

　命題とモダリティの関係を説明する際に同様の図が使われることが多いが，本研究で扱った主観的な程度性が客観的な量を上書きするということもまさにこれと同じである。上図は命題とモダリティの関係のみならず，さらに多くの言語現象にも適用される可能性がある。

　このように，主観的な程度表現の記述は日本語教育では必要とされている情報であるし，言語の理論的研究にも貢献できる可能性をも秘めている。しかも，程度表現あるいは評価的意味に関する研究は，少なくともテンス・モダリティなどの分野と比較すると，文法カテゴリーとして確立した研究が行われているとは言えない。筆者はこの新しい分野を切り開く鍵がコーパスを用いた計量的研究であると考えている。とはいえ，このような研究は従来の理論に基づく研究とは手法そのものが異なるし，体系的に行うことも難しい。しかし，日本語教育のことを考えた場合，主観的な程度表現は重大な誤解を招く恐れがあるため，たとえ体系的・理論的でなくても研究は必要である。今後はより広範囲の語に関する知見を集め，その成果を学習者向けに発信していく必要性がある。

参照文献

庵　功雄(2011)「「100％をめざさない文法」の重要性」，森篤嗣・庵功雄(編)『日本語教育文法のための多様なアプローチ』pp. 79-94, ひつじ書房.
鈴木智美(1998)「「～てしまう」の意味」，『日本語教育』97, pp. 48-59.
鈴木智美(2004)「「～だの～だの」の意味」，『日本語教育』121, pp. 66-75.
鈴木智美(2006)「「そんなＸ…」文に見られる感情・評価的意味―話者がとらえる事態の価値・意味と非予測性―」，『日本語文法』6-1, pp. 88-105.

鈴木智美(2007)「現代日本語における接辞「めく」の意味・用法」,『東京外国語大学論集』75, pp. 271-282.
鈴木智美(2008)「事態に対する話者の期待と感情・評価的意味―理想化認知モデルの観点からの考察―」,『東京外国語大学留学生日本語教育センター論集』34, pp. 27-42.
中俣尚己(2010)「「そんな」や「なんか」はなぜ低評価に偏るか？―経験基盤的ヒエラルキー構造からの説明―」,『日本認知言語学会論文集』10, pp. 427-437.
中俣尚己(2012)「主観的程度表現について―「～程度の」「～ほどの」「～ぐらいの」を中心に―」,『日本語教育連絡会議論文集』24, pp. 125-134.
　　http://renrakukaigi.kenkenpa.net/ronbun/2011019.pdf
仁田義雄(1989)「現代日本語文のモダリティの体系と構造」, 仁田義雄・益岡隆志(編)『日本語のモダリティ』pp. 1-56, くろしお出版.
日本語記述文法研究会(編)(2003)『現代日本語文法4』, くろしお出版.
野田尚史(2005)「コミュニケーションのための日本語教育文法の設計図」, 野田尚史(編)『コミュニケーションのための日本語教育文法』pp. 1-20, くろしお出版.
野田尚史(2011)「コミュニケーションのための日本語学習用辞書の構想」,『日本語／日本語教育研究』2, pp. 5-32, 日本語／日本語教育研究会.
益岡隆志・田窪行則(1992)『基礎日本語文法　改訂版』, くろしお出版.

母語話者と非母語話者の逸脱文の意味解釈

天野みどり

1. はじめに

　母語話者の言語運用は柔軟なものであり，規範から逸脱し不自然さを感じるような言語表現であってもその意味がどのようなものであるかを理解することができる。それはなぜなのだろうか。本研究では実際に現れる逸脱文の考察，日本語母語話者と非日本語母語話者（日本語学習者）に対する意味解釈調査を通し，意味を解釈するとはどのようなことなのかを日本語文法論の立場から考えてみることとしたい。

　本研究では，まず逸脱的な特徴を持つ「のが」文と「それが」文を対象にしてそれぞれの意味を記述し，その意味解釈がどのように行われるのかを考える。その上で日本語母語話者と非日本語母語話者に対する調査により，逸脱的な「のが」文と「それが」文の意味解釈に違いがあるかどうかをみる。その結果から，逸脱性の強く感じられる文の母語話者の意味解釈では，慣習的な「構文」の意味が重ねられ，調整的な意味解釈が行われることを述べる。

　逸脱的な「のが」文とは以下の(1)，逸脱的な「それが」文とは(2)のようなものである。どちらも「のが」「それが」の後続に第2の「が」が現れ，「のが」「それが」が主格だとするとそれと結びつく述語句が後続に無いように見えるものである。この点を捉え，本研究では逸脱的と呼ぶ。

　　(1)　ホプキンズは十九世紀のイギリスの詩人。ながいあいだマイナーな宗教詩人としか考えられていなかった**のが**，再評価の声が高い。
　　　　　　　　　　　　　　　　　　　　　　　　　　　　　　（「トリエステ」）
　　(2)　10年ほど前までのドイツは恵まれた体格を生かした〝質実剛健〟のサッカーが特徴だった。**それが**，ここ数年は技術のある選手が増えた。今大会は徹底してパスをつなぐ攻撃サッカーを貫いた。
　　　　　　　　　　　　　　　　　　　　　　　　　　　　　　（「朝日」）

2. 語用論的推論による意味解釈
2.1 張り紙「ドアからお入りください」の意味解釈

まず，文法的には逸脱点があるわけではない，以下のような言語使用例から意味解釈について考えてみたい。以下の例はどのように解釈されるだろうか。

(3) （ある大学研究棟の共同研究室の小窓に貼られた張り紙）
　　　クロネコさんへ
　　　ドアからお入りください。

この張り紙の「クロネコ」が生物の猫を指していないことは自明であるとして，さらにこの張り紙を読む人間が，周辺に猫がいたことがないことを知っていれば，実在の猫に何らかの関係のあるメッセージを誰かに伝えているのでもないことがわかる。そのような可能性の検討よりも，この共同研究室には宅配業者がしばしば立ち寄ること，その業者名が「クロネコヤマト」と広く書き慣わされているものであることなどを知っていれば，この張り紙のメッセージの相手は，第1にこの小窓を利用する宅配業者だと特定される。

では「ドアからお入りください」の意味はどのようなものと解釈されるだろうか。この文の意味として〈窓から入らないでドアから入れ〉という意味が可能性としては考えられるが，実際の言語運用の場で人間はそのような可能性を吟味したりはしない。

通常，この宅配業者がまずこの小窓から室内にいる人間に声をかけることを知っていれば，いつものように小窓から室内に声をかけずに，ドアを開けて室内に入って声をかけるようにという意味だと理解するだろう。また，いつもは小窓だけで対応し入室が許可されていなければ，ドアを開けて入室してかまわないという意味だと理解するだろう。当該の宅配業者さえこの意味がわかればよいのだから，この張り紙のように少ない言語記述でも意図する意味の伝達としては十分なのである。

このように，実際の言語運用の場面では，言語形式は意味を解釈する手がかりとして働き，聞き手は文脈・状況に関する知識を含む様々な情報・既有知識を動員して推論を働かせ，瞬時に最も適切な意味を得ることができるものと考えられる。

2.2 Carston. R (2002)

　この最も適切な意味とは，関連性理論によれば最適な関連性を持つものということになるだろう。Sperber and Wilson (1995)が提唱した関連性理論では，人間は，自分の知識や情報などの認知的環境を，常に更新し改善しようとするものであるとし，そのような改善をもたらす効果のある情報を関連性のある情報と呼んでいる。そして，意図明示的な伝達行為は，最適な関連性を持つものだという原理を設定し，聞き手は当の言語形式の意味を最適な関連性を持つものとして解釈すると考える。つまり，関連性理論では，できるだけコストを払わずに，できるだけ多くの認知環境の改善をもたらす意味が得られるように人間は解釈するものだと考えるということである。

　では，この理論では言語形式の意味が推論によって解釈される場合としてどのようなものが挙げられているのだろうか。以下の(4)はCarston, R.(2002)の語用論的推論の「自由拡充」の例，(5)は「アドホック概念形成」の例である[1]。

　　(4)　今夜テレビで番組はない。There's nothing worth watching on the telly tonight.　　　　　　　　　　　(Carston, R. 2002: 188)
　　(5)　このステーキは生だ。This stake is *raw*.　(Carston, R. 2002: 328)

　(4)は，〈見るに値する〉番組は無いという意味であり，言語形式としては現れていない〈見るに値する〉という意味が文脈上補って解釈されるとする。(5)は，「生だ」「raw」の語彙論的意味〈火が通っていない〉が文脈に合うように調整され，その場限りのアドホック概念〈幾分かは火が通っているが十分ではない〉という意味に置き換えられているとする。前者は「補って」の解釈，後者は臨時的に「置き換えて」の解釈である。

　さて，2.1の「ドアからお入りください」の意味解釈を再検討しよう。「ドアからお入りください」の言語形式どおりの意味は当たり前の意味であり(言うまでもなく入る場所はドア以外に無いのだから)，聞き手の認知環境を何ら更新しない。そこで文脈や状況，既有知識などを動員して推論が行われ，①

---

[1] Carston. R (2002)では，「自由拡充(free enrichment)」「アドホック概念形成(ad hoc concept contrusction)」の他に，表出命題の意味を確定する語用論的推論として以下の2つも挙げられている。①一義化(disambiguation)，言語形式の持つ多義を文脈上一義に決めること。②飽和(saturation)，指示詞の意味を文脈上決定することなど，文法的に補充を必要とする言語要素によって起こる，意味の補充のこと。

〈いつものように小窓から室内に声をかけずに〉という意味が補充される。また，「ドアから入れ」ということは〈室内に入ること〉だけを命じているのではなく，〈声をかけるために室内に入ること〉，つまり，②〈室内に入って声をかけよ〉ということまでを命じているのだと解釈されるだろう。この①②は，文脈上「補った」解釈と考えられる。

なお，この例の場合には，推論により解釈される意味を，形式上の意味を臨時的に「置き換えた」意味と言うことはしないでおく。なぜなら，「ドアからお入りください」という言語形式から直接得られる〈入室許可〉の意味もまた，ここではまさにそのまま伝えたい意味だからである。この例では，言語形式から直接得られる意味と，推論によって得られる意味の両方が意図されているものと考えられる。

次節で見るように，本研究で扱う逸脱的な「のが」文・「それが」文の意味解釈においても，言語形式は手がかりとして働き，文脈や状況を加味した推論が行われるものである。その際，以下に述べるように，構文に関する知識が重要であり，言語形式から直接得られる意味と推論により得られる意味の両方が認識されるものである。

3. 構文をベースとした重層的意味解釈
3.1 逸脱的な「のが」文の意味解釈

天野(2011: 60)では，次の(6)のような逸脱的な「のを」文は，文脈的特徴から「AがBを遮る」を例とする他動構文の1タイプ《方向性制御他動構文》に属するものと見込まれ，この構文を鋳型とした推論により〈手帳に写し取ろうとするのを遮った〉といった意味に解釈されるとした。

(6) 手帳に写し取ろうとするのを手をふった。

この場合，「手をふった」の意味が〈遮る〉の意味に置き換わるのではなく，「手をふった」という言語形式から直接得られる意味と，推論によって得られる〈遮る〉という意味とが重層的に解釈されるとしている。この場合「手をふる」という具体的な動作の意味が，〈遮る〉という抽象的行為の手段となるものとして重要な意味を担っているからである。

天野(2015b)では，この2つの意味について言語形式から直接得られる意

味を「形式的意味」，構文の意味として推論により補われる意味を「構文解釈的意味」と呼び分け，本研究の考察対象である(7)のような逸脱的「のが」文の意味解釈を説明している。

(7) 今までの気象学は『あらしの気象学』だったが，ほかに近年は『静穏の気象学』が必要になってきた，という話がある。<u>今までは暴風雨を警戒していればよかった**のが**，近年，静穏な日にも災害がおこる</u>。

(レー・バン・クー 1988: 84(『朝日新聞』「天声人語」1972.11))

(7)は，「好調だったのが悪化した」という文のような，状態を表す名詞句を主格として状態変化自動詞を述語句とする《サマ主格変遷構文》に属すると仮説的に推論されるとする。《サマ主格変遷構文》の意味は，〈あるモノ・ヒトの一様態・一状況Xが，異なる様態・状況Yに変化する〉というものである。これを短く〈変遷性〉[2]と呼んでおこう。

逸脱的「のが」文は，《サマ主格変遷構文》が持つ諸特徴[3]を同じように持つことからその類似性が認識され，この構文に属すると見なされる。そしてこの構文が表す〈変遷性〉の意味に見合うように「…のが…が…<u>動詞句</u>」の下線部分を状態変化自動詞の意味に解釈される。

例えば，逸脱的な「のが」文(7)は，《サマ主格変遷構文》を鋳型とする推論が行われ，「のが」節「暴風雨を警戒していればよかった」という状況とは異なる状況への変化〈暴風雨を警戒していればよいのとは違う状況になった〉という意味が「構文解釈的意味」として推論される。他方，実際に顕現する「静穏な日にも災害がおこる」が表す「形式的意味」からは，静穏な日にも災害がおこるのだから，〈静穏な日にも警戒しなければならなくなった〉という意味が推論される。つまり，この「形式的意味」も，状態変化が起きたと判断される理由を表すものとして役割を担っており，「構文解釈的意味」と「形

---

2 逸脱的な「のが」文の意味を〈変遷性〉とするのはレー・バン・クー (1988)を引き継いでいる。

3 天野 (2014)では《サマ主格変遷構文》の特徴として次の4点を挙げている。①主節述語句が状態変化自動詞，②変化後の状態を表す句の共起，③「のが」節述語句に「～た・ていた」「～はずだ・つもりだ」形，④2時点の時間的推移を表す句などの共起。

式的意味」の両方ともが解釈にいかされているというわけである。こうして (7)の意味は，〈今までは暴風雨だけを警戒するだけでよかった状況が，暴風雨だけではなく静穏な日にも災害が起こるので警戒しなければならないという状況になった〉という状況の変遷の意味に解釈される。

3.2 逸脱的「それが」文の意味解釈

本研究のもう1つの考察対象である逸脱的な「それが」文は，「P。それがQ。」と表すとすると，上述の逸脱的な「のが」文の「の節」がP，主節がQに相当し，逸脱的な「のが」文同様，《サマ主格変遷構文》の意味が解釈されると考えられる（天野 2015）[4]。

(8)　10年ほど前までのドイツは恵まれた体格を生かした〝質実剛健〟のサッカーが特徴だった。**それが**，ここ数年は技術のある選手が増えた。今大会は徹底してパスをつなぐ攻撃サッカーを貫いた。

(8)には，2時点の時間的推移を表す表現「10年ほど前までのドイツは」「ここ数年は」という要素，「それが」の直前の「た」形という要素が存在するが，これらは，注3にあるように《サマ主格変遷構文》の特徴を示すものである。こうした特徴が手がかりとなり，(8)は《サマ主格変遷構文》に属するものとみなされ，その構文的意味が写像され，〈かつては恵まれた体格を生かすのがドイツのサッカーの特徴だった〉状態から，〈異なるサッカーの特徴である〉状態に変化したことを表すと解釈される。そして，「ここ数年は技術のある選手が増えた」の表す「形式的意味」からは，〈異なるサッカーの特徴である〉とはどのようなものであるのかが具体的に解釈され〈体格だけではなく技術が重視されるようになった〉ことが理解される。

このように，逸脱的な「のが」文と「それが」文は，いずれも《サマ主格変遷構文》の知識を利用して，「のが」「それが」の後続の「…が…。」の意味を，状態変化自動詞でないにもかかわらず状態変化の意味に解釈していると考え

---

[4] この「それが」の意味に関する先行研究では，浜田(1993)が「直前のP部の内容から予想される結果とQ部に述べられている内容が異なっていることを，話し手の判断を交えず，物語を語るように，事柄の生起の順に提示する」(p. 63)とする。また，庵(1996, 2007)は「予測裏切り的関係」とする。

られるのである。

4. 日本語母語話者と非日本語母語話者の逸脱文の意味解釈
4.1 調査概要

　逸脱的「のが」文・「それが」文の意味解釈が上述のように《サマ主格変遷構文》の知識に拠っているとすると，この構文の意味についての知識を持つか持たないかで解釈に違いが出てくることが予想される。また，《サマ主格変遷構文》の意味を習得していたとしても，「…のが…が…」「…。それが…が…。」という逸脱的な特徴を持つ文が実際の日本語文の中に出現し，この構文に属すると考えられるという知識を持つか持たないかで，解釈に違いが出てくると予想される。

　日本語母語話者はこうした知識を通常の言語使用の経験から習得していると考えられるが，非日本語母語話者である日本語学習者は，逸脱的文を学習項目として教授されることはないし言語使用の場から自ら習得することも困難だと考えられる。

　そこで，特定の構文的知識やそれをベースとした推論という方策を習得している者としていない者とで意味解釈が異なるかどうかを，日本語母語話者と非日本語母語話者を対象とする，逸脱的「のが」文と「それが」文の意味解釈対比調査により考察することとした。

　調査協力者は，日本語母語話者が東京の大学生64人，非日本語母語話者が韓国語母語話者の日本語学習大学生47人である。韓国語母語話者の日本語学習歴と年齢は以下の表1の通りである。

表1　韓国語母語話者…計47人（梨花女子大学校36人／弘益大学校11人）

日本語学習年数別人数（人）				年齢（歳）	（人）	年齢（歳）	（人）
1年未満	0	5年〜	2	18	0	23	7
1年〜	11	6年〜	2	19	5	24	2
2年〜	4	8年〜	1	20	11	25	1
3年〜	10	11年〜	1	21	14	…	…
4年〜	15	12年〜	1	22	6	35	1

調査課題は以下の課題（Ⅰ）（Ⅱ）について，下線部の意味がどのようなものか，自分の母語で書いて説明するものである。多少変だと感じるような文も実際には用いられ，それなりに意味解釈するものだということを伝え，もし多少変だと感じても意味解釈をしてみること，逐語訳ではなく意味がわかるように補足したり置き変えたりして書き表すこと，意味理解ができない場合には×を記述することを指示した。

課題（Ⅰ）　背が高い選手たちが多いのが，10年前までのドイツのサッカーの特徴でした。<u>それが，最近は背が低くて上手な選手がふえました。</u>

課題（Ⅱ）　私は，1人で暮らすようになって病気になりました。<u>それまで家族の家に帰らなかったのが，毎日，私は病院の電話で家族の声を聞きました。</u>

課題（Ⅰ）は逸脱的な「それが」文，課題（Ⅱ）は逸脱的な「のが」文である。いずれの課題も今回の調査では文末述語句の「ふえました」「聞きました」をどのように解釈するかを観察の焦点とする。もしも《サマ主格変遷構文》の意味を鋳型として構文の意味も重ね合わせて解釈するなら，「それが」「のが」の後続述語句に状態変化の意味が付加されることが予想される。以下，調査結果を課題ごとに示す。

4.2　課題文（Ⅰ）逸脱的「それが」文の意味解釈結果

課題（Ⅰ）（それが，最近は背が低くて上手な選手がふえました。）の文末述語句についての解釈の結果は以下の表2・3の通りである[5]。この課題については，例えば［［背が低くて上手な選手が増える］という特徴に<u>変わりました</u>］の下線部のように状態変化を表す表現が補充されて，「それが」の結びつき先となるような書き換えをするのではないかと予想したが，日本語母語話者も非日本語母語話者もそうした書き換えをするものは無かった。どちらも「増えた」をそのまま用いる場合が最も多く（日本語母語話者62.5％・非母語話者

---

[5]　以下，結果の集計において丁寧体と常体の区別はしない。常体を代表として示す。韓国語母語話者の結果は，韓国語の回答結果を日本語訳したものと元の韓国語とを示す。

74.5％），述語句の意味解釈に関して母語話者と非母語話者とで明確な違いが見いだせなかった[6]。

表2　課題（Ⅰ）文末述語句；日本語母語話者64人の解釈　（　）内は回答数

動詞述語句：〜た形	67.2%	増えた(40)	62.5%
		多くなった(3)	4.7%
〜てきた形	6.3%	増えてきた(3)	4.7%
		多くなってきた(1)	1.6%
〜てきている形	3.1%	うまくなってきている(1)	1.6%
		出てきている(1)	1.6%
〜ている形	9.4%	増えている(5)	7.8%
		活躍が目立っている(1)	1.6%
〜る形	7.8%	〜もいる(1)	1.6%
		多く見られる(2)	3.1%
		増加の傾向にある(1)	1.6%
		特徴と言える(1)	1.6%
形容詞述語句：多い(2)			3.1%
名詞述語句：特徴である(1)			1.6%
×(1)			1.6%

表3　課題（Ⅰ）文末述語句；韓国語母語話者47人の解釈　（　）内は回答数

増えた(35) 74.5%（늘었다）　　多くなった(6) 12.8%（많아졌다）
いなくなった(1) 2.1%（없어졌다）　代替する(1) 2.1%（대체한다）
×(4) 8.5%

　ただし，母語話者は［P。それが Q。］を〈変遷性〉の意味に解釈しなかったとは言い切れない。なぜなら，母語話者は，「それが」の解釈については「が」を主格のままにして記述したものは12.5％で，逆接的な接続詞や接続助詞を用いるなどして前件と後件の意味関係を対比的に表したものが78.1％にものぼったからである（表4）。

6　母語話者の回答の中には，少ないながら，「〜てきた」「〜てきている」のように補助動詞「〜テクル」を添えるものがあり，時間軸に沿った変化を表現しているようにも思われる（9.4％）が，今後精査したい。

表4 課題（Ⅰ）それが；日本語母語話者64人の解釈　（　）内は回答数

主格(8)	12.5%：	それが（5）　そうであったのが（2）　多かったのが（1）
逆接・対比(50)	78.1%：	しかし（30）　ところが(3)　［冒頭］けど(1)　［冒頭］ですが(8)　～ばかりだったが(1)　特徴でしたが(1)　増えましたが(1)　～多かったのに(1)　それに比べ(2)　それとは逆に(1)　それなのに(1)
添加(2)	3.1%：	それに(1)　～だけでなく(1)
該当の記述なし(4)	6.3%	

これに対し，非母語話者は主格として記述したものが27.7%であり，逆接的な接続詞・接続助詞などを用いて記述したものは53.2%にとどまった(表5）。

表5　課題（Ⅰ）それが；韓国語母語話者47人の解釈　（　）内は回答数

主格(13)	27.7%：	それが（11）（그것이）　そうだったのが（2）（그랬던 것이）
逆接(25)	53.2%：	しかし(24)（그런데(14)・그러나(3)・하지만(6)・그렇지만(1)）　そうだったが(1)（그랬지만）
添加(2)	4.3%：	また(2)（또）
理由(1)	2.1%：	だから(1)（그러니까）
該当の記述なし(4)	8.5%	
×（2）	4.3%	

　逸脱的な「それが」文に関し，調査者の予測に反して母語話者が述語句「ふえた」に状態変化自動詞の意味の補充を行わなかった理由は，**4.4**で再考したい。

4.3　課題文（Ⅱ）逸脱的「のが」文の意味解釈結果

　課題文（Ⅱ）（それまで家族の家に帰らなかったのが，毎日，私は病院の電話で家族の声を聞きました。）の調査結果は以下の通りである。

述語句の意味解釈は課題文（Ⅰ）と異なり，母語話者と非母語話者で大きな違いが出た。母語話者は「聞いた」をそのまま用いたのが26.6％であり，「～ようになる」を補充して「聞くようになった」とし，状態変化の意味を明示的に表現したものが26.6％になった。聞く以外の動詞を用いた「～ようになった」形も合わせれば35.9％にもなる（表6）。これに対し，非母語話者は「聞いた」をそのまま用いたものが74.5％と大変多く，「～ようになる」を用いて表現したものは1例のみで，2.1％にしかならなかったのである（表7）。

表6　課題（Ⅱ）文末述語句；日本語母語話者64人の解釈　（　）内は回答数

…ようになった(23)	35.9%	聞くようになった(17)	26.6%
		電話をするようになった(5)	7.8%
		話すようになった(1)	1.6%
…た形(21)	32.8%	聞いた(17)	26.6%
		連絡を取るようにした(1)	1.6%
		電話した(2)	3.1%
		話した(1)	1.6%
…ている形(12)	18.8%	聞いている(11)	17.2%
		話している(1)	1.6%
その他(1)（全体を要約）	1.6%		
×(7)	10.9%		

表7　課題（Ⅱ）文末述語句；韓国語母語話者47人の解釈　（　）内は回答数

…ようになった(1)	2.1%	聞くようになった(1)	2.1%（듣게 되었다）
…た形(37)	78.7%	聞いた(35)	74.5%（들었다）
		聞けた(1)	2.1%（들을 수 있었다）
		電話をかけた(1)	2.1%（전화를 걸었다）
…てきた形(1)	2.1%	聞いてきた(1)	2.1%（들어 왔다）
…ている形(4)	8.5%	聞いている(4)	8.5%（듣고 있다）
…る形(1)	2.1%	聞く(1)	2.1%（듣룬는다）
×(3)	6.4%		

また,「のが」の解釈については,主格として表現したものが母語話者では20.3％,非母語話者では10.6％であり,非母語話者は主格としての解釈が母語話者より少ないが,その分,順接的な解釈をするものが増えている格好になっている。逆接的な接続詞・接続助詞等を用いて表現したものは,母語話者では65.6％,非母語話者では66.0％であり,この点に関してはほとんど違いが無かった(表8・9)。

表8　課題(Ⅱ)のが；日本語母語話者64人の解釈　(　)内は回答数

主格(13)	20.3％：	のが(6)　〜なかった私は(2)　〜なかった私が(5)
逆接(42)	65.6％：	帰らなかったが(4)　〜のだが(10)　〜私だが(3)
		私だったが(1)　帰っていなかったが(3)
		帰らなかったが(4)　当たり前だったが(1)
		〜ことがなかったが(3)　話をしていなかったが(1)
		連絡をとっていなかったが(1)　〜たけど(2)　〜けれど(3)
		なかったけれども(1)　帰らなかったのに(4)　しかし(1)
理由(1)	1.6％：	帰らなかったので(1)
その他(1)	(全体を要約)　1.6％	
×(7)	10.9％	

表9　課題(Ⅱ)のが；韓国語母語話者47人の解釈　(　)内は回答数

主格(5)	10.6％：	のが(5)（의가）
逆接(31)	66.0％：	〜が(31)（하지 않았지만）
順接(6)	12.8％：	日々で(1)（날마다에）　帰らなくて(3)（돌아가지 않아서）
		帰らずに(1)（돌아가지 않고）　帰って(1)（돌아가）
理由(3)	6.4％：	帰らなかったため(3)（돌아가지 않았기 때문에）
×(2)	4.3％	

　以上の課題文(Ⅱ)の結果において注目されるのは,調査者の予想通り,母語話者には逸脱的「のが」文の文末述語句の意味に状態変化の意味(〜ようになった)を補充するものが多かったということである。これは母語話者が《サマ主格変遷構文》の意味を写像して逸脱的な部分の意味解釈を行ったと考えら

れる結果である。こうした解釈が非母語話者には1例しか見られなかったということは,《サマ主格変遷構文》の知識を用いてこの種の逸脱的表現を調整的に解釈するという方策が,非母語話者にはほぼ無いことの反映と言えるだろう。

こうした結果が,課題文(Ⅰ)では得られず,課題文(Ⅱ)で得られたのはなぜだろうか。**4.4**で考えてみたい。

4.4 逸脱的「それが」文と逸脱的「のが」文の結果の異なり

母語話者の意味解釈において,逸脱的「それが」文では予想したような状態変化の意味の補充が見られず,逸脱的「のが」文では見られた。この違いは何によるのだろうか。

第一に,課題文(Ⅰ)の述語句が「ふえた」という状態変化自動詞であったのに対し,課題文(Ⅱ)の述語句が「聞いた」という行為動詞であったことが考えられる。どちらの文にも変遷性の意味が解釈されたとしても,課題文(Ⅰ)はすでに状態変化自動詞が用いられているために調整的な解釈を施す必要性があまり感じられず,他方の課題文(Ⅱ)では,行為動詞の意味をいかしてある状態から異なる状態への変遷の意味を表現するために,状態変化の意味を補充する必要性がより強く感じられたのではないだろうか。

また,第二に,逸脱的「それが」文の方が逸脱性があまり感じられず,調整的な解釈を施す必要性があまり感じられなかった可能性がある。天野(2015a)では,逸脱的な「それが」文と逸脱的な「のが」文の許容度の異なりを示している。それによると,逸脱的な「のが」文の許容度はかなり低い場合がある。

(9) ? ホプキンズは十九世紀のイギリスの詩人。ながいあいだマイナーな宗教詩人としか考えられていなかった**のが**,再評価の声**が**高い。

(0.78[7])

他方,逸脱的な「それが」文の許容度は逸脱的「のが」文に比べると高い

---

7 ( )内の数字は2014.9.15東京の大学生108人に対する「接続助詞的な「のが」節の許容度調査」の結果を,自然=2点/少し不自然=1点/全く不自然=0点にした場合の平均点。小数点第三位以下四捨五入。

ものであった。

(10) 10年ほど前までのドイツは恵まれた体格を生かした〝質実剛健〟のサッカーが特徴だった。**それが**，ここ数年は技術のある選手が増えた。今大会は徹底してパスをつなぐ攻撃サッカーを貫いた。

(1.59)

　この許容度の数値は，第2の主格が出現しない，つまり何ら逸脱の無い《サマ主格変遷構文》と考えられる「それが」文(11)と比べてもあまり変わりがないものである。

(11) エマソンはもともとはモーターのメーカーでした。**それが**，現在は63ほどの事業の集中体になっています。　　　（「成熟」）(1.62)

　今回の調査で，課題文に対して意味解釈が不可能であることを示す×印を記述した母語話者が，逸脱的「それが」文についてはゼロだったのに対して，逸脱的「のが」文については7人もいたという違いも，両者の違和感の異なりをよく示しているだろう。

　逸脱的「それが」文に関する上記のような許容度の高さは，「それが」を指示詞「それ」＋主格「が」ではなく，ひとかたまりの接続詞として認識する傾向が母語話者に拡がっていることを示しており，今回の意味解釈調査の結果もそれと符合しているということなのかもしれない。今回の調査協力者の母語話者は「それが」を接続詞として解釈し，「それが」と結びつく述語句が後続に無いことに対して違和感があまり無くなっているのに対し，「のが」は逆接の接続助詞として解釈するよりも，主格として解釈する方が多く，主格構文としての逸脱性を解消するために述語句に構文的意味を重ね合わせ，整合性を得るように補充解釈することが多かったということなのではないだろうか。

　天野(2015a)では，逸脱的な「それが」文を含む[P。それがQ。]という二文連鎖は，逸脱的な「のが」文と同様，《サマ主格変遷構文》の意味，〈(Pで表される)あるモノ・ヒトの一様態・一状況Xが(Qで表される)異なる様態・状況Yに変化する〉意味を表す場合があるとしている。しかし，それと同時に，[P。それがQ。]は対話文脈において逸脱的な「のが」文には無い2つの用法を得ており，また，許容度が逸脱的な「のが」文に比べそれほど低くな

いことから，より接続詞的に拡張しているとしている。この両者の拡張の段階の違いが，今回の意味解釈調査の結果に現れたと言うことができるように思う。

5. おわりに

　天野(2002, 2011, 2014, 2015b)など，筆者はこれまで文法性に何らかの逸脱的な特徴がある文を考察し，それらは特定の構文に所属することが仮説的に推論され，その構文の意味に見合うように，逸脱的部分の表す「形式的意味」に重ねて「構文解釈的意味」が補われ全体の調整的な意味解釈がなされることを述べてきた。

　本稿では，日本語母語話者と非母語話者に逸脱的な文を意味解釈してもらう調査により，日本語母語話者は構文の知識を利用して逸脱的文の調整的意味解釈を行うこと，これまでの研究で同じように逸脱的としてきた「それが」文と「のが」文でも，母語話者の調整的意味解釈の度合いに異なりがあることがわかった。より逸脱感が強い「のが」文の方が構文的意味を重ね合わせて意味解釈することが今回の調査からは読み取れた。

　ただし，今回の調査は逸脱的な「それが」文・「のが」文，それぞれ1例ずつの小調査であり，その結果の意味するところについては，今後詳細な検証を重ねて精密に論じなければならない。

　最後に，本稿のように逸脱的な特徴を持つ文を考察することの意義を述べておきたい。

　本稿が対象としたような逸脱的な特徴を持つ文は，破格文，非規範文，周辺的な文，不自然な文，悪文，誤用例などと様々に呼ばれるものである。その考察の目的として多くの者が思い浮かべるのは実用的な目的かもしれない。実際に日本語文を話したり書いたりするときに，適格で自然な日本語文を発したい，そのためには，どのような日本語文が不適格で不自然か，どのような理由で不適格さや不自然さが生じるのかを明らかにしたいという動機である。確かに，意味理解を妨げる恐れのある不適格文はぜひ回避しなければならない公共公告文の作成や，日本語教育・国語教育の指導など，逸脱文の研究成果が直接的に役立つ場面もありそうである。こうした実用面からの要求

に文法論研究が応えることも重要なことだと思う。

　ただし，そのような目的の研究には一方で陥穽があることも知っておきたいと思う。こうした実用目的の研究において，もしも実際に用いられる日本語文が，逸脱的特徴があるかどうかで「正しくないもの」と「正しいもの」という2つに分けられてしまうとしたら，生きた言語の持つ多くの機能的な側面を見落としてしまうことになると思われるのである。

　野田(1996)は，「破格の主題をもつ文」として「このにおいはガスが漏れてるよ」といった文をとりあげ，その成り立ちの原因から過剰型・不足型・漠然型という3類型に分けられることを示している。このような分析を経た野田(1996)の論考で特に重要だと思うことは，これら「破格」の文を，単に「正しくないもの」として退けるのではなく，「聞き手に文の内容を明確に伝えたり簡潔に伝えたりする効果をもつものもある」(p. 82)と述べていることである。

　本稿で対象にした逸脱的な「のが」文や「それが」文も，少し不自然ではあるが，逸脱的部分の表す「形式的意味」を，所属する構文の意味から推論される「構文解釈的意味」と重ねることにより，豊かな意味を伝える効果を持つと言えるものである。

　逸脱が発話者にとって意図的かどうかも二分するのは難しいが，意図的でないとしても結果的に効果が認められ慣習化されている逸脱例と，明らかに意図に反している臨時的な逸脱例(言い間違い)とを，同じように「正しくないもの」とするわけにはいかない。

　むしろ文法論は，「正しくないもの」を排除するのではなく，文の形式と意味の関係を論じる研究領域である以上，文法的には正しくないように見える様々な文の中にも，人間の認知能力に合致した意味生成・解釈のしくみが潜んでいることを積極的に明らかにしていく必要がある。

　逸脱文の意味解釈も，本稿の2.で概観したような，文法的には逸脱点が無いが文脈・状況に応じて推論を経て意味解釈をする場合と通底するものがある。中心的な文から周辺的な文まで，より広範な言語現象を考察することにより，実際に用いられる文の意味を人間がどのようにして理解するかという，より大きな問題を追究していくことが，日本語文法論の分野には可能である

と思われる。

付記

　本研究はJSPS科研費　25370527の助成を受けたものです。
　調査に際し，梨花女子大学校・弘益大学校の皆様，調査結果の分析に際し，崔允誌氏にご協力いただきました。心より感謝申し上げます。

例文出典

「トリエステ」＝須賀敦子『トリエステの坂道』みすず書房 1995／「朝日」＝『朝日新聞』2014年7月14日夕刊／*「成熟」＝山中信義『成熟した製造業だから大きな利益が上がる』日本能率協会マネジメントセンター 2004（*は国立国語研究所『現代日本語書き言葉均衡コーパス』を利用した）

参照文献

天野みどり(2002)『文の理解と意味の創造』, 笠間書院.
天野みどり(2011)『日本語構文の意味と類推拡張』, 笠間書院.
天野みどり(2014)「接続助詞的な『のが』の節の文」, 益岡隆志・大島資生・橋本修・堀江薫・前田直子・丸山岳彦(編)『日本語複文構文の研究』pp. 25-54, ひつじ書房.
天野みどり(2015a)「格助詞から接続詞への拡張について―『が』『のが』『それが』―」, 阿部二郎・佐藤琢三・庵功雄(編)『文章・談話研究と日本語教育の接点』pp. 99-118, くろしお出版.
天野みどり(2015b)「逸脱文の意味と推論―逸脱的な「のが」文の実例考察―」, 加藤重広(編)『日本語語用論フォーラム』pp. 101-122, ひつじ書房.
庵功雄(1996)「「それが」とテキストの構造―接続詞と指示詞の関係に関する一考察―」, 『阪大日本語研究』8, pp. 29-44, 大阪大学.
庵功雄(2007)『日本語におけるテキストの結束性の研究』, くろしお出版.
野田尚史(1996)『新日本語文法選書1「は」と「が」』, くろしお出版.
浜田麻里(1993)「ソレガについて」, 『日本語国際センター紀要』3, pp. 57-69, 国際交流基金日本語国際センター.
レー・バン・クー(1988)『「の」による文埋め込みの構造と表現の機能』, くろしお出版.
Sperber, Dan and Deirdre Wilson. (1995) *Relevance: Communication and Cognition.* 2nd ed., Oxford: Blackwell.〔D. スペルベル・D. ウイルソン(著), 内田聖二・中達俊

明・宋南先・田中圭子(訳)(1999)『関連性理論―伝達と認知―第2版』, 研究社.]
Carston, Robyn (2002) *Thought and Utterances: The Pragmatics of Explicit Communication*, Oxford: Blackwell. [ロビン・カーストン(著), 内田聖二・西山佑司・武内道子・山崎英一・松井智子(訳)(2008)『思考と発話―明示的伝達の語用論―』, 研究社.]

構文としての「切っても切れない」

佐藤琢三

1. はじめに

　日本語においては，前件で働きかけと結果の達成を述べながら後件で対象における結果性を否定する形をとる文が，母語話者によってはかなりの程度許容される場合がある。

　　（1）　　糸を切ったけれど，切れなかった。
　　（2）　　じゅうたんを燃やしたけれど，燃えなかった。

本稿では，このような現象を「結果キャンセル文」と呼ぶことにする。この現象はこれまで，多くの研究者の関心事となり，活発に議論されてきた。後述するように，その際の主たる論点はこの現象が日本語の動詞の意味の曖昧さの表れであるというものであった。すなわち，相応の程度に話者がこれらの文を許容するのは，日本語においては動詞の意味構造における境界が曖昧なためであるとされてきた。

　本稿は，これに対し多くの母語話者が一定の割合でこの種の文を許容するのが事実であることは認めつつも，結果キャンセル文により動詞の意味のあり方を論じるのは不適切であるという主張をする。先行研究のような文と意味の関係のとらえ方は，文全体の意味が文を構成する語の意味の総和に還元されるという暗黙の前提にたつものといえよう。しかしながら，近年の意味研究において，言語形式全体の意味はそれを構成する諸要素の意味の総和に還元できるとは限らず，その全体の形式自体が意味を有する構造であるとの見方がされるようになっている。本稿はこのような意味観にたち，結果キャンセル文は「〜シテモ〜シナイ」という構造自体が意味を有するものであり，その意味はこれを構成する動詞等の意味の総和に還元することは不適切であるという見方を提示するものである。

　本稿の構成は以下の通りである。2.では，結果キャンセル文に関するこれ

までの研究を簡潔に振り返る。続く3.では，実例の観察に基づき，結果キャンセル文が最も成立しやすいと思われる諸条件を明らかにする。すなわち，実例における結果キャンセル文はほぼ「切る」という動詞に特化するものであり，「切っても切れない」という全体が慣用句のような強固なかたまりであることを示す。4.では，実例に多くみられる「切っても切れない」という句の形式的，意味的特徴をプロトタイプとして，それらの諸条件を多く満たせば満たすほど母語話者の容認性判断が上昇し，満たさなければ満たさないほど容認性が低下する事実を明らかにする。最後に5.では原点に立ち返り，結果キャンセルの現象が動詞の意味や文の意味，解釈等においていかなる知見をもたらすのかについて論じる。

2. 先行研究

結果キャンセルの問題は，1980年代頃より池上氏，宮島氏の一連の研究で取りあげられ，その後も他の多くの論者によって論じられている。ここでは，池上，宮島両氏の研究の概要を簡潔に振り返る。

まずは池上氏の一連の研究をみてみよう。池上氏は，池上(1980-1981, 1981, 1995, 2000)・Ikegami(1988)等の研究において，次の(3)のように，日本語と英語のどちらか一方に達成の含意があって他方にない場合は，ほぼ首尾一貫して英語に達成の含意があり，日本語にないと指摘している。

(3) a. * John burned it, but it didn't burn.
　　　b. ? 太郎ハソレヲ燃ヤシタケド，燃エナカッタ。

池上(1980-1981)はこのような言語間の異なりの原因を動詞の意味構造に求め，英語の'burn'のような動詞は〈結果〉までをも意味範囲に含むAccomplishmentの動詞，日本語の「燃やす」のような動詞は〈行為〉中心のActivityの動詞であるとしている。

また，池上(2000: 40)においては，日英語の異なりを〈有界的／無界的〉という概念を用いて次のように説明している。

「英語動詞と日本語動詞の間で〈行為〉の概念化に関してずれが生じる場合，英語の方は問題の行為を〈有界的〉(bounded)に捉えるのに対し，日本語の方は〈無界的〉(unbounded)に捉えるという傾向的な差が認められ

るということになる。」
　有界的であるかどうかということは，明確に境界づけられた個別化された実体としてとらえられるか否かということである。つまり，日本語においては動詞の意味構造における境界が曖昧なためにこのような現象がみられるとしている。池上は日英語にみられる異なりの原因を動詞の意味構造における概念化のあり方に求めている。
　また，宮島（1985）は，問題になる動詞を，(A)基本的には結果を表す動詞，(B)基本的には動作・作用を表す動詞，(C)結果の段階に問題のある動詞の3つのグループに分けつつ，「意味の重点がどこにあるかは，あくまで，〈基本的には〉なのである」(p. 345)と注釈をつけ，結果性を実現する諸条件に細かに目を配っている。また，アンケートの結果に基づき，動詞の結果性の強弱の度合いを(4)のように示し，「この順は，結果性の強い順とみなすことができる」(p. 353)としている。

(4)　宮島（1985）：動詞の結果性の強い順序
　　ころす＞おとす＞こわす＞のむ＞ぬく＞ぬる＞あける＞わかす＞
　　ひろげる＞のぼる＞ほる＞いれる＞うごかす＞よわめる＞もやす
　　＞かわかす＞ひやす

この研究は，個々の動詞において具体的にどのような条件下で結果キャンセルの現象が成り立つかという点の記述を重視しつつ，(4)のような階層を示して動詞の意味における結果性の強弱を論じている[1]。

3.　実例にみる結果キャンセル

　3. では，前節における議論をふまえ，先行研究で取りあげられてきた現象が実例の実態と大きく乖離しているさまをみていく。
　結果キャンセル文の問題は，「太郎ハソレヲ燃ヤシタケド，燃エナカッタ」(=(3b))などのように，前件で動作主による対象への働きかけと対象の変化を述べたにもかかわらず後件においてそれを否定するという，矛盾するかに

---

[1] 池上氏，宮島氏の一連の研究の他に，国広（1982），森田（1985），影山（1996），アラム佐々木（2001），崔（2011）等もこの現象に関して言及している。また，佐藤（2002, 2005a, b）もこの問題を論じている。

思われる例文が取りあげられてきた。確かに，この例では動作主はある特定の時空間において対象に対して動作を振りかざしたことが述べられており，一定の割合の母語話者はこのような例を許容する。そしてこのことを根拠に日本語における動詞の意味の曖昧性が取りざたされてきた。しかし，実例として採集される結果キャンセル文の大多数は，このような特徴を有しているとは言えない。以下，この点を詳細にみていく。

3.1 実態の概要

結果キャンセル文の実態としては，最も典型的に，次のような形で現れている。

(5)　ＡトＢハ切ッテモ切レナイ〈関係性の名詞〉ダ

すなわち，述語動詞の種類としては圧倒的に「切る」(および「切れる」の否定形)に偏るという点で，高度に「切る」という語彙項目に特化する傾向があり，文法的には「切る」本来の他動詞としての格パターン(〜ガ〜ヲ)の特徴を失い，意味的にも特定の時空間に生じる事象を叙述する事象叙述としての特徴も失い，属性叙述の機能を果たしている。具体的には以下のようなものである[2]。

(6)　長期休暇やお盆などがあるせいか，夏のデザートは家族の思い出と切っても切れない関係にある。　　　　　　　（2013年6月15日）

(7)　「人類は誕生以来ずっと香りに囲まれてきた。木や草や花の香りに安らぎを感じ，文化を育んだ。人類と香りは切っても切れない縁がある」　　　　　　　　　　　　　　　　　（2013年4月21日）

(8)　宝塚歌劇団の愛唱歌「すみれの花咲く頃」で知られるように，この街とスミレは切っても切れない仲だが，最近は同じスミレ科でもパンジーやビオラなど華やかな外来種がもてはやされ，本来の市花である野スミレの存在感が薄くなっていた。

（2010年6月23日）

「切っても切れない」はそれ全体である種の慣用表現であるかにみえる。つま

---

[2] 本論において括弧内に日付が示されている例文は，朝日新聞記事データベースからひいたものである。

り，これ全体が相応の程度に固定的であり，必ずしも自由な語結合のもとで形成された全体とは言い難い。以下，これらの点を詳細に観察する。

3.2 動詞の種類

　先行研究では，「切る」も含めて多くの種類の他動詞を述語とする結果キャンセル文が提示され，それをもとに動詞の意味が論じられてきた。しかしながら，実例を収集すると，この現象は圧倒的に「切る」という語彙に特化する傾向があり，その他の動詞の実例は非常に少ない。

　次節以降でみるように，結果キャンセル文は「切っても切れない」のように，テモ形で接続し後部述語が自動詞非過去形の場合に最も出現しやすい。朝日新聞，読売新聞，毎日新聞のオンラインデータベースを用い，この条件で各動詞のキャンセル文の件数を調べたところ，次のような結果になった[3,4]。

　(9)　動詞ごとの結果キャンセル文の出現数の比較

	朝日	読売	毎日	合計
切る	756	618	604	1,978
殺す	4	3	3	10
開ける	0	0	3	3
落とす	1	0	0	1
壊す	0	0	0	0
燃やす	0	0	0	0
割る	0	0	0	0

　もちろん，この小調査において見つからなかったからといって，日本語の中に「燃やしても燃えない」等の言い方がないというわけではない。しかし，結果キャンセルの実態はこれまで考えられてきた以上に，特定の動詞に特化した現象であるということを認識すべきであろう。この事実は，「切っても切れない」という全体が一種の慣用表現に近い性質を持つことを示唆するものである。

3　このデータベースからのデータは，いずれも 2013 年 8 月 23 日現在のものである。
4　(9)の表ではカウントしていないが，読売新聞と毎日新聞にそれぞれ，「こじ開けても開かない」「そぎ落としても落ちない」という例が 1 例ずつ見られた。

3.3 接続助詞の種類

これまでの研究において，結果キャンセル文の接続形式は，テモの他にもノニ，ケド，ガなどの接続助詞の例も用いられ，アンケート調査なども行われてきた。しかしながら，実態としては接続助詞の種類はほぼテモに特化するものである。「切る」を述語とする場合の出現数を比較したところ，以下のような結果になった[5]。

(10) 接続助詞ごとの結果キャンセル文の出現数の比較

	朝日	読売	毎日	合計
切っても	756	618	604	1,978
切ったけ（れ）ど	0	0	0	0
切ったのに	0	0	0	0
切ったが	0	0	0	0

もちろん，この点についても，テモ形式以外に結果キャンセル文が成り立ちえないというものではない。ただ，やはり結果キャンセル文はこれまで考えられてきた以上にテモ形式に特化した現象である。テモとそれ以外の形式の違いはタ形の出現という点が重要であると思われる。タ形の出現は，当該の動きが時間軸上の特定の位置において生起したことを示唆することになる。つまり当該の文が特定の時空間に生じた事象を述べることになる。しかし，後述するように，「切っても切れない」の実例の多くはほとんどの場合，事象というよりもある対象の属性について述べるものである。結果キャンセル文の実態は，動詞の種類としては「切る」に，接続助詞の種類としてはほぼテモに特化している。やはり，「切っても切れない」全体で固定的な慣用表現としての性格が強い。

3.4 格パターン

次に，収集された結果キャンセル文の顕著な統語的特徴として，格パターンに注目したい。「切る」は他動詞であり，言うまでもなく「太郎が紙を切った」などのように「NP1ガ NP2ヲ」型の格パターンをとるものである。しか

---

5 注3と同様に，いずれも2013年8月23日現在のデータである。

し，コーパスから収集された200の実例のうち，「NP1ガ NP2ヲ」型の格パターンをとるものは1例もない。「切っても切れない」の実例のほとんどは，「NP1ガ NP2ト」型，「NP1ト NP2ガ」型，あるいは「NP1（複数を表す名詞句）ガ」型の格パターンをとるものである。

(11) 今回の大阪市長選で負けた平松邦夫市長のバックには自治労と連合がついていて，橋下さんは『反組合』を強く打ち出した選挙戦を繰り広げました。民主党と労組は切っても切れない仲ですからね」 (2011年12月16日)

(12) 最近，父に似ているってよく言われるんですよ。表情やしぐさが似ているんだそうです。自分でも時々思うし，親子って切っても切れないんですね。 (2013年4月11日)

この事実は，他動詞「切る」が本来の統語的特徴を喪失し，後項の自動詞「切れる」を主要部とする複合的な形容詞としての特徴を獲得していることを示している。このような特徴は対称性を表す動詞や一部の形容詞，形容動詞と同じものである。

(13) a. 太郎が　花子と　結婚した。
　　 b. 太郎と　花子が　結婚した。
　　 c. 二人が　結婚した。
(14) a. Aが　Bと　同じだ。
　　 b. Aと　Bが　同じだ。
　　 c. 二つが　同じだ。

これまで，結果キャンセル文は「AがBを〜したが，Bは〜しなかった」という形で取りあげられてきた。しかし，実態としては「切っても切れない」における「切っても」は他動詞として機能していない。むしろ，「切っても切れない」全体で1つの述語のように振る舞っており，ある対象の属性を表す形容詞に相当する働きをしている。この点からも「切っても切れない」の慣用表現としての性質を認めることができるだろう。

3.5　述定と装定

これはあくまで傾向の指摘のレベルにとどまるものであるが，収集された

「切っても切れない」の200例のうち,装定が165例(82.5%)を占めた。つまり,この形式は文末の述語として働く場合よりも,名詞句を修飾する働きをする場合が多い。また,修飾される名詞句の77.6%は,「関係」「縁」「仲」「間」「絆」等の〈関係性〉とも言うべき意味特徴を有するものが占めた。全体像をまとめると次のようになる。

(15) 「切っても切れない」200例における述定[6]と装定

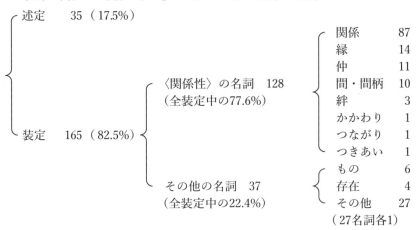

「切っても切れない」はもっとも典型的に,(16)のような形で現れるものである。

(16) 新築された部室が「樫葉(けんよう)館」,同窓会名の「八樫会」「樫九会」などもあり,樫は小田高と切っても切れない関係だ。

(2013年03月01日)

装定の場合のうち,〈関係性〉にかかわる名詞を修飾する例が大多数を占める事実は,前節でみた格パターンの特徴とも符合するものである。つまり,「切っても切れない」が,2つの事物の分離できない関係を表す一種の複合的な形容詞として機能しているのである。

---

[6] 述定35例の中には,ノ節4例,コト節2例,ト節2例が含まれている。これらは従属節中のものではあるにしても,具体的な名詞の意味内容を修飾するものではないため,装定には含めていない。

3.6 属性の叙述

　典型的に，動詞は文の述語として働き，動きを表すものである。すなわち，ある特定の時空間に生起した出来事を叙述する場合に使われる。一般的にこのような叙述のあり方は「事象叙述」と呼ばれる。また，これに対し，形容詞は事象の叙述ではなく，ある対象の有する属性を述べる。このような叙述のあり方は「属性叙述」と呼ばれる。

　結果キャンセル文の研究は，動詞の語彙的意味を論じる材料として取りあげられてきたためか，多くの場合，事象叙述の例文について母語話者が直観により判定をくだす形でなされてきた。たとえば，「太郎ハソレヲ燃ヤシタケド，燃エナカッタ」(=(3b))などの例はそれに該当するものである。

　しかし，収集された200例の「切っても切れない」はいずれも，属性を叙述する機能を果たしている。すなわち，ある対象ともう一つの対象の関係の分離不可能なあり方を述べるものである。例えば上の(16)では，「樫」と「小田高」という2つの対象の分離不可能な属性を述べるもので，決して特定の時空間に生起した出来事を述べるものではない。また，「切る」という行為が特定の位置を有する時空間において生起することを述べたものでもない。したがって，「切っても切れない」の実例は，いずれも他動詞「切る」の語彙的意味のあり方を考察するための材料としては，決してふさわしいものではない。

3.7 慣用表現としての「切っても切れない」

　ある言語形式全体の意味は，その全体を構成する部分の総和に還元して理解することが可能な場合もあるが，その一方で，全体の意味はあくまでその全体が担うものであり，部分の総和に還元することができない場合も存することはよく知られている。慣用句は後者の好例である。慣用句「油を売る」の「無駄話をする」という意味は名詞「油」と動詞「売る」の総和として理解することはできない。あくまで「油を売る」という全体が「無駄話をする」という意味を有していると考えるほかない。

　結果キャンセル文も，ある一定の度合いで慣用句に近い性質を有しているとみることができる。「油を売る」「道草を食う」等の慣用句には及ばないものの，形式的な固定性が普通の語結合の場合よりも高い。結果キャンセル文

において，直観で判断する限りでは様々な動詞が出てくるが，実例では圧倒的に「切る」が多い。接続の形式も直観ではいろいろな形式が許容される場合があるが，実例ではテモ形式が圧倒的に多い。また，全体を構成する部分(「切っても切れない」における「切る」)はその本来の文法的，意味的特徴を失っている。

「油を売る」という慣用句の意味をもってして，その構成部分の「油」や「売る」の意味特徴を論じることはできない。同様に，「切っても切れない」は「切る」の意味特徴を論じる材料としては適していないといわざるをえない。

4. 結果キャンセル文の解釈可能性
4.1 本稿のとらえ方

実例における結果キャンセル文は，ほぼ「切っても切れない」という形式に特化しており，全体として対象の分離不可能な属性を表す。しかしながらその一方で，他の動詞についても，多くの母語話者が相応の程度に結果キャンセル文を容認するのも無視できない事実である。結果キャンセル文に関する本稿のとらえ方は，次の(17)に集約される。

(17) 本稿における基本的なとらえ方

  a. 形式と意味の関係：結果キャンセル文は「〜しても〜しない」という形式全体として，「〜しようとしても不可能な属性」を表す。この全体の意味は部分の意味の総和に還元されるものではない。

  b. 慣用表現としての「切っても切れない」：結果キャンセル文の最も典型的な事例は，「切る」を述語動詞とする「切っても切れない」であり，一種の慣用表現として機能している。

  c. プロトタイプと周辺事例：「切る」以外の動詞を述語とする結果キャンセル文についても，母語話者は一定の度合いで容認する。ただし，プロトタイプの諸特徴を多く備えれば備えるほど容認度は高くなり，備えていなければ容認度は低くなる。

先行研究では，母語話者の容認度の曖昧さを動詞の意味そのものに求め，

日本語において動詞の意味の境界が曖昧であるとの見方が主張された。これに対し，本稿は結果キャンセル文の形式が部分の総和に還元されない全体としての意味を有するものと考える。この見方にたてば，日本語において動詞の意味が曖昧であると考える必然性はないことになる。

なお，上に示した本稿のとらえ方は，問題の現象を構成性の観点からみるのではなく，構文（construction）としてとらえたということになる。構文とは，「個々の動詞とは独立して存在する「意味と形式の対応物」」（ゴールドバーグ 2001：1）である。すなわち構文とは，それ自体が独自の意味と対応するものであって，その構成素の意味に還元できない単位である。

4.2　結果キャンセルのプロトタイプ

本稿は結果キャンセル文のプロトタイプを次のようにとらえる。

(18)　プロトタイプ：「切っても切れない」の形式で対象の属性を述べる
  a.　述語動詞：「切る」
  b.　接続形式：テモ
  c.　格パターン：「～ガ」もしくは「～ガ～ト」「～ト～ガ」
  　（ヲ格の非出現）
  d.　後項述語：「～ナイ」（自動詞否定形）

上の諸条件を多く満たせば満たすほど相対的に容認度は高くなる一方，満たさなければ容認度は低下する。

本稿は，2013年9月，学習院女子大学の日本語母語話者の学生59名にアンケート調査を行った。結果キャンセル文の自然さにつき，「自然」「やや自然」「どちらとも言えない」「やや不自然」「不自然」の5段階から選んでもらい，それぞれ100，75，50，25，0ポイントとして平均ポイントを算出した。

4.3　プロトタイプの容認度

下の(19a)と(19b)はプロトタイプの諸条件を満たす例である。＜＞内の数値は，上述のアンケートのポイントを示すものである。

(19) a.　あの二人は切っても切れない関係だ。〈91.8〉
　　 b.　あの二人の関係は切っても切れない。〈77.5〉

次節以下では，何らかの点でプロトタイプのいずれかの条件を欠く例文について検証するが，上の2例はそれらのどれよりも高い数値を示すものである。

4.4 従属節形式の種類と文末のテンス

「切っても切れない」という形式にみるように，結果キャンセル文の従属節はテモ形式が最も典型的である。テモをタケドに置き換え，それに合わせて主節末もタ形にすると，やはり相対的に容認度はやや低下する。

(20) a. あの機械は壊しても壊れない。　〈33.9〉
　　 b. あの機械は壊したけど壊れなかった。〈30.2〉
(21) a. この布は燃やしても燃えない。　〈58.9〉
　　 b. この布は燃やしたけど燃えなかった。〈52.5〉

上のb文は，従属節，主節ともにタ形が出現しているため，時間軸上の特定の時点に生起した事象を叙述することになる。(21b)などは〈52.5〉というポイントを示しているように，事象叙述と解釈される場合でも，一概に結果キャンセル文が許容されないというものではない。ただ，やはり相対的に許容度は低下するようである。

4.5 格体制（ヲ格の出現）

次に格体制について考える。慣用表現とも言える「切っても切れない」の実例において，前件に対象をマークするヲ格はほとんど現れない。すなわち，そもそも実例における結果キャンセル文の前件は他動詞文としての資格を有しているか疑問である。アンケート調査においても，前件にヲ格を明示して他動詞文としての特徴を明確にすると，容認度は低下する。

(22) a. あの機械は壊しても壊れない。　〈33.9〉(=(20a))
　　 b. あの機械を壊しても壊れない。　〈28.0〉
(23) a. この布は燃やしても燃えない。　〈58.9〉(=(21a))
　　 b. この布を燃やしても燃えない。　〈45.8〉

4.6 主節の形式

結果キャンセル文は，「～シテモ～シナイ」という形式をとり，本稿はこの

形式全体が部分の還元されない構造として独自の意味を持つという見方をしている。したがって，結果の達成を「〜シナイ」という自動詞の否定形でなく，「元のままだ」という状態の非変化を肯定の形で述べるようにすると，容認度は低下する。

(24) a. あの機械は壊しても壊れない。　〈33.9〉(=(20a))
　　 b. あの機械を壊しても元のままだ。〈28.4〉
(25) a. この布は燃やしても燃えない。　〈58.9〉(=(21a))
　　 b. この布を燃やしても元のままだ。〈40.5〉

もしも結果キャンセル文の容認度が，単純に動詞の意味の結果性を反映するものであったとしたら，自動詞否定形をとらずとも，「元のままだ」という形でも同じ結果が得られるはずである。しかし，「〜しても〜しない」という形式全体は単純にその構成素の総和として分析されるべきものではない。上の例のb文は形式の上でプロトタイプを逸脱するため，相対的に容認度を下げている。

　以上より，(18a–d)のいずれについても，その特徴を欠けば相対的に容認度が低下することが確認された。「あの二人は切っても切れない関係だ」におけるような「切っても切れない」は，ほぼ自然と判定され，その定着度からしても一種の慣用表現と言ってもよい。「壊す」「燃やす」等のその他の動詞の結果キャンセル文については，一定の度合いで容認されるものの，母語話者の判定はまちまちである。話者は，現実世界に関する知識等を参照するなどして当該の文の述べることが理解しやすいと考えれば容認する傾向にあると思われるが，プロトタイプの諸条件に照らし合わせて容認度を判定しているようすが窺われる。

5. おわりに

　本稿は，結果キャンセル文の現象をとりあげその実態を観察し，そこから母語話者の容認可能性を左右する諸要因をみた。本稿のとらえ方の特徴は，「〜しても〜しない」という形式全体として，「〜しようとしても不可能な対象の属性」を表すものとし，この全体の意味は部分の意味の総和に還元されるものではないという見方にたった点にある。文の意味を，構成素たる語の

意味の総和とする考え方は明快で理解しやすいものであるが，実際には「切っても切れない」で形容詞相当の固定的な慣用表現であり，この現象をもって「切る」の語彙的意味の結果性を論じるのは不適切である。また，「切る」以外の動詞の場合も「切っても切れない」が満たす諸条件を典型的なものとし，その諸条件に照らし合わせて容認度が判断される傾向が明らかになった。

なお，本稿では触れることができなかったが，日本語の他動詞文には「空襲で家財道具を焼いた」のような主体が実質的に働きかけてではない「状態変化主主体の他動詞文」(天野 1987, 2002等)，「患者さんが注射をした」のような第三者が行為を遂行したと解釈できる「介在性の他動詞文」(佐藤 1994, 2005b 等)といった意味的バリエーションがある。本稿が取りあげた結果キャンセルの他動詞文とこれらは，いずれも文が動きのどのプロセスを述べるか否かから生じる意味的多様性であるという点で統一的に分析する視点も必要である。この点については，佐藤(2005a, b)を参照していただきたい[7]。

本書は，現代日本語文法とその周辺領域の開拓的研究を企図した論集である。本稿が取りあげた結果キャンセルの他動詞文は，日本語研究の領域において古くから論じられてきたものであり，これといって目新しい現象ではない。しかし，そのような現象を問うのであれ，求められるのはそれまでの研究の前提を問い直すことによって，文法事象に新たな光を当てることである。文法研究の成熟の後にくるものは決して空白ではなく，成熟期において問われることのなかった前提に対する，別の角度からの問い直しである。研究の潮流は前提の構築と，それに対する問い直しを繰り返しながら深化していくのではないか。

付記
この発表は，第138回関東日本語談話会(2015年3月14日，学習院女子大学)で行った同タイトルの口頭発表の一部に基づいている。

---

[7] 佐藤(2005a, b)は，3つのタイプの他動詞文にみられる意味的多様性をメトニミーの観点から論じている。

参照文献

天野みどり(1987)「状態変化主体の他動詞文」,『国語学』151, pp. 110-197
天野みどり(2002)『文の理解と意味の創造』, 笠間書院.
アラム佐々木幸子(2001)「「燃やしたけど燃えなかった」のはなぜ?―「弱い達成動詞」と「強い達成動詞」―」, 南雅彦・アラム佐々木幸子(編)『言語学と日本語教育Ⅱ』pp. 57-74, くろしお出版.
池上嘉彦(1980-1981)「'Activity' Goldberg, Adele E. 'Accomplishment' ― 'Achievement' ―動詞意味構造の類型―」,『英語青年』1980年12月号~1981年3月号, 研究社.
池上嘉彦(1981)『「する」と「なる」の言語学』, 大修館書店.
池上嘉彦(1995)「言語の意味分析における〈イメージ・スキーマ〉」,『日本語学』14-10, pp.92-98, 明治書院.
池上嘉彦(2000)「'Bounded' vs. 'Unbounded' と 'Cross-category Harmony' (14)」『英語青年』2000年5月号.
影山太郎(1996)『動詞意味論』, くろしお出版.
国広哲弥(1982)『意味論の方法』, 大修館書店.
ゴールドバーグ, A. E. (2001)『構文文法論 英語構文への認知的アプローチ』, 河上誓作・早瀬尚子・谷口一美・堀田優子(訳), 研究社出版. [Goldberg, Adele E. (1995) *Constructions: A Construction Grammar Approach to Argument Structure.* Chicago: University of Chicago Press.]
崔玉花(2011)「日本語と中国語の結果キャンセル構文について」『言語学論叢 オンライン版』4, pp. 30-42(通巻30号).
佐藤琢三(1994)「他動詞表現と介在性」,『日本語教育』84, pp. 53-64.
佐藤琢三(2002)「日本語における変化他動詞文多義性の諸類型とメトニミー」,『国際関係学部研究年報』23, pp. 29-40. 日本大学国際関係学部.
佐藤琢三(2005a)「「切っても切れない」とメトニミー」,『学習院女子大学紀要』7, pp. 35-46.
佐藤琢三(2005b)『自動詞文と他動詞文の意味論』, 笠間書院
宮島達夫(1985)「「ドアをあけたが, あかなかった」―動詞の意味における〈結果性〉―」,『計量国語学』14-8, pp. 335-353.
森田良行(1985)『語用文の分析と研究―日本語学への提言―』, 明治書院.
Ikegami,Yoshihiko (1988) Transitivity: Intransitivization vs. Causativization:Some Typological Considerations Concerning Verbs of Action. In C. Duncan-Rose and T. Vennemann (eds.) *On Language: Rhetorica, Jacobsen, Phonologica, Syntactica*, London: Routledge.

佐藤琢三

用例出典
　聞蔵Ⅱビジュアル(朝日新聞記事データベース)
例文検索
　聞蔵Ⅱビジュアル(朝日新聞記事データベース)
　ヨミダス歴史館(読売新聞記事データベース)
　毎索(毎日新聞記事データベース)

社会科学専門文献の接続詞の分野別文体特性
―― 分野ごとの論法と接続詞の選択傾向との関係 ――

石黒　圭

1. はじめに

　本論文は，社会科学の専門文献に見られる接続詞の分野別の文体特性を明らかにすることを目的としたものである。すなわち，社会科学には，商学(経営学・会計学)，経済学，政治学，法学，社会学などがあり，そうした分野ごとの接続詞の特徴を，自分たちで設計した言語データベースをもとに明らかにすることを目指す。こうした研究を志す背景には，近年のコーパス言語学の隆盛に一抹の不安を覚えるからである。

　言語コーパスの大規模化が進むにつれ，語彙の文体特性について，データに基づき実証的に把握することが可能になり，事実，そうした研究が急増している。そのこと自体は喜ばしいが，大規模化が進んだ結果，かえって見落とされている言語事実も少なくないように感じられる。

　もし大規模なコーパスを扱いたいのであれば，「新聞」「小説」「論文」「白書」のようないわゆるジャンルに換言して説明する(たとえば石黒ほか 2009)よりも，文体印象に依拠した形態的な特徴に着目し，整理したほうが正確に文体を把握できるように思う。たとえば，柏野(2013)では，「専門度」「客観度」「硬度」「くだけ度」「語りかけ性度」の五つの尺度から文体的特徴を捉える試みが行われており(石黒 2015 も参照)，今後，こうした方法が洗練され，さらに深まることが期待される。

　他方，言語コーパスの整備がこれだけ進むと，そのコーパスのアノテーションを暗黙の前提として研究が行われやすい。とくに，日本語の研究に取り組みはじめたときからコーパスが存在していた「コーパス・ネイティブ」の研究者は，それぞれのコーパスに込められた設計思想や限界を顧みずに，現存するコーパスを操作・加工することばかりに意識が向きがちである。

そうならないために若い世代に勧めたいのは，小規模でかまわないので，一度自分自身で言語データベースを構築し，まともなコンピュータがなかった時代の林(1973)のように，徹底した全数調査を試みることである。最終的に，大規模コーパスの力を借りるにしても，小規模なデータベースととことん向きあった経験はかならず生きてくるはずである。

本論文では，そうした若い世代の研究に参考になるように，大規模コーパスを駆使する時代にあって，あえてそれに反した，小規模な言語データベースによる，高度な統計や検索に頼らないささやかな試みを示したい。

2. 研究の資料と方法

本論文のデータベースは，一橋大学の国際教育センターにおいて2011年度と2012年度の2ヶ年にわたり行われた「社会科学の専門語彙・表現教育のための教材開発」という大学戦略推進経費プロジェクトで構築されたものである。現在では，末尾の付記に示した科研に引き継がれている(今村 2014)。

このデータベースは，商学部・経済学部・法学部・社会学部という一橋大学の4学部で学ぶ留学生が日本語で勉学が行えるよう，それぞれの分野の専門教員が各学部の特性を考えて，バランスよくその学部の入門書・概説書を5～7冊選定したものである(五味 1996)。

商学分野の文献の選定は加藤俊彦氏(一橋大学商学研究科)による。選定された書籍は，沼上幹『組織デザイン』日本経済新聞出版社，伊藤邦雄『ゼミナール現代会計入門　第9版』日本経済新聞出版社，青島矢一・加藤俊彦『競争戦略論』東洋経済新報社，フィリップ・コトラー&ケビンケーン・ケラー『コトラー&ケラーのマーケティング・マネジメント基本編　第3版』ピアソンエデュケーションジャパン，砂川伸幸・杉浦秀徳・川北英隆『日本企業のコーポレートファイナンス』日本経済新聞出版社の計5冊である。

経済学分野の文献の選定は岡室博之氏(一橋大学経済学研究科)による。選定された書籍は，奥野正寛『ミクロ経済学』東京大学出版会，中谷巌『入門マクロ経済学　第5版』日本評論社，南亮進・牧野文夫『日本の経済発展　第3版』東洋経済新報社，猪木武徳『経済思想』岩波書店，小川一夫・得津一郎『日本経済：実証分析のすすめ』有斐閣の計5冊である。

国際政治学分野の文献の選定は大芝亮氏(一橋大学法学研究科：当時)による。村田晃嗣・君塚直隆・石川卓・栗栖薫子・秋山信将『国際政治学をつかむ』有斐閣，藤原帰一『国際政治』放送大学，野林健・大芝亮・納家政嗣・長尾悟・山田敦『国際政治経済学・入門』有斐閣，大芝亮・藤原帰一・山田哲也編『平和政策』有斐閣，五百旗頭眞編『戦後日本外交史　新版』有斐閣，馬橋憲男・高柳彰夫『グローバル問題とNGO・市民社会』明石書店の計6冊である。

　法学分野の文献の選定は青木人志氏(一橋大学法学研究科)による。芦部信喜・高橋和之『憲法　第五版』岩波書店，大村敦志『基本民法Ⅰ　総則・物権総論　第3版』『基本民法Ⅱ　債権各論』有斐閣，佐久間修・上嶌一高・橋本正博『刑法基本講義　総論・各論』有斐閣，六本佳平『日本の法と社会』有斐閣，中野次雄・佐藤文哉・宍戸達徳・本吉邦夫『判例とその読み方』有斐閣の計6冊である。

　社会学分野の文献の選定は中田康彦氏(一橋大学社会学研究科)による。伊豫谷登士翁『グローバリゼーションとは何か　液状化する世界を読み解く』平凡社新書，江原由美子・山崎敬一『ジェンダーと社会理論』有斐閣，福井憲彦『歴史学入門』岩波書店，原純輔『社会階層と不平等』放送大学教育振興会，安彦一恵・谷本光男『公共性の哲学を学ぶ人のために』世界思想社，綾部恒雄『文化人類学20の理論』弘文堂，小泉潤二『実践的研究のすすめ　人間科学のリアリティ』有斐閣の計7冊である。

　本論文の調査方法は，次の五つの手順を踏む。

①石黒ほか(2009)のリストを若干改変したもの(次ページ表1参照)に基づき，商学・経済学・国際政治学・法学・社会学の社会科学5分野の接続詞を抽出する。

②総合ランキングを見て，比較的出現頻度の高い接続詞に着目する。総数の1％を目安とし，今回のデータでは200以上とした。

③ランキングのなかで，比較的用法が似ている接続詞を探し，それらをセットで抽出する。そのさい，市川(1978)や石黒(2008)を参考にする。

④そのセットを軸に，分野横断的な傾向がないかどうか，目視で確認する。そのさい，カイ二乗検定も補助的に用いる。

石黒　圭

表1　調査対象接続詞一覧

No.	接続詞	No.	接続詞	No.	接続詞	No.	接続詞
1	あるいは	41	じゃなくて	81	第一に	121	とはいうものの
2	あと	42	すなわち	82	第三に	122	とはいえ
3	いいかえると	43	すると	83	第二に	123	とりわけ
4	以上	44	そうしたら	84	第四に	124	なお
5	いずれにしても	45	そうして	85	だが	125	なかでも
6	いずれにしろ	46	そうしないと	86	だから	126	なぜかというと
7	いってみれば	47	そうしなければ	87	だからこそ	127	なぜなら
8	一方	48	そうすると	88	だからといって	128	なにしろ
9	いな（否）	49	そうすれば	89	だけど	129	なにせ
10	いわば	50	そうそう	90	ただ	130	にもかかわらず
11	おまけに	51	そうでないと	91	ただし	131	はじめに
12	かえって	52	そうではなく	92	だって	132	反対に
13	かくして	53	そこで	93	たとえば	133	反面
14	かつ	54	そして	94	だとすると	134	ひとつめに
15	かわりに	55	そのうえ	95	他方	135	ふたつめに
16	換言すると	56	そのかわり	96	ちなみに	136	まして
17	ぎゃく（逆）に	57	そのくせ	97	つ（次）いで	137	まず
18	具体的には	58	その結果	98	ついでに	138	また
19	結局	59	その後	99	つぎに	139	または
20	けど	60	そのため	100	つづいて	140	またまた
21	けれども	61	そのために	101	って	141	みっつめに
22	こうして	62	そのとき	102	つまり	142	むしろ
23	ここで	63	そのように	103	で	143	もっとも
24	こと（殊）に	64	それが	104	ていうか	144	ゆえに
25	このために	65	それから	105	ですが	145	ようするに
26	このように	66	それで	106	ですから	146	よう（要）は
27	これにたいして	67	それでこそ	107	ですけど	147	よって
28	こんなふうに	68	それでは	108	では		
29	最後に	69	それでも	109	でも		
30	最初に	70	それとも	110	と		
31	さて	71	それなので	111	というか		
32	さもないと	72	それなのに	112	ということで		
33	さもなくば	73	それなら	113	というのは		
34	さらに	74	それに	114	というのも		
35	しかし	75	それにくわえて	115	というより		
36	しかしながら	76	それにしても	116	とくに		
37	しかも	77	それにたいして	117	ところが		
38	しかるに	78	そればかりか	118	ところで		
39	したがって	79	それはさておき	119	どちらにしても		
40	じゃあ	80	そんなふうに	120	とにかく		

⑤目視で(検定で)差が確認できたところは，なぜそのような差が生まれたのか，原文に立ち戻って考察する。

こうした手順を踏むことで，大規模コーパスを対象とした研究では見落としがちな視点を補い，手作業を生かした研究とすることを目指したい。

表2　調査対象接続詞の補足

3「いいかえると」(○いいかえれば)，4「以上」(×以上は)，8「一方」(○一方で，○一方では，×一方に，×一方)，13「かくして」(○かくて)，16「換言すると」(○換言すれば)，17「ぎゃく（逆）に」(×ぎゃくは，×ぎゃくにいうと，×ぎゃくにいえば)，19「結局」(○結局は)，20「けど」(○けども)，21「けれども」(○けれど)，25「このために」(○このゆえに，○これがために)，26「このように」(○このようにして)，27「これにたいして」(○これにたいし)，28「こんなふうに」(○こういうふうに)，29「最後に」(○最後，×最後は，×最後には)，30「最初に」(○最初，×最初は，×最初には)，34「さらに」(○さらには)，44「そうしたら」(○そしたら)，52「そうではなく」(○そうでなく，○そうではなくて，○そうでなくて，○そうじゃなく，○そうじゃなくて)，56「そのかわり」(○そのかわりに)，58「その結果」(○結果，○結果として，○その結果として)，59「その後」(×その後に，×その後は，×その後も)，61「そのために」(○そのためには，○そのためにも)，63「そのように」(○そのようにして)，68「それでは」(○それじゃあ)，71「それなので」(○なので)，72「それなのに(○なのに，○それだのに，○それであるのに，○そうであるのに)，73「それなら」(○それならば)，77「それにたいして」(○それにたいし，○にたいし，○にたいして)，78「そればかりか」(○ばかりか)，79「それはさておき」(○さておき)，80「そんなふうに」(○そういうふうに)，81「第一に」(○第一には，×第一は)，82「第三に」(○第三には，×第三は)，83「第二に」(○第二には，×第二は)，84「第四に」(○第四には，×第四は)，86「だから」(○それだから，○であるから，○それであるから，×ですから)，89「だけど」(○だけれど，○だけども，○だけれども)，94「だとすると」(○だとしますと，○そうだとすると，○そうだとしますと)，95「他方」(○他方で，○他方では，×他方に，×他方は)，98「ついでに」(×そのついでに)，99「つぎに」(×そのつぎに)，100「つづいて」(×それにつづいて)，102「つまり」(○つまりは)，103「で」(○んで)，104「ていうか」(○てゆうか，○てゆっか，○てか)，107「ですけど」(○ですけれど，○ですけども，○ですけれども)，112「ということで」(○ていうことで，○てことで)，113「というのは」(○ていうのは)，114「というのも」(○ていうのも)，115「というより」(○ていうより)，116「とくに」(×とくには)，119「どちらにしても」(○どっちにしても，○どっちにしろ，○どっちにせよ)，120「とにかく」(○ともかく，○ともあれ)，121「とはいうものの」(○というものの，×そうはいうものの)，122「とはいえ」(×とはいっても，×そういっても)，123「とりわけ」(×わけても)，124「なお」(×なおも，×なおさら)，125「なかでも」(○そのなかでも)，126「なぜかというと」(×どうしてかというと)，127「なぜなら」(○なぜならば)，130「にもかかわらず」(○それにもかかわらず)，131「はじめに」(○はじめ，×はじめは，×はじめには)，132「反対に」(×反対は，×反対には)，133「反面」(○その反面，○反面で，○反面では)，134「ひとつめに」(○ひとつめには，×ひとつめは)，135「ふたつめに」(○ふたつめには，×ふたつめは)，136「まして」(○ましてや)，137「まず」(○まずは)，141「みっつめに」(○みっつめには，×みっつめは)，144「ゆえに」(○それゆえ，○それゆえに)

なお，本章で言う接続詞は，以下の条件を満たすものとする。
　①表1に含まれる形態であること（異形態については前ページ表2参照。
　　○は含み，×は含まない。異表記については広く含めている）。
　②文頭に位置し，前後の連接関係を表示するもの（一部の副詞も含む）。

3. 接続詞の出現頻度

表1にある接続詞一覧を区別せずに総計した頻度をまず確認する。

表3　接続詞の分野別出現頻度（総数）

分野	総文数	接続詞数	割合
商学	26,728	5,844	21.9%
経済学	19,664	5,949	30.3%
国際政治学	20,893	5,651	27.0%
法学	19,718	6,357	32.2%
社会学	20,706	5,588	27.0%
合計	107,709	29,389	27.3%

　表3からわかるように，接続詞の出現頻度はおおむね高率である。石黒ほか（2009）では，新聞，小説，エッセイでは軒並み10％前後であり，論文だけが25％を占めていた。そのときの論文のデータは社会科学の論文のデータであり，今回の調査が社会科学の概説書であることを考えると，論文に近似した出現頻度であることは穏当な結果であるように思われる。
　分野別に見ると，商学の割合が若干低い一方，法学がもっとも高く，経済学がそれに続いている。法学と経済学のような，論理性重視の基礎分野に相対的に接続詞が多いことは，直感的に納得のいく結果である。

4. 接続詞の形態別出現頻度

　つぎに，接続詞の形態別出現頻度を見ておきたい。
　この種の調査を行うと，石黒ほか（2009）が示すように「しかし」を中心に，逆接の接続詞が1位を占める傾向がある。市川（1976）が指摘するように，逆接の接続詞は意外感のある展開であるため，省略するのに抵抗がある

形式だからである．本ページの表4-1，次ページの表4-2が示すように，総合でも「しかし」がもっとも多く，国際政治学を除く4分野でも「しかし」が1位を占めている．

表4-1　接続詞の分野別出現頻度（形態別その1）

	総合	頻度		商学	頻度		経済学	頻度
1	しかし	4,245	1	しかし	711	1	しかし	771
2	また	3,109	2	たとえば	700	2	したがって	555
3	たとえば	1,995	3	また	633	3	また	499
4	したがって	1,352	4	一方	213	4	すなわち	389
5	そして	1,316	5	さらに	207	5	たとえば	271
6	さらに	963	6	なお	201	6	つまり	248
7	すなわち	910	7	ただし	198	7	このように	197
8	つまり	820	8	したがって	185	8	そして	195
9	このように	772	9	このように	180	8	まず	195
10	ただし	765	10	つまり	179	10	ただし	187
11	まず	748	11	まず	156	11	ここで	156
12	なお	738	12	そして	150	12	その結果	121
13	そこで	691	13	では	145	13	さらに	107
14	だが	558	14	そこで	139	14	これにたいして	104
15	これにたいして	499	15	そのため	136	15	つぎに	101
16	一方	453	16	だから	87	16	そこで	97
17	ここで	403	17	つぎに	86	17	さて	94
18	つぎに	394	18	あるいは	74	18	とくに	90
19	では	383	19	すなわち	72	18	ところで	90
20	とくに	373	20	ぎゃく（逆）に	71	20	なぜなら	79
21	他方	355	21	その結果	70	21	一方	77
22	もっとも	352	22	だが	60	22	ぎゃく（逆）に	71
23	その結果	341	23	ゆえに	57	22	なお	71
24	そのため	320	24	ここで	56	24	しかしながら	70
25	ただ	287	25	とくに	55	25	では	69
26	ところが	280	26	第二に	48	26	他方	54
27	こうして	271	27	これにたいして	47	27	第二に	45
28	ゆえに	259	27	第一に	47	28	もっとも	44
29	第二に	257	29	それにたいして	46	29	ところが	43
30	さて	245	30	ところが	44	30	結局	40

表 4-2 接続詞の分野別出現頻度（形態別その 2）

	国際政治学	頻度		法学	頻度		社会学	頻度
1	また	752	1	しかし	1,027	1	しかし	988
2	しかし	748	2	また	670	2	また	555
3	そして	366	3	たとえば	400	3	そして	404
4	だが	354	4	なお	358	4	たとえば	361
5	さらに	327	5	したがって	339	5	したがって	197
6	たとえば	263	6	もっとも	255	6	つまり	196
7	このように	151	7	そこで	251	7	さらに	193
7	まず	151	8	これにたいして	224	8	すなわち	154
9	こうして	130	9	すなわち	219	9	だが	131
9	他方	130	10	ただし	204	10	このように	110
11	つまり	120	11	そして	201	11	そこで	100
12	とくに	107	12	まず	146	11	まず	100
13	そこで	104	13	ただ	135	13	ただし	94
14	ただし	82	14	このように	134	14	一方	87
15	したがって	76	15	さらに	129	15	ここで	85
15	すなわち	76	16	つぎに	105	16	むしろ	74
17	これにたいして	69	17	他方	92	17	ゆえに	72
17	しかも	69	18	ところが	80	18	とくに	70
17	そのため	69	19	つまり	77	19	あるいは	67
17	第二に	69	20	では	72	19	こうして	67
17	ところが	69	21	ところで	67	21	では	62
22	その結果	64	22	ゆえに	66	22	他方	61
23	その後	61	23	そのため	56	23	なお	57
23	第一に	61	24	具体的には	55	24	これにたいして	55
25	それでは	54	25	ここで	54	24	しかも	55
26	ここで	52	26	とくに	51	26	つぎに	52
26	それが	52	27	第二に	49	27	第二に	46
28	なお	51	28	さて	45	28	しかしながら	45
28	むしろ	51	29	第一に	44	28	第一に	45
30	つぎに	50	30	その結果	42	30	その結果	44
			30	それでは	42	30	ただ	44
			30	むしろ	42	30	ところが	44

国際政治学では，1位の「また」が752，2位の「しかし」が748と拮抗している。国際政治学で1位の「また」は総合で3,109と，「しかし」の4,245についで頻度が高い。各分野ですべて3位以内に入っており，社会科学の専門文献の2大接続詞と見なせそうである。それに，総合で1,000を超える「たとえば」1,995，「したがって」1,352，「そして」1,316の三つを合わせると，全体の40.9%を占め，社会科学の専門文献の5大接続詞と考えられる。

5. 接続詞の分野別使い分け

　以上が全体の傾向であるが，表4-1，表4-2を丁寧に眺めていくと面白いことに気づく。順接，逆接などの同じ連接類型に複数の接続詞があり，分野によってその出現の仕方が異なるのである。出現頻度の高いものから順に見ていく。
　まず，逆接の接続詞「しかし」「だが」「ところが」を比較する。

表5　逆接の接続詞

順	総合	頻度
1	しかし	4,245
14	だが	558
26	ところが	280

順	商学	頻度
1	しかし	711
22	だが	60
30	ところが	44

順	経済学	頻度
1	しかし	771
73	だが	2
29	ところが	43

順	国際政治学	頻度
2	しかし	748
4	だが	354
17	ところが	69

順	法学	頻度
1	しかし	1,027
53	だが	11
18	ところが	80

順	社会学	頻度
1	しかし	988
9	だが	131
30	ところが	44

　表5からわかるように，社会科学の専門文献全体としては，「しかし」が多いことがわかる。しかし，その内実を見ていると，経済学の「しかし」771対「だが」2，法学の「しかし」1,027対「だが」11のように「しかし」が圧倒するものがある一方，国際政治学のように「しかし」748対「だが」354のように「だが」が健闘しているものもある。経済学や法学のように抽象的な理論があり，そこから演繹するような記述の多い分野の場合，「しかし」が優先す

るのにたいし，国際政治学のように，具体的な歴史的事実があり，そこから帰納するような記述の多い分野の場合，「だが」が増えるようである。

　　　　「しかし」優先　　　　　　　　　　　　　　　「だが」優先
　　　演繹的　　経済学≒法学≪商学＜社会学＜国際政治学　　帰納的

　国際政治学の「だが」に目立つのは，歴史的な記述に見られる対比的な用法である。理想と現実，60年代と70年代のように，前後の文脈を対比的に捉えようとするときに「だが」がよく使われるようである。(1)は，物事を二つの側面から捉えるときに見られる「だが」である。

　（1）　中曾根は首相就任にあたって，少数派閥の領袖として，最大派閥・田中派の支援を必要とした。ふつう自派閥で充てる官房長官に，あえて田中派の後藤田正晴を起用したほどである。そのため，中曾根内閣は"田中曾根内閣"とか"角影内閣"と揶揄された。<u>だが</u>，中曾根は実質的な政策，とりわけ派閥力学による拘束の少ない外交分野では，安全保障を重視して明確な独自性を発揮した。大平が「西側の一員」として一歩進め，鈴木が半歩退こうとした日米同盟関係を，中曾根は大きく前進させることになる。

　　　　　　　　　　　　　　　　　　　　　　　　　　（国際：五百旗頭）

　こうした「だが」は，歴史のような現実世界の出来事を記述するときに表われやすく，現実世界と一定の距離を置いた抽象的な記述の場合は表われにくい。その結果，経済学や法学のような抽象性の高い分野では使用が控えられる傾向があるようである。

　なお，「ところが」は，少ないながらも平均して使われ，目立った特徴は見られない。「しかし」と「だが」が相補的な関係にある一方，「ところが」は意外感を強く表す接続詞としてそこから独立している（浜田 1995 も参照）。

　つぎに，添加の接続詞「また」と「そして」を比較する。

表6 添加の接続詞

順	総合	頻度
2	また	3,109
5	そして	1,316

順	商学	頻度
3	また	633
12	そして	150

順	経済学	頻度
3	また	499
8	そして	195

順	国際政治学	頻度
1	また	752
3	そして	366

順	法学	頻度
2	また	670
11	そして	201

順	社会学	頻度
2	また	555
3	そして	404

どの分野でも「また」の使用が「そして」の使用を上回っているが、社会学では「また」が555、「そして」が404と比較的拮抗している。国際政治学は「また」が752とほかのどの分野よりも多いが、「そして」も366と多い。「だが」の使用も、国際政治学のつぎに社会学が多かった点も考慮すると、社会学と国際政治学はジャンル的に類似した点があると考えられそうである。

それは、事例説得的とでも呼べる性格である。論理的に説得を試みようとするとき、論理的にすっきり説明できず、具体的な事例をいくつも並べて説得しなければならない分野がある。その場合、最後に挙げる事例をいわばダメ押しとして示すことがある。それが「そして」になるケースが多い。

　　　「また」優先　　　　　　　　　　　　　　　　　「そして」優先
論理説得的　　商学＜法学＜経済学＜国際政治学＜社会学　　事例説得的

「また」も「そして」も、類似する二つの事柄を並べて示すことができるが、「また」の場合は前項と後項を等比重で並べるのにたいし、「そして」は後項に比重がかかることが多い。そのため、列挙の最終項目や論証の帰結点に用いられやすい（石黒 2000）。

(2)　このように、「構造化の理論」は、「構造再生産」の仕組みを具体的に描き出すことによって、それが変化する可能性や条件をも描き出すのであり、社会変動に対するより経験的に妥当な理論枠組みを提供するのである。ギデンズは「構造の二重性」という言葉によって、このような「構造」と「行為」の関わり方の把握を示した。そして、この「構造の二重性」という考えを中心に据える社会理論のことを、「構造化の理論」と呼んだのである。

(社会:江原)

例を示しながらその帰着点を示す「そして」の論法は,「だが」と同様,具体的な文脈で使いやすく,社会学や国際政治学との相性がよいと考えられる。

第三は,例示の接続詞「たとえば」と「具体的には」の比較である。

表7 例示の接続詞

順	総合	頻度
3	たとえば	1,995
43	具体的には	160

順	商学	頻度
2	たとえば	700
31	具体的には	43

順	経済学	頻度
5	たとえば	271
53	具体的には	14

順	国際政治学	順
6	たとえば	263
41	具体的には	28

順	法学	頻度
3	たとえば	400
24	具体的には	55

順	社会学	頻度
4	たとえば	361
49	具体的には	20

この二つを比べた場合,どの分野でも「たとえば」に偏っており,この両者のバランスを問題にしても意味がなさそうである。むしろ,注目したいのは,商学で「たとえば」が700も使われているというその頻度の高さである。

今回対象とした社会科学の専門文献はいずれも大学の教科書としての使用に耐えうるものであり,難しい概念をわかりやすく説明しようと工夫している。そのため,どの分野にも「たとえば」は使われている。しかし,そのなかでも商学に偏るのは,会計学にせよ,経営学にせよ,実学としての色彩がひときわ強く,実生活の例でその基本概念が説明しやすいからであろう。

(3) 予約販売とは,顧客から商品の引渡前に代金を受け取り,その後で商品の引渡を行う販売形態である。たとえば,JRは通勤通学の定期券を発行し,その後で輸送サービスを提供している。この場合には,定期券の代金のうち,決算日までに輸送サービスの提供が完了した分だけを収益として認識し,残りは前受金として次期以降に繰り延べる。

(商学:伊藤)

第四は,順接の接続詞「したがって」と「ゆえに」の比較である。

表8　順接の接続詞

順	総合	頻度
4	したがって	1,352
28	ゆえに	259

順	商学	頻度
8	したがって	185
23	ゆえに	57

順	経済学	頻度
2	したがって	555
43	ゆえに	28

順	国際政治学	頻度
15	したがって	76
37	ゆえに	36

順	法学	頻度
5	したがって	339
22	ゆえに	66

順	社会学	頻度
5	したがって	197
17	ゆえに	72

「したがって」「ゆえに」とも，論理性の高い文章で好まれる硬い接続詞である。分野による極端な偏りは見られないものの，経済学，法学といった，抽象性が高く演繹的な論法を好む分野でよく使われている。一方，歴史的な記述を軸とする国際政治学のように，具体性が高く帰納的な論法を好む分野では相対的に頻度が下がるのも自然な現象である。

第五は，累加の接続詞「さらに」と「しかも」の比較である。

表9　累加の接続詞

順	総合	頻度
6	さらに	963
32	しかも	222

順	商学	頻度
5	さらに	207
38	しかも	32

順	経済学	頻度
13	さらに	107
38	しかも	31

順	国際政治学	頻度
5	さらに	327
17	しかも	69

順	法学	頻度
15	さらに	129
34	しかも	35

順	社会学	頻度
7	さらに	193
24	しかも	55

「さらに」と「しかも」も，比率が分野によって大きく変わるわけではないが，国際政治学では，「さらに」が327，「しかも」が69と両者が好まれる。それに，商学・社会学が続き，経済学・法学での使用が相対的に低い。「さらに」「しかも」のような累加の接続詞を使った，畳みかけるような論法は，具体的な事例の列挙で行われることが多く，国際政治学の文献を見ていると，歴史の再構成によく用いられていることがわかる。

第六は，換言の接続詞「すなわち」と「つまり」の比較である。

表10　換言の接続詞

順	総合	頻度
7	すなわち	910
8	つまり	820

順	商学	頻度
19	すなわち	72
10	つまり	179

順	経済学	頻度
4	すなわち	389
6	つまり	248

順	国際政治学	頻度
15	すなわち	76
11	つまり	120

順	法学	頻度
9	すなわち	219
19	つまり	77

順	社会学	頻度
8	すなわち	154
6	つまり	196

　「すなわち」と「つまり」は総合順位では拮抗しているが，各分野では特徴的である。石黒（2001）で示したように，「すなわち」は論理記号の「＝」に近く，前項と後項の形態的・意味的対称性を重視した，できるだけ解釈を加えない言い換えである。一方，「つまり」は，前項をわかりやすく言い換えたものが後項に来る，書き手の解釈が加わった言い換えである。

　解釈を加えない論理性重視の「すなわち」と，解釈を加えたわかりやすさ重視の「つまり」との割合で考えると，以下のようになる。

　　「すなわち」優先　　　　　　　　　　　　　　　　　「つまり」優先
　　解釈低　　法学＜経済学＜社会学＜商学＜国際政治学　　解釈高

　このように，二つの類似の接続詞を見くらべるだけで，分野の性格を，おぼろげながらでも探ることができるのは興味深い。

　第七は，補足の接続詞「ただし」「なお」「もっとも」の比較である。いずれも，法学の分野でもっとも多く使われており，但し書き，尚書きのような補足の接続詞との相性のよさを物語っている。

　この三つのなかで，もっとも分野の偏りが少なく，平均して使われているのが「ただし」である。「ただし」は，それまで論じてきた趣旨に反する，例外となる条件を加えるときによく使われるものであり，例外を述べるという論法はどの分野でも行われうることを示している。

表11　補足の接続詞

順	総合	頻度
10	ただし	765
12	なお	738
22	もっとも	352

順	商学	頻度
7	ただし	198
6	なお	201
57	もっとも	8

順	経済学	頻度
10	ただし	187
22	なお	71
28	もっとも	44

順	国際政治学	頻度
14	ただし	82
28	なお	51
47	もっとも	20

順	法学	頻度
10	ただし	204
4	なお	358
6	もっとも	255

順	社会学	頻度
13	ただし	94
23	なお	57
42	もっとも	25

　「なお」も，どの分野でも使われてはいるが，法学分野への偏りが著しい。「なお」は説明を行うさい，先行文脈と異なる観点から追加の情報を加えるときに頻出し，漏れのない厳密な説明を心がける法学で好まれる。法学以外に「なお」が多いのは商学であり，なかでも会計学の専門文献に集中している。会計学は法律に準拠したもので，法学に比較的近い性格を有する。

　「もっとも」は，法学分野への偏りは極端であり，7割以上が法学での使用である。「もっとも」の特徴は，補足ではあるものの，その説明が「なお」「ただし」よりも長いことが多く，補足の部分が新たな説明の起点になっていることがある点にある。補足という脇道に入りながらも，言葉を尽くして緻密に説明しようというのが，「もっとも」の発想であり，それが法学の発想にもつながるように感じられる。

　第八は，終結の接続詞「このように」と「こうして」の比較である。

表12　終結の接続詞

順	総合	頻度
9	このように	772
27	こうして	271

順	商学	頻度
9	このように	180
43	こうして	26

順	経済学	頻度
7	このように	197
34	こうして	35

順	国際政治学	頻度
7	このように	151
9	こうして	130

順	法学	頻度
14	このように	134
48	こうして	13

順	社会学	頻度
10	このように	110
19	こうして	67

「このように」は，説明文でこれまで論じてきた内容を最後にまとめることが多いのにたいし，「こうして」は，物語文で一連のストーリーの最終的な着地点を示すのに用いられることが多い（俵山 2006; 俵山 2007 も参照）。

　　「このように」優先　　　　　　　　　　　　　　　　「こうして」優先
　　　説明的　　法学＜商学＜経済学＜社会学＜国際政治学　　物語的

歴史的叙述が多い国際政治学がもっとも多く，それに社会学が続くことも分野の特性から考えて理解できることである。

　第九は，対応の接続詞「そこで」と「ここで」の比較である。

表13　対応の接続詞

順	総合	頻度	順	商学	頻度	順	経済学	頻度
13	そこで	691	14	そこで	139	16	そこで	97
17	ここで	403	24	ここで	56	11	ここで	156

順	国際政治学	頻度	順	法学	頻度	順	社会学	頻度
13	そこで	104	7	そこで	251	11	そこで	100
26	ここで	52	25	ここで	54	15	ここで	85

これまで，比較的似たような傾向を示してきた経済学と法学が，ここではかなり違った動きを見せる。

　　「ここで」優先　　　　　　　　　　　　　　　　　「そこで」優先
　　　分析的　　経済学≪社会学＜国際政治学＜商学＜法学　　問題解決的

「そこで」は，法学のみならず，商学，国際政治学，社会学で優勢である。「そこで」は，先行文脈で問題の所在を述べたあと，「そこで」を挟んで問題解決への糸口を示すという段階を踏むことが多い。村岡ほか（2004）が論文の冒頭部で「しかし」「そこで」の組み合わせが多いことを示したとおりである。言葉を尽くした説得を目指す法学では，とくに欠かせない形式である。

　　（4）　ただ，上記のような批判にはそれなりの理由がある。従来の法意
　　　　識論には，いろいろな論点が混在しており，また概念上の混乱か
　　　　ら通俗化する傾向も見られた。また，「日本的なもの」の全面的な
　　　　否定または肯定という粗雑なイデオロギー論に陥る危険もある。

そこで，法文化論の観点からこの論議の問題点を整理し，諸概念の区分けをした上で，これを継承していく必要がある。

(法学：六本)

一方，「ここで」は，分析で好まれやすい形式であり，一連の分析手順のなかで重要な局面に差しかかると出現する傾向がある。したがって，分析を中心とする経済学で「ここで」が増加するのもうなずける。

(5)　次に，(4.73)式にγを乗じて(4.72)式から引くと，YD_{t-1}以前の項が消去されて

$$C_t - \gamma C_{t-1} = c0(1-\gamma) + c1(1-\gamma)YD_t \quad (4.74)$$

を得る。ここで，γC_{t-1}を右辺に移項すると，次のような線形回帰モデルを得る。

$$C_t = c0(1-\gamma) + c1(1-\gamma)YD_t + \gamma C_{t-1} \quad (4.75)$$

(経済：小川)

第十は，序列の接続詞の比較である。

表14　序列①の接続詞

順	総合	頻度
11	まず	748
31	第一に	231

順	商学	頻度
11	まず	156
27	第一に	47

順	経済学	頻度
8	まず	195
36	第一に	34

順	国際政治学	頻度
7	まず	151
23	第一に	61

順	法学	頻度
12	まず	146
29	第一に	44

順	社会学	頻度
11	まず	100
28	第一に	45

表15　序列②の接続詞

順	総合	頻度
18	つぎに	394
29	第二に	257

順	商学	頻度
17	つぎに	86
26	第二に	48

順	経済学	頻度
15	つぎに	101
27	第二に	45

順	国際政治学	頻度
30	つぎに	50
17	第二に	69

順	法学	頻度
16	つぎに	105
27	第二に	49

順	社会学	頻度
26	つぎに	52
27	第二に	46

序列の接続詞は「第一に」「第二に」「第三に」のように数字を含むタイプ，「まず」「つぎに」「さらに」のような汎用性の高いタイプ，「最初に」「つづいて」「最後に」のような順序性の強いタイプがある（石黒 2005）。表14，表15は，専門文献でよく出現する，数字を含むタイプと汎用性の高いタイプを比較したものである。

序列①の接続詞では「まず」の用法が幅広く，列挙のみならず，時間・空間・手順などの初発に広く用いられるため，分野ごとの違いが見えにくいが，序列②の接続詞では明確な違いが見られる。

「つぎに」優先	「第二に」優先
話の大枠　経済学≒法学＜商学＜社会学＜国際政治学	事象の列挙

「つぎに」は，経済学や法学において優勢である。経済学も法学も抽象的な概念や発想の説明を重視しているため，談話のマクロなレベルで，説明の大きな流れを示すのに用いられやすい。

(6) 　ではまず，生産者の数用最小化について見ていこう。
　　　　　｛中略｝
　　次に，生産者の行動を分析する上で有用な概念である「平均費用」と「限界費用」を定義し，その関係について調べてみよう。
　　　　　　　　　　　　　　　　　　　　　　　　　（経済：奥野）

一方，「第二に」は，先行文脈で枠がはめられた典型的な列挙のなかで使われることが多く，事象の整理に用いられる。その意味で，国際政治学で多く用いられているが，他分野でも一定数用いられている。

(7) 　グローバリゼーションは，「世界の一地域での事件が遠隔地の人々や社会にいっそうの大きな影響を及ぼすような，社会相互の連結性の増加過程」と定義される。それがどれだけ進行しているのかをめぐって，主に２つの立場がある。第１に，グローバリゼーションは明確に進展しつつある，新しい現象であるとみなす立場である。第２に，16世紀以降の世界の流れのなかで，それは目新しい現象ではない，国境を越えた貿易・投資関係は19世紀以来大きく変わっていない，という主張である。
　　　　　　　　　　　　　　　　　　　　　　　　　（国際：村田）

第十一は，対比の接続詞の比較である。「一方」と「他方」という対立と，

「これにたいして」と「それにたいして」という対立で見る。

表16　対比の接続詞（その1）

順	総合	頻度
16	一方	453
21	他方	355

順	商学	頻度
4	一方	213
47	他方	18

順	経済学	頻度
21	一方	77
26	他方	54

順	国際政治学	頻度
31	一方	49
9	他方	130

順	法学	頻度
38	一方	27
17	他方	92

順	社会学	頻度
14	一方	87
22	他方	61

表17　対比の接続詞（その2）

順	総合	頻度
15	これにたいして	499
45	それにたいして	149

順	商学	頻度
27	これにたいして	47
29	それにたいして	46

順	経済学	頻度
14	これにたいして	104
42	それにたいして	29

順	国際政治学	頻度
17	これにたいして	69
49	それにたいして	17

順	法学	頻度
8	これにたいして	224
37	それにたいして	29

順	社会学	頻度
24	これにたいして	55
41	それにたいして	28

　表16で驚くのは，「他方」の出現頻度の高さである。「他方」は一般にはあまり見ない印象があるが，国際政治学と法学では「他方」が好んで用いられる。これにたいし，商学では「一方」に極端に偏っており，その差が激しい。

　　　　　「一方」優先　　　　　　　　　　　　　　　「他方」優先
　　二面的　　商学≪社会学≒経済学≪国際政治学≒法学　　多面的

　「一方」と「他方」の相違は微差であり，入れ替え可能なことも多いが，「一方」のほうがより対比色が強く，「一つの面」と「もう一つの面」が組になっている印象がある。半面，「他方」は，「一つの面」と「別の面」が組になっている印象があり，かならずしも前後がセットである必要はない。

　　（8）　販売は販売者のニーズに焦点を当てる。一方，マーケティングは
　　　　　購買者のニーズに焦点を当てる。　　　　　　（商学：コトラー）
　　（9）　刑法でいう「業務」の内容は，過失犯の種類によって異なる。たとえば，業務上過失致死傷罪では，人の生命・身体に危険を及ぼ

すような業務に限られる(前掲最判昭和33, 4, 18)。<u>他方</u>, 業務上失火罪の業務は, 職務として火気の安全に配慮すべき社会生活上の地位を前提としている(京都駅焼失事件。最判昭和33, 7, 25刑集12巻12号2746頁)。　　　　　　　　　　　　　　(法学：佐久間)

　表17の「これにたいして」と「それにたいして」の対立も興味深い。一般に, コ系の指示語は接続詞になりにくい。しかしながら, 接続詞を広義に考える場合, ニュース原稿を中心にコ系の指示語は多い(石黒2014)。また, 経済学の文献で「これにたいして」が優勢であることは三枝(1998)の指摘するとおりである。これも, 対比の接続詞で盲点になりやすいところである。

　第十二は, 帰結の接続詞「その結果」と「そのため」の比較である。

表18　帰結の接続詞

順	総合	頻度
23	その結果	341
24	そのため	320

順	商学	頻度
21	その結果	70
15	そのため	136

順	経済学	頻度
12	その結果	121
41	そのため	30

順	国際政治学	頻度
22	その結果	64
17	そのため	69

順	法学	頻度
30	その結果	42
23	そのため	56

順	社会学	頻度
30	その結果	44
40	そのため	29

　　「その結果」優先　　　　　　　　　　　　　　「そのため」優先
　　演算的　　経済学＜社会学＜国際政治学＜法学＜商学　　帰着的

　「その結果」は経済学で多く,「そのため」は商学で多い。「その結果」と「そのため」の例を見くらべると, 後項の文末が異なる傾向がある。「その結果」の場合は「〜する」が,「そのため」の場合は「〜している」やモダリティ表現が多い。つまり,「その結果」はわからない結果を導くことが多く,「そのため」はすでにわかっている結果に帰着させることが多いと考えられる。経済学は数理的なものが多く, 分析過程を読者と一緒に考えていく傾向があるのにたいし, 商学, とくに会計学は用意された結論に合わせて説明されやすい。その差がこの数値に現れている。

6. おわりに

　以上，社会科学の専門文献を対象に，同じ連接類型に属する複数の接続詞が，それぞれの分野の特性によって偏った出現傾向を示すという事実を概観した。紙幅の都合上，本論で述べたことを再度まとめることはしないが，接続詞が，それぞれの分野の思考法ならびに記述法を表現するものであり，それぞれの分野の近接性を垣間見られたように思う。

　学習者のための専門日本語教育を考える場合，大規模コーパスを使ったレディメイドの研究とは異なる，学習者の研究対象に合わせた手作りのオーダーメイドの研究が必要である。本論文がその一助となればさいわいである。

付記

　本論文は，JSPS科研費基盤研究(C)「社会科学系基礎文献における語彙の分野横断的包括分析調査とWeb辞書の試作」(研究代表者：今村和宏)，および国立国語研究所基幹プロジェクト「日本語学習者のコミュニケーションの多角的解明」の成果の一部である。データのとりまとめには，佐野彩子氏(一橋大学大学院博士後期課程)のご協力をいただいた。記して感謝申しあげる。

参照文献

石黒圭(2000)「『そして』を初級で導入すべきか」,『言語文化』37, pp. 27-38.
石黒圭(2001)「換言を表す接続語について―『すなわち』『つまり』『要するに』を中心に―」,『日本語教育』110, pp. 32-41.
石黒圭(2005)「序列を表す接続語と順序性の有無」,『日本語教育』125, pp. 47-56.
石黒圭(2008)『文章は接続詞で決まる』, 光文社
石黒圭(2014)指示語にみるニュースの話し言葉性」, 石黒圭・橋本行洋(編)『話し言葉と書き言葉の接点』pp. 115-135, ひつじ書房.
石黒圭(2015)「書き言葉・話し言葉と『硬さ／軟らかさ』―文脈依存性をめぐって―」,『日本語学』34-1, pp. 14-24.
石黒圭・阿保きみ枝・佐川祥予・中村紗弥子・劉洋(2009)「接続詞のジャンル別出現頻度について」,『一橋大学留学生センター紀要』12, pp. 73-85.
市川孝(1978)『国語教育のための文章論概説』, 教育出版
今村和宏(2014)「社会科学系基礎文献における分野別語彙，共通語彙，学術共通語彙の特

定―定量的基準と教育現場の視点の統合―」,『専門日本語教育研究』16, pp. 27-34.
柏野和佳子(2013)「書籍サンプルの文体を分析する」,『国語研プロジェクトレビュー』4-1, pp. 43-53.
五味政信(1996)「専門日本語教育におけるチームティーチング―科学技術日本語教育での日本語教員と専門教員による協同の試み―」,『日本語教育』89, pp. 1-12.
三枝令子(1998)「文脈指示の『コ』と『ソ』の使い分け」,『一橋大学留学生センター紀要』1, pp. 53-66.
俵山雄司(2006)「『こうして』の意味と用法―談話を終結させる機能に着目して―」,『日本語教育論集』22, pp. 49-57.
俵山雄司(2007)「『このように』の意味と用法―談話をまとめる機能に着目して―」,『日本語文法』7-2, pp. 205-221.
浜田麻里(1995)「トコロガとシカシ―逆接接続語と談話の類型―」,『世界の日本語教育』5, pp. 193-207.
林四郎(1973)『文の姿勢の研究』,明治図書.[ひつじ書房より2013年に復刊]
村岡貴子・米田由喜代・大谷晋也・後藤一章・深尾百合子・因京子(2004)「農学・工学系日本語論文の『緒言』における接続表現と論理展開」,『専門日本語教育研究』6, pp. 41-48.

「話しことば的」な文章に見られる話しことばとは異なる表現
——BCCWJにおけるブログの特徴——

野田春美

1. はじめに

　野田(2011)では，記述的文法研究の今後の可能性として次の3つを挙げた。複数の文法カテゴリーにまたがる研究，バラエティについてのきめ細かな記述，実際の運用や実例を重視した研究である。これらのうち本稿では，「バラエティについてのきめ細かな記述」と「実際の運用や実例の重視」に関わるテーマをとりあげる。

　言語のバラエティの1つとして，いわゆる「話しことば」と「書きことば」の違いがある。両者の区別が文字か音声かというメディアの違いだけで説明できるような単純なものでないことは，定延(2003)などで示されているとおりである。

　両者の関係は，話しことばのなかにもフォーマルな「書きことば的」な発話が見られ，書きことばのなかにもカジュアルな「話しことば的」な文章が見られるといった連続性だけで説明できるものでもない。

　そこで本稿では，「現代日本語書き言葉均衡コーパス」(以下，「BCCWJ」)におけるブログの表現を考察することで，「話しことば的／書きことば的」という区別だけではとらえきれない問題を考える。BCCWJには，書籍，雑誌，新聞などの書きことばらしい書きことばだけでなく，それらを補う多様なデータが収録されており，ブログ(Yahoo!ブログの2008年のデータ)はその1つである。

　ブログの文章について，岸本(2005:16)は，品詞，語種，文法，字種の4つの側面から調査を行い，「ウェブ日記は，すべての項目にわたって話しことばを色濃く反映した様相を呈していることが数値として明らかになった」と述べている。この指摘は基本的には妥当だと思われるが，ブログには実際の

話しことばとはかなり異なる表現が見られる。本稿では，そういった表現を2つに分けて考察する。

1つは，「ですなあ」のように，書き手が実際の話しことばではあまり用いないと思われる，書き手の属性と一致しない表現である。これは，金水(2003)以来盛んな役割語の研究，定延(2011)などで指摘されている「発話キャラクタ」の問題，田中(2011, 2014)などで指摘されている「打ちことば」の問題と関係している。

もう1つは，「終わっていくのでした」のように余韻や詠嘆などを表す，話しことばではあまり出現しないと思われる表現である。これは，野田(2012)でとりあげた，エッセイ末における読み手を意識した表現と通じるところがある。

以下，2.と3.で書き手の属性と一致しない表現について，4.と5.で余韻や詠嘆などを表す表現について，調査結果を示し考察する。6.では，いったん2つに分けた現象の関係を改めて見直し，まとめる。

2. ブログにおける「ですな(あ)」「ますな(あ)」
2.1 先行研究

「ですな(あ)」「ますな(あ)」の使用者の属性に偏りがあることは，先行研究で指摘されてきた。

尾崎(1999)は，東京都在住の20歳〜69歳3000名を対象とした国立国語研究所の調査(有効回収率33.8％)に基づいて，「ますなぁ」は主として男性が40代以上になってから使用する表現であることを明らかにしており，尾崎(2001)では「オジサン言葉」と呼んでいる。注では「冗談としてであれば女性や子供も使いうる」(p. 72)とも述べている。

日本語記述文法研究会(編)(2003 : 261)では，終助詞「な」は丁寧形には接続しにくいとされ，次のような文は「使用者がおもに年配の男性に限られる」とされている[1]。

---

[1] 普通体接続の「な」については，次の(i)のような非対話的な「な」は男女ともに用いることができるのに対し，対話的な性質をもつ(ii)のような「な」は「おもに男性が用いる」(p. 262)とされている。
　(i)　あ，だれか来たな。
　(ii)　残念だったな。またチャンスはあるよ。

(1)　私もそう思いますな。

(2)　今日はちょっと肌寒いですな。

日本語記述文法研究会(編)(2003: 263)では,「なあ」についても,丁寧形接続の次のような文の「使用者は年配の男性に限られる」とされている。

(3)　たくさん食べましたなあ。

(4)　きれいな夕焼けですなあ。

メイナード(2009: 109)は,「ですなあ」「ますなあ」に代表される「オジサンことば」を女性が使う例として,次の(5)を挙げている[2]。こういった使用は,「豊かな経験に基づいていて,どちらかというと客観的で距離を置いた,ご意見番的なコメントを提供するオジサンのイメージを利用」するものであり,そうすることによって相手を説得しようとすると説明されている。

(5)　三〇代の女性のコメント
　　　旅行ねえ。観光地だけじゃなくて,現地の人がよく行くようなところに行きたい。やっぱり旅行の醍醐味は,観光旅行だけじゃなくて,その地域で生活している人たちと出会うことにあるんじゃないかな。もちろん観光地にも行きたいし。まあ,要するに,できるだけいろんなところに行きたい,ということですなあ。

大田垣(2014: 134)は,「役割語として「ですな」が象徴する人物像は「おじさん」である」としたうえで,立場が下の人物から目上の人物に向けての使用は,「ひょうきんさや冗談めいた雰囲気をつくりだしたり,当該のキャラクターが元来持っている頑固さを保存する」(p. 135)と述べている。

以上のように,「ですな(あ)」「ますな(あ)」は,使用が中高年の男性に偏ることから,「おじさん」を思わせる役割語ととらえられている。丁寧体に,「ね」に比べて独話的な性質が強く対話では待遇性の低い「な(あ)」[3]が接続しているため,使用者の偏りやイメージが生じているのだと考えられる。

2　メイナード(2009)は,尾崎(1999, 2001)などを参考にした記述であろうと思われる。例については,どのような文章に現れたものなのかは明記されていない。

3　「な(あ)」のこのような性質については,伊豆原(1996)も詳しく分析している。

2.2 調査の概要

BCCWJ の非コアを含む全データを対象として，中納言による短単位検索を行った。検索方法は次のとおりである。

「ですな(あ)」
- ・キー　　　　　　　　　　語彙素　　な　　品詞小分類：助詞－終助詞
- ・前方共起（キーから1語）語形　　デス　品詞大分類：助動詞
　　　　　　　　　　　　　　　　　　　　活用形大分類：終止形

「ますな(あ)」
- ・キー　　　　　　　　　　語彙素　　な　　品詞小分類：助詞－終助詞
- ・前方共起（キーから1語）語形　　マス　品詞大分類：助動詞
　　　　　　　　　　　　　　　　　　　　活用形大分類：終止形

「ですな(あ)」は上の条件で検索された1645例のうち，「でんな(あ)」47例を除外した1598例を対象とする。「ますな(あ)」は上の条件で検索された572例のうち，「まするな」20例，「まんな(あ)」10例，禁止の「～{い／り／れ}ますな」40例を除外した502例を対象とする[4]。

本稿では，検索された実例を分類するにあたり，BCCWJ の「レジスター」をもとにして，小西(2011)を参考に「書籍」「ベストセラー」を「文学」と「文学以外」に分けた。本稿では，それを便宜上〈ジャンル〉と呼び[5]，〈ジャンル〉ごとの出現数を表1に示す。各〈ジャンル〉の総語数が違うため，100万語単位での出現数も表1と図1に示す。図1では，出現のない〈ジャンル〉は省いている。

4　「でしたな(あ)」「ましたな(あ)」「でしょうな(あ)」などは含まれていない。
5　BCCWJ の「ジャンル」とは異なる。

表1 「ですな(あ)」「ますな(あ)」の〈ジャンル〉別出現状況

〈ジャンル〉	総語数	ですな(あ)出現数	ですな(あ)100万語単位	ますな(あ)出現数	ますな(あ)100万語単位
文学	20,139,268	716	35.6	257	12.8
文学以外	42,533,142	183	4.3	56	1.3
雑誌	4,444,492	19	4.3	6	1.3
新聞	1,370,233	1	0.7	1	0.7
白書	4,882,812	0	0.0	0	0.0
広報誌	3,755,161	0	0.0	0	0.0
法律	1,079,146	0	0.0	0	0.0
国会会議録	5,102,469	40	7.8	10	2.0
教科書	928,448	0	0.0	0	0.0
韻文	225,273	0	0.0	0	0.0
知恵袋	10,256,877	130	12.7	17	1.7
ブログ	10,194,143	509	49.9	155	15.2
計	104,911,464	1598	15.2	502	4.8

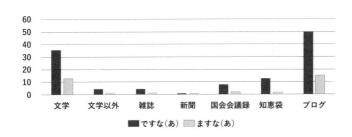

図1 「ですな(あ)」「ますな(あ)」の〈ジャンル〉別出現状況(100万語単位)

　表1と図1から，全般的に「ですな(あ)」のほうが「ますな(あ)」に比べて多く現れていること，いずれも文学とブログで出現率が高いこと，特に「ですな(あ)」はブログでの出現率が高いことがわかる。

　1例しかない新聞以外の〈ジャンル〉について，「な」と「なあ」の出現の割合を図2と図3に示す。ブログでは「なあ」の割合が比較的高いことがわかる。野田(2014)で述べたとおり，ブログには普通体接続の「なあ」もよく

現れる。「なあ」によって詠嘆が表現されることで，読み手の共感を得やすいのだと考えられる。

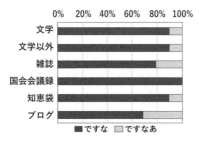

図2 「ですな」「ですなあ」の〈ジャンル〉別の割合

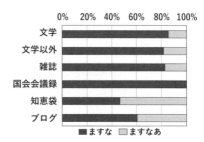

図3 「ますな」「ますなあ」の〈ジャンル〉別の割合

2.3 用例の考察

文学での例を見ると，特に「ますな(あ)」は，次の(6)のように古い時代を舞台とした小説の例も多い[6]。

(6) 「能見八郎兵衛様，腰痛にてお困りとのこと，いかがにございます<u>な</u>」　　（佐伯泰英『極意　密命・御庭番斬殺』祥伝社, 2003）

文学での「ですな(あ)」「ますな(あ)」は，次の(7)(8)のように対話における中高年男性の使用だと思われるものが多い。

(7) と，先を行く政太郎が，「やあ，山田さん，ご苦労さん<u>ですな</u>」と声をかけた。　　（三浦綾子『銃口　上』小学館, 1994）

(8) 「なんだ，仕事ですか？」と栗原は渋い顔で，「困り<u>ますな</u>。捜査一課は用心棒ではない」
　　　　　　　　（赤川次郎『三毛猫ホームズのびっくり箱』光文社, 1984）

次の(9)では，高年齢層の表現だととらえられていることが，あとの文脈に明示されている。

(9) 「新生児と一緒に，うちの看護婦で，照井朝乃という女が誘拐され

6　文学での「ますな(あ)」257例中，京極夏彦『豆腐小僧双六道中ふりだし　本朝妖怪盛衰録』（講談社, 2003）だけでも40例である。

てしまった」と，院長は言った。
「おお，それは，複雑なことになってしまったもの<u>ですなあ</u>」と，渋谷は，このとき<u>妙に老けた言い方をした。</u>
（斎藤栄『日美子の誘拐集団』講談社，1991）

国会会議録でも，次のような使用が見られる。

(10) 　大内委員
　　　　そうしますと，宮澤さんこの間おっしゃったこととちょっと，ケース・バイ・ケースで使い分けたわけ<u>ですな</u>。そういう無責任なあれはどうかと思いますが，私は防衛庁長官の定義，見解として受けとめておきましょう。
（衆議院常任委員会予算委員会，第96回国会，1982）

ブログでは書き手の性別や年齢はわからないが，次の(11)のように文脈から女性だとわかる例や，(12)(13)のようにかなり軽い文体の例もある[7]。

(11) 　中入れ丼……多すぎます。(<u>普通の女性は食べきれないかも ^^;</u>)私たちのように　近況報告しながらおしゃべりして待つのも良いけれどやはり　コースで頼みお酒飲みながら　お重を待つ(焼き上がりまで少し時間がかかります。)一人でふらっとやってくる　粋なおじさんが似合い<u>ますな</u>。横でかしましくしていて　お邪魔でなかった<u>かしら</u>……^^;

(12) 　Rocksとかもう最高に「サガ」！！　いやー終わってみると最高のライブだったぜ。アニソンは最高<u>ですな</u>！！！！！　アニソンのおかげで生きていけるようなもんだアニソンが好きでよかった！！

(13) 　愛くるしい大ちゃんのピュアゆえの発言なので，オールオッケイ<u>ですな～</u>。むしろ，デッカイツボでバカウケでしたよっ！！　カワイイぞぉー！！　　　ヾ(>▽<)o きゃはははっ！

上の(11)の「粋なおじさん」や次の(14)の「風流」のように文の内容が比較的高い年齢層を思わせる例もあるが，上の(12)や(13)のように内容も前後

7　以下，ブログの例はすべてBCCWJの「Yahoo!ブログ」の例であるため，1例ごとの出典の表記は省略する。

の文体も若い年齢層を思わせる例も少なくない。

(14) 先週の江ノ電遠征にて，長谷寺境内にあった池を撮影してみました。
綺麗な花などがその光景にマッチしていてなんとも風流<u>ですなぁ</u>……。蒸し暑かったこの日，一瞬ですが涼しい気分になれました。

上の(11)～(14)のように好ましいことについて述べる場合もあれば，次の(15)のように好ましくないことについて述べる場合もある。

(15) 今日もお仕事ですょ，お仕事。疲れ<u>ますな～</u>…。でも仕方ない♪
営業スマイル MAX でやっていきますょ…。

メイナード(2009: 109)では，女性が「ご意見番的なコメントを提供するオジサンのイメージを利用」し，相手を説得しようとすると指摘されていた。ブログでは軽い調子で思いを述べている場合も多いが，「ご意見番的」なイメージは利用されているように感じられる。

ブログで特に「ますな(あ)」より「ですな(あ)」が多いのは，名詞文や形容詞文で感想などを述べていることが多いからであろう。

書き手が若年層であっても女性であっても，中高年男性の印象のある「ですな(あ)」「ますな(あ)」を用いることで，意見や感想にもっともらしさが加わっている。いわば「偉そうな」言い方ではあるが，自らの属性と異なる役割語を部分的に用いることで文体に変化をつけており，遊びを感じさせる。

3. ブログにおける「かね(え)」
3.1 先行研究

2.で見た「ですな(あ)」「ますな(あ)」ほど役割語的ではないが，使用者に偏りの見られる表現として，普通体接続の「かね(え)」がある。疑問の終助詞「か」に「ね」の接続した「かね(え)」は，丁寧体接続か普通体接続かなどによって性質が異なり，複雑である。

橋本(1993)は，疑問形＋終助詞「ね」を，文末に大きな下降のイントネーションを許容する，「疑い」を含むタイプと，文末に大きな下降のイントネーションを許容しない，「ね」が「文体変化」を表すタイプとに二分している。

橋本(1993: 704)のいう「文体変化」とは，「年配の男性が，目下の人間

に，ある程度丁寧に言う」という文体的意味が与えられることである。文体変化を含むタイプは，次の3つのタイプに下位分類されている。挙げられている例は，いずれも普通体である。

(16)　今日は阪神が勝った<u>かね</u>。（問い＋文体変化）
(17)　誰が行くもん<u>かね</u>。（反語＋文体変化）
(18)　なんだ，君だったの<u>かね</u>。（自問納得＋文体変化）

「疑い」を含むタイプは，次の3つのタイプに下位分類されている。

(19) A: 雲行きが怪しくなってきたよ。大丈夫だろう<u>かねえ</u>。

（疑い＋同意要求）

B: 本当にねえ，大丈夫だろう<u>かねえ</u>。（疑い＋同意）

(20) A: 今日までには返すと言ってたでしょう。

B: 私，そんなこと言いました<u>かねえ</u>。（疑い＋詠嘆）

橋本(1993)では，「疑い」を含むタイプについては使用者の性別や年齢の制限は述べられていない。しかし，たとえば(20)Bを普通体にした次の(21)は，使用者が中高年だと感じられやすいのではないだろうか。

(21)　そんなこと言った<u>かねえ</u>。

「かね(え)」の使用者の偏りについては，先行研究を見ても「ですな(あ)」「ますな(あ)」ほどの共通認識はない。本稿では，使用者が中高年だと感じられやすいと思われる普通体接続の「かね(え)」を考察の対象とする。

3.2　調査の概要

BCCWJの非コアを含む全データを対象として，中納言による短単位検索を行った。検索方法は次のとおりである。

・キー　　　　　　　　　　語彙素　ね　品詞小分類：助詞－終助詞
・前方共起(キーから1語)　語彙素　か　品詞小分類：助詞－終助詞

上の条件で検索された7574例のうち，終助詞「か」＋「終助詞」「ね」以外のもの(「ただじゃおかねえ」など)76例，「というかね」「てかね」など50例，「なんかね」「なんだかね」29例，不明1例を除外すると，7418例であった。そのうち，普通体に接続する2715例を以下の考察の対象とする。

普通体接続の「かね(え)」の〈ジャンル〉ごとの出現数を表2に示し，100

万語単位での出現数を表2と図4に示す。図4では，出現のない〈ジャンル〉は省いている。

表2 普通体接続の「かね（え）」の〈ジャンル〉別出現状況

〈ジャンル〉	総語数	出現数	100万語単位
文学	20,139,268	1,906	94.6
文学以外	42,533,142	439	10.3
雑誌	4,444,492	54	12.1
新聞	1,370,233	4	2.9
白書	4,882,812	0	0.0
広報誌	3,755,161	0	0.0
法律	1,079,146	0	0.0
国会会議録	5,102,469	9	1.8
教科書	928,448	1	1.1
韻文	225,273	3	13.3
知恵袋	10,256,877	62	6.0
ブログ	10,194,143	237	23.2
計	104,911,464	2,715	25.9

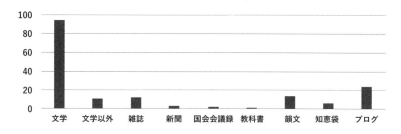

図4 普通体接続の「かね」の〈ジャンル〉別出現状況（100万語単位）

　ブログでの出現は100万語単位で見ると文学の次に多いが，文学とはかなり差があり，特に多いわけではない。しかし，文学とは異なる特徴が見られることを，次の**3.3**で見ていく。

3.3 用例の考察

　文学での普通体接続の「かね」は，次のように成人男性から目下の相手への質問と思われるものが多い。

(22) そんな陣内の疑問を読み取ったかのように，内調室長は，官邸と道ひとつ隔てた総理府の建物に歩いて帰る道すがらぽつんと言った。「幹事長のサインに気づいた<u>かね</u>」「サインですか？」

(杉山隆男『日本封印 下』小学館，2001)

次の(23)のように高圧的な文や，(24)のように反語的な文もある。

(23) フィリップは逃げ道を探した。まだ四方を取り囲まれたわけではない。ナージイエはフィリップの腕を押えた。「いい<u>かね</u>。わたしを信じて，いう通りにするんだ」

(森詠『戦場特派員』廣済堂出版，1996)

(24) 「だってそうじゃないか，顧客にすすめて買ってもらったうちの株を，わたしが横領すると思う<u>かね</u>。その株の配当金を着服するなんて，そんな非常識なことをやる人間だと思う<u>かね</u>。どうだろうか」

(清水一行『頭取室』角川書店，1989)

一方，ブログでは次のように独話的な使用が多い。「かな」に比べると，年齢の高い経験豊かな立場から疑念を呈しているように感じられる。

(25) ホント自転車ってダイエットにならないと実感する。これだけ走って汗かいて絶食でもすれば痩せるの<u>かね</u>。

次の(26)(27)では，書き手は女性のようである。いずれも，人の言動にあきれ，さげすみながら感想を述べているように感じられる。

(26) 水野真紀？の役は<u>女から見ると</u>ウケッて感じだけどやはり男はあーゆーのがいいの<u>かねぇ</u>。一軒家に3人で住むってのも憧れるなー時折出る言葉がね，確信をついてたりする。笑あー山口智子はカッコ良いっ！ 最終回までしばらく楽しめるわ～♪

(27) とにかく全てが押し押し状態時間になっても　あがるにあがれず1時間だまって延長して恐る恐る「あがって宜しいですかぁ？」ってチーフみたいな人に聞いたら「ダメって言ったって帰るんでしょ？派遣だもんね」とニコリともせず言われた。　カッチーン…忙し

いのは分かるけどさ〜八つ当たりはやめて欲しいわ。恩にきせるつもりはないけどー「遅くなってごめんね」とか一言でないもんかねぇ……。で，明日は十三人での業務　orz もー怖くて　行くのがイヤなんですけど〜〜〜〜(T＿T) そして　年賀状は１枚も書けておりませぬどうしようワタクシ。

　2．で見た「ですな(あ)」「ますな(あ)」や，ここで見てきた「かね(え)」は，終助詞が用いられている点を見れば「話しことば的」であるが，自らの属性にしばられることなく自由に表現を選択しているという点では，田中 (2011, 2014) のいう「打ちことば」的である。
　いずれの表現も，自分の評価や感想などを述べる際に中高年(の男性)のイメージを利用して「偉そうに」表現している点が興味深い。

4．ブログにおける「のだった」
4.1　先行研究
　ここからは，話しことばでは用いられにくいと思われる，余韻や詠嘆などを表す表現を見ていく。
　「のだ」の過去形である「のだった」には，野田(1997)によれば，想起，後悔，物語的過去の用法がある。日本語記述文法研究会(編)(2003: 204)では，想起と後悔の例として次の(28)(29)が挙げられている。
　　(28)　そうだ，今日はお客さんが来るんだった。(想起)
　　(29)　こんなことなら，もっと早く準備を始めるんだった。(後悔)
　本稿で注目するのは，物語的過去の「のだった」である。日本語記述文法研究会(編)(2003: 202)では，「物語の進行している過去の時点に作者が視点を移し」，過去の事態の事情などを提示する用法として，次の(30)の例が挙げられている。
　　(30)　鈴木は身支度を始めた。６時からパーティーに出かけるのだった。
　また，「物語の進行の中で重要な意味をもつ出来事の発生を述べる場合や，詠嘆的に述べる場合」として，次の(31)(32)の例が挙げられている。「のだった」によって事態が意味ありげに提示されている。
　　(31)　鈴木は自分の思いをぶちまけた。佐藤は青ざめて黙っていた。そ

して，しばらくしてから，佐藤はようやく口を開いたのだった。

(32) 女というものはわからないと，山本はしみじみ思うのだった。

以下，(30)〜(32)のような物語的過去の「のだった」を対象とする。

4.2 調査の概要

BCCWJの非コアを含む全データを対象として，中納言による短単位検索を行った。「|の/ん| だった」「|の/ん| でした」は次の方法で検索した。

- キー　　　　　　　　　　　語彙素　の　品詞小分類：助詞 – 準体助詞
- 後方共起(キーから2語)　語彙素　た　品詞大分類：助動詞

上の条件で検索された9486例から，「の」が「のだ」の一部でないもの381例，「のだったら」など何かが後接しているもの1915例，「のですた」「のどした」「のじゃった」44例，想起・後悔の「のだった」77例を除外すると，7069例であった。

「|の/ん| であった」「|の/ん| でありました」は次の方法で検索した。

- キー　　　　　　　　　　　語彙素　の　品詞小分類：助詞 – 準体助詞
- 後方共起(キーから2語)　語彙素　有る　活用形大分類：連用形

上の条件で検索された10884例から，「の」が「のだ」の一部でないもの2225例，過去形でないもの5410例，「のであったろう」など何かが後接しているもの159例を除外すると，3090例であった。

以下，「|の/ん| + |だった/でした/であった/でありました|」を合わせた10159例を対象とし，「のだった」と呼ぶ。

「のだった」の〈ジャンル〉ごとの出現数を表3に示し，100万語単位での出現数を表3と図5に示す。図5では，出現のない〈ジャンル〉は省いている。

表3 「のだった」の〈ジャンル〉別出現状況

〈ジャンル〉	総語数	出現数	100万語単位
文学	20,139,268	4,898	243.2
文学以外	42,533,142	4,221	99.2
雑誌	4,444,492	253	56.9
新聞	1,370,233	25	18.2
白書	4,882,812	0	0.0
広報誌	3,755,161	4	1.1
法律	1,079,146	0	0.0
国会会議録	5,102,469	1	0.2
教科書	928,448	23	24.8
韻文	225,273	29	128.7
知恵袋	10,256,877	15	1.5
ブログ	10,194,143	690	67.7
計	104,911,464	10,159	96.8

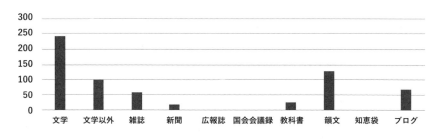

図5 「のだった」の〈ジャンル〉別出現状況（100万語単位）

　ブログに特に多いわけではないが，物語的過去の「のだった」がブログにもある程度現れていることに注目し，考察を進める。なお，文学や韻文では約9割，文学以外では約8割が普通体だが，ブログでは丁寧体が約6割であった。

4.3 用例の考察

「のだった」がもっとも多く現れたのは文学であった。次の(33)では,過去の事態「首を摑まれた」の事情である「別の一匹が,回りこんでいた」が「のだった」で示されている。

(33) 「うぐっ!」 後ろからいきなり,首を摑まれた。別の一匹が,回りこんでいた<u>のだった</u>。抵抗する間もなく,意識を失った。

(蒼雲騎龍『迷路』文芸社,2003)

次の(34)では,物語の進行において重要な意味をもつ,あかねが富久町の実家にもどってしまったという出来事が「のだった」で示されている。

(34) ところが佐太郎はあせっていた。地味にかたい商いをしていけば二,三年の苦労でなんとか立ちなおることができるのに,一時に挽回しようという功名心を捨てきれなかった。店を下谷に移転してもう一度唐薬の商いをはじめたときに,あかねは直市をつれて,富久町の実家にもどってしまった<u>のだった</u>。二度佐太郎がむかえにきたが,あかねはもどらなかった。三度目には仲人がやってきたが,「以前のかたい商売にもどってくれるのでなければ…」と意地を張っていたところに,三行半が飛脚でおくられてきた。自分から家をとびだしてきたので,離縁状をみても,あかねは涙をみせなかった。(南原幹雄『箱崎別れ船』ワンツーマガジン社,2005)

このように重要な意味をもつ出来事を「のだった」で示す例は,ブログにも見られる。次の(35)では,彼女が自分のことを「大好きだ」と言ってくれたという重要な出来事が「のだった」で示されている。

(35) 「あけましておめでとうございまーす 今年もよろしくお願いしまーす＾＾」『あけましておめでとう＾＾こちらこそ よろしくね♪』と応えてそこで 会話は終わると思っていた私に 「あの,前から思ってたんですけど私 ちょこさんのこと大好きです!」彼女はとても楽しそうにニコニコしながら そう言ってくれた<u>のでした</u> あまりにも突然で ストレートな愛の言葉に言葉が出ない私だったけど数秒して とても嬉しくなって。。。

また,ブログでは,次の(36)〜(38)のように話をしめくくる際に「のだっ

(36) 清原の引退が大きく報じられてる中，小さく，小さく地味に…【楽天・吉岡ら戦力外】　あぁ…　そりゃあ，いつか…　こんな日は来るのはわかってけど…　また，ひとり好きな野球選手が消える。ますます，紫乃は野球から遠ざかる…　結局，今年も球場にいかないまま…　シーズンは終わって行く<u>のだった</u>…≪おしまい≫。

(37) エヘッとろろにネギトロが乗っかっているだけですがこれが，恐ろしいほどご飯が進んで。。。途中でネギトロ部分がなくなりただのトロロで食べてました(笑)とろろはめんつゆで味付け。ネギトロはお好みでお醤油をかけながらいただきます。日本人でよかったなぁ～～と思う<u>のでした</u>。

(38) 因みにこのような設置式の花火も結構入っていたが。心配された雨も何とか持ち，順調にかつ楽しく花火する我々。恥ずかしい事だが，年甲斐もなくはしゃいでしまった。しかしこのような時でないと馬鹿は出来ん。日頃の鬱屈を晴らすが如く馬鹿騒ぎを続ける<u>のであった</u>。(後編へ続く)

エッセイ末における読み手を意識した表現をとりあげた野田(2012)では，エッセイ末に言いさし，倒置，名詞止めの文が現れ，余韻を感じさせることを述べた。余韻を感じさせる表現として，「～する私であった」のような例も見た。ブログにおける「のだった」にも次の(39)のような例が見られる。

(39) だって，あーた，千万画素で広角側三十二mm相当で最高感度ISO六千四百(この時は五百万画素になりますけどね)のコンパクトデジカメが2GBメモリがついて1万円ですよ，いちまんえん！……とは言いつつも何も買わずにスゴスゴと帰ってきた<u>ワタクシなのでした</u>。(……だって，年末に別のお店でOptio E六十を既に買っちゃったんだもの……)(笑)

上の(39)などは，読み手に語りかけてくる軽い「話しことば」のような文体である。そこに物語的過去を表す「のだった」が丁寧形で現れ，余韻や詠嘆を感じさせている。

5. ブログにおける「〜なんて。」
5.1 先行研究

　日本語記述文法研究会（編）(2003: 88) は，感嘆文の周辺の「話し手にとって意外に思われる事態によって引き起こされる驚きを表す文」として，「なんて」で終わる文をとりあげている。次のような文である。

　　(40)　時間に正確な君が遅刻するなんて！
　　(41)　桜の花がこんなにきれいだなんて！

本稿では，このような「〜なんて。」の文を対象とする。

　井島(2008)は，「など」「なんか」と共に「なんて」をとりあげ，例示，待遇，補文標識，評価，感動表現の5つの用法があるとしている。本稿と特に関係するのは，「評価」の用法である。井島(2008: 82) は，[事実内容] +ナンテ+[評価表現]という構成を評価用法の基本とし，[評価表現]が省略された場合は，強い情意の潜在を感じさせるという。

　「〜なんて。」の文を本稿でとりあげるのは，上の(40)(41)のような文は実際の話しことばではあまり現れないように感じられるからである。「〜なんてね。」のように終助詞を伴った形，「〜なんて信じられない。」のように評価を明示した形や「〜なんて……」と後半が濁される文は現れるだろうが，「〜なんて！」と言い切る文は話しことばでは現れにくいように思われる[8]。

5.2　調査の概要

　BCCWJ の非コアを含む全データを対象として，中納言による短単位検索を行った。検索方法は次のとおりである。

　　・キー　語彙素　なんて　品詞小分類：助詞－副助詞

上の条件で検索された22552例から，まず，「なんて」の直後が文区切り記号(#)，あるいは記号・「っ」「ー」・顔文字・(笑)などをはさんで文区切り記号であるもの1479例を抽出した。そこから，引用・ぼかしなど異なる用法のもの，驚きや評価の内容が先に明示されているもの合わせて755例を除外した724例を対象とする[9]。

8　定延(2014)のいう「きもち欠乏症」と関係していると考えられる。
9　「なんて…」と言いさしになっているものも含まれる。

驚きや評価が先に明示されているのは，次の(42)のような例である。

(42) **大塚** すごいね，須賀川まで発掘にでかける<u>なんて</u>。

（大塚初重・苅谷俊介『苅谷俊介の考古学対談』新日本出版社，2005）

「なんて」の用法の区別は難しく，井島(2008：83)も，評価用法は「引用補文標識用法の延長上に位置づけられるように思われる」と述べている。次の(43)のような例は引用補文標識としての性質ももつが，「なんて」が文末に現れ，驚きや不満を表しているため，本稿では集計に入れている。

(43) 「だってあたしどれだけあそこでこき使われてきたと思うのよ！なんでもかんでもあたしにやらせて遊び回ってるくせに！ おとうさんの具合が悪いって言ってるのに給料返せだ<u>なんて</u>！！ 絶対呪いに決まってる，あの女が呪いでお父さんを殺したのよ！！ うわーん！！ おとうさーん！！」

（内田春菊『準備だけはあるのに，旅の』中央公論新社，2004）

「～なんて。」の〈ジャンル〉ごとの出現数を表4に示し，100万語単位での出現数を表4と図6に示す。図6では，出現のない〈ジャンル〉は省いている。

表4 「～なんて。」の〈ジャンル〉別出現状況

〈ジャンル〉	総語数	出現数	100万語単位
文学	20,139,268	370	18.4
文学以外	42,533,142	112	2.6
雑誌	4,444,492	24	5.4
新聞	1,370,233	4	2.9
白書	4,882,812	0	0.0
広報誌	3,755,161	2	0.5
法律	1,079,146	0	0.0
国会会議録	5,102,469	1	0.2
教科書	928,448	0	0.0
韻文	225,273	2	8.9
知恵袋	10,256,877	56	5.5
ブログ	10,194,143	153	15.0
計	104,911,464	724	6.9

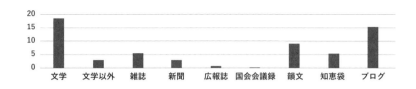

図6　「〜なんて。」の〈ジャンル〉別出現状況（100万語単位）

ブログは文学に次いで「〜なんて。」の出現が多いことがわかる。

5.3　用例の考察

「〜なんて。」の用いられ方は，文学とブログで大きな違いはない。文学では次の(44)のように好ましくない事態に対する驚きの例のほうが多いが，(45)のように好ましい事態に対する驚きの例もある。

(44)　「そんな…国務院の人間が，簡単に国防情報を洩らすなんて。しかも，共産党幹部の身内が」　　（服部真澄『龍の契り』新潮社，2001）

(45)　「こんな仕事で，林道さんと一緒できるなんて一」
自分の前をスキップしそうな勢いで歩いているのは，宇佐見という女性カメラマンである。

（麻生玲子『眠る体温』ムービック，2003）

次の(46)はブログでの好ましくない事態に対する驚き，(47)は好ましい事態に対する驚きの例である。ブログでは文学に比べると，好ましい事態に対する驚きの例が多いようである。

(46)　親指がひび割れ……指先って頭に直接ずき〜〜んってきますね。
ほんのちょっと割れたのに……こんなに痛いなんて(>_<)
水絆創膏塗ってがんばろ！！

(47)　憧れの葵先輩とカラオケに行ける日が来るなんて！！

(46)(47)のような例は野田(2014)のいう疑似独話であり，独話のような表現をすることで，本音を漏らしているように感じさせている。

なお，文学の370例のうち，翻訳作品が132例で35.7％を占めており，翻訳作品に比較的多い可能性がある。

6. まとめ

本稿では，BCCWJのブログを資料とし，書き手の属性と一致していないであろう表現として「ですな(あ)」「ますな(あ)」と普通体接続の「かね(え)」を，話しことばに現れにくいであろう表現として「のだった」と「～なんて。」をとりあげた。

最後にとりあげた「～なんて。」は小説の会話文には現れるが，実際の話しことばでは現れにくいように思われる。役割語を論じた金水(2003)のタイトルには「ヴァーチャル日本語」とあるが，人の属性と結びつく役割語でなくても，「そう言いそうに感じられる」ヴァーチャルな話しことばがあるだろう[10]。

そう考えると，本稿でとりあげた表現のうち「ですな(あ)」「ますな(あ)」，普通体接続の「かね(え)」，「～なんて。」はヴァーチャルな話しことばであり，「のだった」は書きことばらしい表現であるという二分もできる。

そして，いずれも書き手の心情を表す際に用いられているという点では共通している。ブログは書き手が出来事や心情を自由に書き綴る場ではあるが，インターネット上では重々しさが嫌われ，軽さが好まれやすい。野田(2014)で述べたとおり，読み手の範囲が曖昧であることへの配慮も必要である。

そのような状況で，ブログでは，いわゆる「話しことば的」な文体を基調としながら，本稿で見たようなヴァーチャルな話しことばや書きことばらしい表現を部分的に使うことで，文体に変化をつけている。そうすることで遊びが加わり，ともすれば重くなってしまうような心情であっても，軽妙に表現されている。

今後，多様な文章や談話における日本語の違いの研究が進められていくであろう。その際，「ブログは話しことば的」といった先入観をもたずに，きめ細かく見ていく必要がある。本稿は，そういった試みの1つである。

付記

本研究は，科学研究費(学術研究助成基金助成金)基盤研究(C)「バラエティを考慮した

---

[10] 金水(2014: 7)には，「フィクションの話し言葉のヴァリエーションの一部がまさしく役割語である」とある。

使用実態調査に基づく日本語のモダリティ記述発展のための研究」(2013-2015年度,課題番号25370534,研究代表者：野田春美)の成果の一部である。分析の過程で,共同研究者の高梨信乃氏から有益なコメントをいただきました。記して感謝いたします。

調査資料
「現代日本語書き言葉均衡コーパス」(通常版 BCCWJ-NT 1.1)国立国語研究所

参照文献
井島正博(2008)「クライ・ホド・ナド・ナンカ・ナンテの機能と構造」,『日本語学論集』4, pp. 42-97, 東京大学大学院人文社会系研究科国語研究室.
伊豆原英子(1996)「終助詞「な(なあ)」の一考察―聞き手に何を伝えているのか―」,『名古屋大学日本語・日本文化論集』4, pp. 65-82, 名古屋大学留学生センター.
大田垣仁(2014)「ですな」,金水敏(編)『〈役割語〉小辞典』pp. 134-135, 研究社.
尾崎喜光(1999)『日本語社会における言語行動の多様性』(文部省科学研究費「国際社会における日本語についての総合的研究」(研究代表者：水谷修),国立国語研究所チーム研究報告書).
尾崎喜光(2001)「日本語の世代差はなくなるか」,『言語』30-1, pp. 66-72, 大修館書店.
岸本千秋(2005)「ウェブ日記文体の計量的分析の試み」,『武庫川女子大学言語文化研究所年報』16, pp. 5-17.
金水敏(2003)『ヴァーチャル日本語　役割語の謎』,岩波書店.
金水敏(2014)「フィクションの話し言葉について―役割語を中心に―」,石黒圭・橋本行洋(編)『話し言葉と書き言葉の接点』pp. 3-11, ひつじ書房.
小西円(2011)「使用傾向を記述する―伝聞の［ソウダ］を例に―」,森篤嗣・庵功雄(編)『日本語教育文法のための多様なアプローチ』, pp. 159-187, くろしお出版.
定延利之(2003)「体験と知識―コミュニカティブ・ストラテジー―」,『國文學　解釈と教材の研究』48-13, pp. 54-64.
定延利之(2011)『日本語社会のぞきキャラくり―顔つき・カラダつき・ことばつき―』,三省堂.
定延利之(2014)「話し言葉が好む複雑な構造―きもち欠乏症を中心に―」,石黒圭・橋本行洋(編)『話し言葉と書き言葉の接点』pp. 13-36, ひつじ書房.
田中ゆかり(2011)『「方言コスプレ」の時代―ニセ関西弁から龍馬語まで―』,岩波書店.
田中ゆかり(2014)「ヴァーチャル方言の3用法　「打ちことば」を例として」,石黒圭・橋本行洋(編)『話し言葉と書き言葉の接点』pp. 37-55, ひつじ書房.

野田春美

日本語記述文法研究会(編)(2003)『現代日本語文法4　第8部　モダリティ』, くろしお出版.
野田春美(1997)『「の(だ)」の機能』, くろしお出版.
野田春美(2011)「『現代日本語文法』からみた日本語の記述文法の未来」,『日本語文法』11-2, pp. 17-29.
野田春美(2012)「エッセイ末における読み手を意識した表現」,『人文学部紀要』32, pp. 39-54, 神戸学院大学人文学部.
野田春美(2014)「疑似独話と読み手意識」, 石黒圭・橋本行洋(編)『話し言葉と書き言葉の接点』pp.57-74, ひつじ書房.
橋本修(1993)「疑問形＋終助詞「ね」のあらわす意味の類型」, 小松英雄博士退官記念日本語学論集編集委員会(編)『小松英雄博士退官記念　日本語学論集』pp. 712-700, 三省堂.
メイナード, 泉子・K(2009)『ていうか, やっぱり日本語だよね。—会話に潜む日本人の気持ち—』, 大修館書店.

4つの発話モード

定延利之

1. はじめに

　発話単位と言えば，多くの読者がまず思い浮かべるのは「音節」のような不変の発話単位だろう。ここで「不変の発話単位」というのは，どのような発話にも見られる，いわばモノを構成する原子のようなものを指している。

　日本語には，こうした不変の発話単位とは別に，車を運転する際に次々と切り替える「ギア」のような，可変的な発話単位がある。ギアを切り替えれば運転の調子が変わるように，発話単位を切り替えれば発話の調子も変わる。

　英語はしばしば節(典型的には主語＋述語)を単位として発話されると言われるが(例：Chafe 1980, 1987)，日本語は節よりも小さな文節(典型的には名詞＋格助詞)がともすれば発話の単位となると言われる(Clancy 1982; Maynard 1989; Iwasaki 1993等)。しかし現在，日本語の研究は圧倒的に節に集中しており，それ以外の可変的な発話単位にはほとんど注意が払われていない。この論文では，日本語(共通語)には，可変的な発話単位が4種あり(文字・イントネーション・節・文節)，これらのどれを単位とするか(以下「発話モード」と呼ぶ)の違いが我々の想像以上に大きいことを論じる。さらに，そのうち1つの発話モード(文節モード)を日本語教育に活かす可能性と方法を論じる。

2. 文字モード

　最初に取り上げる発話モードは文字モードである。このモードは，話し手がことばを1文字ずつ，「意味を意識せずに」発するという発話モードである。この発話モードの場合，全ての文字は頭高型アクセント(第1モーラにアクセント核があり，第1モーラだけが高いアクセント)で発せられるという大きな特徴がある。アクセント核(そこまでは高く，直後から低くなる部分)の

位置をアポストロフィー「'」で示しながら，例を(1)〜(5)に挙げる(以下でもアクセントが問題になる箇所では同様にアクセント核の位置を記す。また，以下では説明のため，高い音調を上線で，低い音調を下線で，イントネーションと語彙アクセントの区別もせずに表すことがある)。

(1)　A(え'え)　B(び'い)　C(し'い)　D(でぃ'い)……V(ぶ'い)　W(だ'ぶりゅう)　X(え'っくす)　Y(わ'い)　Z(ぜ'っと)

(2)　文(ぶ'ん)　法(ほ'う)　研(げ'ん)　究(きゅ'う)

(3)　a.　田中さん(たなかさん)　柴田さん(し'ばたさん)
　　　b.　夏さん(か'さん)　朱さん(しゅ'さん)　徐(じょ'さん)　曹さん(ぞ'うさん)　張さん(ちょ'うさん)　孟さん(も'うさん)

(4)　「定(さ'だ)」という字はこう書きます。

(5)　「し'く」と読む字なんて，ないね。

例(1)はアルファベットであり，これらは全て頭高型アクセントで発せられる。例(2)は文法の研究という意味ある合成語としてなら「文法研究(ぶんぽうけ'んきゅう)」のように発せられるところだが，1文字1文字，まるで視力検査のように読むと全て頭高型になる。例(3a)で示すように「さん」は直前のモーラが高ければ(「田中」の「か」は高い)，高く発せられ，直前のモーラが低ければ(「柴田」の「た」は低い)，低く発せられる，つまり独自のアクセントを主張しない韻律外性(extrametricality)という性質を持っている。ところが，それにもかかわらず例(3b)のように1文字の名前に付けば全体が頭高型になるのは，名前が文字の意味とは切り離されたものとして(たとえば夏という姓は暑い季節とは別物として)発せられるからである。同様のことは「くん」「ちゃん」にも当てはまる。音読みの文字だけでなく例(4)の「定」(さだ)ような訓読みの文字も，意味(決める意)と切り離された場合はやはり頭高型である。例(5)の「しく」のように実在しない文字でも，実在しないからアクセント型がわからず発音できないというわけではなく，意味を考えなければ頭高型で発せられる。

文字モードは先行研究では全く無視されているが，そう珍しいわけではない。たとえばアルファベットを読むたび，また中国人や韓国人の名を発するたびに，発話の「ギア」は文字モードにシフトされる。日本語の語彙アクセ

ントが単語ごとに決定されているということは(lexical determinacy)、広く知られているが(例: Beckman and Pierrehumbert 1986)、これは文字モードの場合には当てはまらない。

3. イントネーションモード

次に取り上げるのはイントネーションモードで、これは話し手が強いきもちを抱き、その強いきもちと結びついているイントネーションを単位として発話するというモードである。このモードでは、強いきもちと結びついているイントネーションが強くなり、語彙アクセントを駆逐してしまう。たとえば、語「何」は頭高型アクセントで(な'に)、この語彙アクセントは弱いきもちの疑問発話なら保持されるが(「な」が高く「に」が低く発せられた後で疑問の上昇イントネーションが音調に反映される)、強いきもちの疑問発話なら、疑問の上昇イントネーションだけが音調に反映され(つまり「な」が低く「に」が高く発せられ)、語彙アクセントは消え去ってしまう。

こうした語彙アクセントの消失を多かれ少なかれ認める研究もないわけではないが(例: 川上 1963: 33, 37; 秋永 1966: 58-59; 森山 1989: 173-174; Abe 1998: 362; 郡 1997: 172-184; 定延 2005a, b, 2013)、概して先行研究は語彙アクセントの消失を無視・軽視しがちで、語彙アクセントとイントネーションの共存は「日本語の特質」と位置づけられることもある(天沼・大坪・水谷 1978)。だが、日常会話を見ると、話し手の強いきもちと結びついたイントネーションが語彙アクセントを駆逐することはそう珍しくないのではないか。たとえば「エミちゃんデータ」[1]の第14巻B面49分32秒前後には、次の(6)のような発話がある。

(6) エミのお手々食べちゃうぞーワーン！

これは母親がエミという幼い娘を冗談でおどかそうとしている場面の発話で、末尾のオノマトペ「ワーン！」は何者か(怪獣など)が娘の手に襲いかかる様子を「遂行的に」表したものである(定延 2015a)。このオノマトペの部分を除けば、発話のピッチ(高さ)は大体90ヘルツから110ヘルツに徐々に上昇し

---

1 1970年代後半の数年にわたる或る母娘の家庭内会話(杉藤 2005)。

ており，「エ'ミ」や「食'べちゃう」といった語彙アクセントの形跡はどこにも見ることができない(図1)[2]。

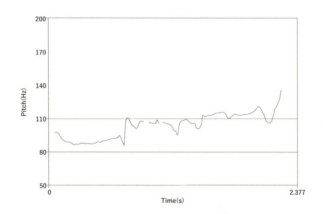

図1　例(6)のピッチ曲線

イントネーションモードの実例は，音声データや動画データを本文中にはめ込んだ拙論(定延 2013)をインターネット上で無料公開しており，それを参照すれば例(6)も含めてさまざまなものが視聴できるので，紙媒体であるこの論文ではこれ以上の紙面を割いて紹介しない[3]。

---

2 音声の分析には praat (praat 5408) を用いた。この母親の声は聴覚印象でも高いものではないが，それでも図1のピッチ曲線が実際より低く(2分の1あるいは3分の1に)計測されているという可能性はある。但しこのことは，「語彙アクセントを消失させるイントネーションモードの存在」というここでの主張の当否自体を左右するものではない。

3 なお，定延(2013)と同様，この論文で筆者が専ら質的分析に集中していることについて，筆者の見解を説明しておく。筆者は量的分析の本来的な威力を疑ってはいない。だが，現時点の我々が人間の音声コミュニケーションシステムを量的分析で解明できるほど，音声コミュニケーションについてよく理解できているとは確信できない。この点において筆者は，会話分析(Conversational Analysis)という研究分野の始祖の1人であるエマニュエル・シェグロフとほぼ同じ立場にある(例: Schegloff 1993)。たとえば，量的分析で音声コミュニケーションシステムを解明するには，調査されるコーパスはさまざまな話し方をバランスよく含んでいなければならないはずだが，では日本

4. 節モード

次に取り上げるのは節モードである。これは話し手がニュースを読み上げるアナウンサーのように，強いきもちを持たずに節単位で流ちょうに話すモードである。

節モードに視野が限定されている多くの先行研究では，倒置のような統語的現象が極めて一般的なものとして扱われている。だが，倒置という現象はさほど一般的なものではなく，発話モードに依存している。つまり，倒置が生じるのは節モードの場合に限られている。たとえば次の(7)(8)を見られたい。

(7) a. ［節モードで］エ'ミのお手々食'べちゃうぞ。
b. ［節モードで］食'べちゃうぞ，エ'ミのお手々。

(8) a. ［イントネーションモードで］エミのお手々食べちゃうぞー。=(6)
b.??［イントネーションモードで］食べちゃうぞー，エミのお手々。

例(7)の場合，(a)と同様にその倒置版の(b)が自然なのは，これが語彙アクセント（「エ'ミ」「食'べちゃう」）を保持する節モードで発せられてこその話である。これとは対照的にイントネーションモードの例(8)では，(a)の倒置版である(b)は不自然で，「食べちゃうぞー，エミのお手々」を語彙アクセントを無視して緩やかな上昇調で発することはできない。

そして倒置が文字モードと両立しないことも明らかだろう。文字モードでは話し手は1文字1文字の音声発出に集中しており，倒置のような節全体を見渡しての操作は関わる余地がない。

5. 文節モード

最後に取り上げる発話モードは文節モードである。文節モードは途切れ途切れの非流ちょうな発話モードだが，日本語母語話者の日常会話に頻繁に見られる。このモードは「文節が文に近い」という特徴を持っている。以下，文法現象や韻律現象の観察を通してこのことを示す。

語にどのような話し方があるのかと言われれば，我々は現状ではほとんど答えられないのではないだろうか。この点について詳細はSadanobu (forthcoming)を参照されたい。同論文においても，筆者がインターネット上で公開している発話データにイントネーションモードが見られることが指摘されている (http://www.speech-data.jp/chotto/2011/2011038.html, 3分34〜35秒あたり)。

ここで文法現象というのはコピュラや終助詞に関するものである。日本語のコピュラや終助詞は「あれはサルだな。」「あれはサルですね。」のように文の末尾にも生じるだけでなく[4,5]，伝統的に知られているように(例：田中1973)，「サルがだな，」「サルがですね，」のように述語文節でない文節(以下「非述語文節」)の末尾にも生じる[6]。文の末尾に生じるはずのことばが，非述語文節の末尾にも生じるということは，それだけ日本語の非述語文節が文に近いということである(Iwasaki 1993)[7]。

　ただ，それに付け加えておきたいのは，このような文節の節への近づきは，文節モードに限られるということである。

　まず，文字モードは，意味を考えずに1文字1文字の発出に集中する発話モードであるから，文節の節への近づきは生じようがない。

　次に，イントネーションモードの場合について，次の(9)を見てみよう。

　　(9)　a.　［イントネーションモードで］サルが食べちゃうぞー。
　　　　b.??［イントネーションモードで］サルがだね食べちゃうぞー。

例(a)が自然であるように，語彙アクセント(「サ'ル」「食'べちゃう」)を無視して，全体をゆっくりした上昇調イントネーションで「サルが食べちゃうぞー」と言うことはできる。だが，例(b)が不自然であるように，その非述語文節「サルが」の末尾にコピュラ「だ」や終助詞「ね」を加えることはでき

4　日本語のコピュラとしては「だ」「です」の他にも丁寧な「でございます」，『老人』キャラや『田舎者』キャラの「じゃ」，『侍』キャラや『忍者』キャラの「でござる」，『平安貴族』キャラの「でおじゃる」など，さまざまなものがあるが(定延2011)，振る舞いは同じなので，ここでは代表的な「だ」「です」のみを挙げる。

5　コピュラと終助詞が共起する場合は「あれはサルだね」「あれはサルですね」のように，コピュラが先，終助詞が後に生じ，結果としてコピュラの生じる位置は厳密には「末尾の1つ前」になる。だが，この論文ではこの場合も含めて広く「末尾」あるいは「―末」と呼ぶ。

6　非述語文節の末尾に生じる「な」「ね」などは「間投助詞」として「終助詞」とは区別されることもあるが，この論文では「終助詞」で通す。筆者は文末と非述語文節末とを(文節モードの場合は近づくが)別物と考えているが(根拠としては**6.**で述べることの他，「ぴょーん」のような「キャラ助詞」(定延2011)が文末には現れるが非述語文節末には現れないということがある)，生きた方言という日常の音声コミュニケーションの研究を通して間投助詞と終助詞の区別撤廃を唱えられた藤原(1994)には賛同したい。

7　この論文では，述語文節は文と実質的に変わらないと考え，文節として専ら非述語文節だけを取り上げる。

ない。つまり，イントネーションモードの場合，文節は節に近づかない。

最後に，節モードの場合について，次の(10)を見てみよう。

(10) a. ［節モードで］食'べちゃうぞ，サ'ルが。
　　　b.??［節モードで］食'べちゃうぞ，サ'ルがだね。

例(a)が自然であるように，文「サルが食べちゃうぞ。」の「サルが」と「食べちゃうぞ」を倒置させて言うことはできる。だが，例(b)が不自然であるように，コピュラや終助詞が非述語文節に生じている文「サルがだね，食べちゃうぞ。」の「サルがだね」と「食べちゃうぞ」を倒置させて言うことはできない（「食'べちゃうぞ，サ'ルがね。」のような自然に思えるものは，倒置文(a)に終助詞「ね」が付いたものである）。

以上では文節モードが「文節が文に近い」という特徴を持っていることを示す文法現象として，コピュラや終助詞がこの発話モードの場合に限って非述語文節に生じることを述べた。次に，文節モードのこの特徴を示す韻律として，筆者が「跳躍的上昇」と呼ぶイントネーションを取り上げる[8]。

このイントネーションは「直前の音声から跳躍するように高くなる」という聴覚印象を特徴としている。跳躍的上昇の直後には下降が続くこともあるが，この下降は伝統的には文末には現れないと考えられていた。しかし，定延(2006, 2016)で示したように，「跳躍的上昇＋下降」という連鎖は，実は（話し手の強いきもちが有れば）文末に現れ得る。次の例(11)を見られたい。

(11) a. もう，お父さんたらぁ！
　　　b. いつもそうなんだからぁ！
　　　c. わかったよぉ。許してよぉ。
　　　d. もう，腹が立つぅ！
　　　e. こいつぅ！

例(a)や(b)が，「ら」を跳躍的上昇で高く発した後，下降できる（「ぁ」）ということは，これらが文の中途で終わっている「言いさし」(白川 2009)だということから例外扱いできるかもしれない。また，例(c)が「よ」を跳躍的上昇で

---

[8] このイントネーションはさまざまな名で呼ばれているもので，筆者は「末尾上げ」と呼んでいたが（定延2005b, 2006），「跳躍的」という聴覚印象に特徴があることを重視して「跳躍的上昇」と呼び改めている。

高く発した後,下降できる(「ぉ」)ということも,終助詞「よ」のイントネーションとして説明できるかもしれない。だが,例(d)や(e)が,「つ」を跳躍的上昇で高く発した後,下降できる(「ぅ」)ということについては,そのような説明の道は立たないだろう。少なくともこれらについては「跳躍的上昇の直後の下降は文末で可能」と認めなければならない。

他方,跳躍的上昇に続く下降が非述語文節の末尾に生じるということは,従来から広く認められている。たとえば次の例(12)において,

　　(12)　サルがぁ,エサをぉ,食べたの。

非述語文節「サルがぁ」「エサをぉ」は「が」「を」を跳躍的上昇で発した後,下降できる(「ぁ」「ぉ」)。

以上のように,「跳躍的上昇＋下降」という韻律は,文の末尾にも非述語文節の末尾にも生じる。このことは,それだけ文と非述語文節が近いということである(定延2006)。だが,ここで付け加えておきたいのは,このような文と非述語文節の近さは,文節モードに限ってのものだということである。文字モードの場合には全ての文字が頭高型アクセントで,文字ごとにぶつ切りで発せられ,「跳躍的上昇＋下降」という韻律が生じる余地がないということは明らかだろう。イントネーションモードの場合も,全体が一つのイントネーションに支配されるので,「跳躍的上昇＋下降」は生じ得ない。たとえば次の(13)の「サルが」を「跳躍的上昇＋下降」で「サルがぁ」のように発することはできない。

　　(13)　［イントネーションモードで］サルが食べちゃうぞー。＝(9a)

節モードの場合も,たとえば次の(14)の「エミの」を「跳躍的上昇＋下降」で「エミのぉ」のように発することはできない[9]。

　　(14)　［節モードで］食べちゃうぞ,エミのお手々。＝(7b)

したがって,「跳躍的上昇＋下降」という文の末尾に現れる韻律パターンが非述語文節の末尾に現れるのは,文節モードの場合だけだということになる。

以上のように,文の末尾に現れるコピュラや終助詞,そして韻律パターン

9　文節「お手々」の末尾「て」は「跳躍的上昇＋下降」で「てぇ」のように発することができないが,このことは,「格助詞がない」「文末で強いきもちがない」といった「節モード」以外の事情によっても説明の可能性があるため,ここでは重視しない。

「跳躍的上昇+下降」は，文節モードの場合に限って，非述語文節の末尾にも現れる。つまり文節の構造は，発話モード次第で変わる。

6. 文節モードの文節は「完全な文」ではない

しかしながら，文節モードは文節をいわゆる「完全な文」に仕立て上げるわけではない。文節モードにおける文節は，韻律が「完全な文」とは違っている。以下このことを，コピュラ・終助詞・跳躍的上昇について示す。

まず，コピュラについて。先述した「―さん」「―くん」「―ちゃん」と同様，文末のコピュラ「だ」も韻律外性を有している。したがって，アクセント核のない語の直後の「だ」は高い。たとえば，語「鳥」は，アクセントが「と(低)・り(高)」で，「り」にアクセント核がないため，「鳥だ。」における「鳥」直後のコピュラ「だ」も高いままである。コピュラ「です」の場合は後半部「す」が低くなるが(「鳥です。」は低高高低)，前半部「で」についてはコピュラ「だ」と同様である。だが，非述語文節の末尾のコピュラ(たとえば「えーとだね，」「あのですね，」の「だ」「です」)は，常に低い。このことを示すミニマルペアの例として(15)を挙げておく。

(15) a. うわ，人がいっぱいだ。
b. 人がだなぁ，いっぱいだなぁ，入っててだなぁ，……

語「いっぱい」にコピュラ「だ」が続いている点では，例(a)も例(b)も同じだが，(a)では「だ」は文末に位置しているのに対して，(b)では「だ」は非述語文節の末尾に位置している。そして，(a)の「だ」は高く，(b)の「だ」は低く発せられる。同じことは「絶対」「偶然」などにも観察できる。

次に終助詞について。伝統的には「ぞ」「ぜ」「わ」などの終助詞は非述語文節の末尾に現れず，専ら文末にだけ現れるとされていた。しかし，実態はより複雑である。コピュラと上昇調イントネーションを伴えば，これらの終助詞も非述語文節の末尾に現れ得る。例として次の(16)を挙げる。

(16) a. ?? [「ぞ」を下降調で]それをぞ，
b. ?? [「ぞ」を上昇調で]それをぞ，
c. ?? [「ぞ」を下降調で]それをだぞ，
d. [「ぞ」を上昇調で]それをだぞ，

コピュラと上昇調の両方がない(a), コピュラのない(b), 上昇調のない(c)はいずれも不自然だが, コピュラと上昇調が揃った(d)は自然である。伝統的な記述を保持しようとして,(d)の自然さを「終助詞「ぞ」が現れ得るのは, もはや文だから」などと説明しても,「ではなぜ(a)(b)(c)は文でなく(d)だけが文として認められるのか？」という難問が生じてしまう。そうした事態を避けるには, 終助詞「ぞ」は非述語文節に現れ得ると認めるべきだろうし, またその方が説明の道も開けるのではないか(説明案として定延(2014)を参照)。以上のことは終助詞「ぜ」「わ」についても同様で, たとえば,「ぜ」を上昇調で言う「それをだぜ,」や,「わ」を上昇調で言う「それで, たしか彼とだったわ, 連名で, 手紙を, ……」は自然である[10]。

最後に跳躍的上昇について。文節末尾では, 跳躍的上昇は最大2度生じる。つまり, 文節末尾は跳躍的上昇が生じる場所を2箇所持っている。そのうち1箇所目はコピュラの直前部分であり, ここで跳躍的上昇が生じた場合, 直後に下降は生じない。そして2箇所目はコピュラの後の終助詞の部分であり, ここで跳躍的上昇が生じた場合, 直後に下降は生じてもよい。たとえば次の(17)を見られたい。

(17) a. ［跳躍的上昇なしで］彼もですね,
　　 b. ［「ね」のみ跳躍的上昇で下降無］彼もですね,
　　 c. ［「ね」のみ跳躍的上昇で下降有］彼もですねぇ,
　　 d. ［「も」のみ跳躍的上昇で下降無］彼もですね,
　　 e.?? ［「も」のみ跳躍的上昇で下降有］彼もぉですね,
　　 f. ［「も」「ね」跳躍的上昇で下降無・無］彼もですね,
　　 g. ［「も」「ね」跳躍的上昇で下降無・有］彼もですねぇ,
　　 h.?? ［「も」「ね」跳躍的上昇で下降有・無］彼もぉですね,

10　非述語文節の末尾に現れても上昇調にならない終助詞もあるが, それらは「たしか彼とだったか,」「たしか彼とだったっけ,」「たしか彼とだったかしら,」の「か」「っけ」「かしら」のような「疑問」の終助詞であり,「疑問」という意味との何らかの重なりによって上昇調が現れないものと推察される。非述語文節の末尾に現れない終助詞はなおあるが, それらは「もういいの！」「やだもん！」「まあ, おそろしいこと！」の「の」「もん」「こと」や「かい」「かよ」「わい」「ぞよ」のようなもので, 非述語文節に現れないことは情意性の強さによるものと考えておきたい。

　　　　i.??［「も」「ね」跳躍的上昇で下降有・有］彼もぉですねぇ．

例(17)では，一つの非述語文節「彼もですね．」に跳躍的上昇と下降が生じる可能性のパターンが網羅的に示されている．このうち不自然なのは，コピュラ「です」の前の助詞「も」に跳躍的上昇が生じ，直後に下降が生じている(e)(h)(i)だけであり，(f)(g)が自然であるように跳躍的上昇がコピュラの前後で合計2度生じること自体は問題ない．また，(a)‐(d)が全て自然であるように，「コピュラの前」以外の環境では下降の有無に制限はない．これに対して文末では，跳躍的上昇は1度だけ，最終要素に生じるだけである[11]．次の例(18)を見られたい．

(18)　［相手に「京都」と教えられて「あ，そうか．」と応じ，続けて］
　　　a.　　［跳躍的上昇なし］京都ですね．
　　　b.　　［「ね」のみ跳躍的上昇で下降無］京都ですね．
　　　c.　　［「ね」のみ跳躍的上昇で下降有］京都ですねぇ．
　　　d.??　［「と」のみ跳躍的上昇で下降無］京都ですね．
　　　e.??　［「と」のみ跳躍的上昇で下降有］京都ですね．
　　　f.??　［「と」「ね」跳躍的上昇で下降無・無］京都ですね．
　　　g.??　［「と」「ね」跳躍的上昇で下降無・有］京都ですねぇ．
　　　h.??　［「と」「ね」跳躍的上昇で下降有・無］京都ぉですね．
　　　i.??　［「と」「ね」跳躍的上昇で下降有・有］京都ぉですねぇ．

例(18)では，一つの文末「京都ですね．」に跳躍的上昇と下降が生じる可能性のパターンが網羅的に示されている．このうち，コピュラ「です」の直前の「と」に跳躍的上昇が生じている(d)‐(i)は不自然である．

　以上で見たように，文節モードで発せられる文節は，節モードで発せられる文をぶつ切れにしたものではなく，独自の文法的・韻律的規則を備えている．

　規則が独自だということは，日本語学習者には，節モードの話し方とは別

11　たとえば「京都でだね．」の格助詞「で」の箇所で跳躍的上昇は生じ得る（そして終助詞「ね」で再び生じてもよい）が，これは格助詞が（「京都へ」ではなく「京都で」なのだ，といった）プロミネンス（卓立）により跳躍的上昇を起こしているものであって，「京都．」の「と」が跳躍的上昇で発せられるといった，ここで問題にしている現象とは別物と判断している．

に,文節単位の話し方を指導する必要が有り得るということである。また,独自ながら規則があるということは,その指導が可能だということである。次に,文節モードを日本語教育に応用する可能性について考えてみよう。

文節単位の話し方を日本語学習者に指導することに対しては,読者は或る懸念を抱くかもしれない。以下ではその懸念を取り上げて,それがもっともな一面を持つものの,文節単位の話し方を指導しないことを正当化するものではないということを示す。

7. 文節モードは日本語教育に応用できるか？—1つの懸念

ここで懸念というのは,文節単位の話し方が,特に「跳躍的上昇＋下降」で発せられた場合に関するものである。この場合,文節単位の話し方は「知性のない若年層の甘えた言い方」といった悪いイメージで受け取られがちであるということが知られている（原 1993；郡 1997: 198；井上 1997: 150）。したがって,文節単位の話し方を学習者に指導することは,学習者が承知していないところで,思わぬ不利益を学習者に与えてしまうことになりかねない—以上が懸念の内容である。

この懸念には,確かに首肯できる一面がある。跳躍的上昇の実態は,下降無しのものを野地（1946: 54）が「教師ことば,先生ことばのくせ」と呼び,下降有りのものを秋永（1966: 50）が「政治家の演説調」と呼んだように,かなり昔の時点からあり,しかもその時点では大人の公的な話し方というイメージがあったものである。現在でも,下降有りの跳躍的上昇は,いわゆる『ボス』キャラを除いて老若男女の発話に幅広く認められる。だが,実態はどうであれ,悪いイメージが有る以上は,日本語教育はこれを考慮せざるを得ない。

もっとも,このイントネーションに関して,日本語学習者に教えるべきものが何もないとは筆者は考えていない。筆者は跳躍的上昇について「自分がいましゃべることばはこれで終わりだ」というきもちから生じると分析しており,非述語文節の末尾で生じる跳躍的上昇についても「話し手が文全体を見渡して発話している」というよりも,文節モードで一つ一つの文節の発出に集中しており,文節の末尾で「自分がいましゃべることば（文節）はこれで

終わりだ」というきもちになることから生じるとしている。また，跳躍的上昇に続く下降は，(i) まだ文の途中なので次の文節の発音に備えようとしたものか，(ii) 文の終わりだがきもちが強いために発音が長く伸び（「腹が立つぅ！」「こいつぅ！」），自然に音が下がったものとしている（定延 2005b, 2006, 2015b）。そして，日本語社会に広く見られるこのイントネーションに対して日本語学習者が当然抱くであろう疑問「日本語母語話者たちは一体どういうきもちでこのイントネーションを発しているのか？」に対する答として，以上の分析内容は教える意義があると考えている。

だが，これはあくまでも，日本語学習者に跳躍的上昇と下降を「理解させる」上での意義である。日本語学習者に跳躍的上昇と下降を「発出させる」ことに関しては，筆者も「まず，その（実態と離れた）悪いイメージが日本語社会にあることを学習者に教えるべきである。さまざまな場面で，さまざまな相手に対して跳躍的上昇を発出するか否かは，学習者が判断すればいい」という慎重論の立場に留まっている。

この立場を離れるものではないが，上記のマイナスイメージが払拭可能であり，したがって，文節単位の話し方を指導しないことが正当化されないということを次節で述べる。

8. 戻し付きの跳躍的上昇の悪いイメージを払拭するカギ

ことばの実態とイメージが違っているということは珍しいことではない。だが，だからといって，両者の相違を当然視してよいというわけではない。母語話者に広く観察される戻し付きの跳躍的上昇が，「知性のない若年層の甘えた言い方」といった悪いイメージを持っているのであれば，我々は「若年層でない母語話者たちが発する戻し付きの跳躍的上昇は，いかにして母語話者たちに気づかれないのか？」という問いを設定し，検討すべきだろう。

この問いを解く鍵は，日本語の「つっかえ」にあるというのがここで述べたいことである。日本語では，さまざまなつっかえ方が許容されている。たとえば次の(19)を見られたい[12]。

---

12 これらの例は実際の発話例に基づいているが，説明の便宜上，変更している箇所もある。

(19) a. んー，でー，りろ，理論ていうかもうほとんど理論
　　 b. 太鼓屋の練習，場を借りられたら
　　 c. でーきゅうじゅうーきゅうじゅうーろくだったんですけどね
　　 d. 京都国際会議場ってできたじゃん，たからーがいけ，の
　　 e. 構造改革，うーを，おー進めていく上で，

　まず，(a)の「りろ，理論」の箇所では，「理論」という語の発音が，「りろ」の部分が発出された段階で途切れる形でつっかえ，その後，この語の先頭に戻る形で「理論」と言い直されている。これは「途切れ型・語頭戻り方式」のつっかえ方と言える。

　次に，(b)の「練習，場」の箇所では，「練習場」という語の発音が，(a)と同じく，「練習」の部分が発出された段階で途切れる形でつっかえているが，その後，話し手は語頭には戻らず，残りの部分「場」の発音が続行されている。これは「途切れ型・続行方式」のつっかえ方と言える。

　また，(c)の「きゅうじゅうーきゅうじゅうーろく」の前部分，つまり一回目の「きゅうじゅうー」の箇所では，話し手は「96」という語の発音を，「きゅうじゅう」の部分が発出された段階で，(a, b)のような途切れる形ではなく，伸びる形でつっかえている。が，その後は(a)と同様，この語の先頭に戻る形で「きゅうじゅうろく」と言い直されている。これは「延伸型・語頭戻り方式」のつっかえ方と言える。

　さらに，(d)の「たからーがいけ」の箇所では，話し手は「宝ヶ池」という語の発音を，(c)と同様，「たから」の部分が発出された段階で伸びる形でつっかえているが，その後は(b)のように，この語の残りの部分「がいけ」の発音が続行されている。これは「延伸型・続行方式」のつっかえ方と言える。

　また，(e)の「構造改革，うー」の箇所では，発音がまず途切れ（「構造改革，」），続いて，途切れ前の最後の母音（「構造改革」の末尾母音「う」）が延伸されるという，途切れ型と延伸型という2つの型がこの順で組み合わさった，複雑なつっかえ方が生じている。これは「途切れ延伸型・続行方式」と呼べるようなつっかえ方である。このつっかえ方は先の(a-d)と異なり単語の途中では生じず，いまの「構造改革，うー」のように語末で生じ得るが，その直後の「を，おー」のように文節末でも生じ得る。

以上のつっかえは，非流ちょうなものではあるが，日本語母語話者が日々おこなっている，非常に自然な話し方だと言える。

多くの母語話者の戻し付きの跳躍的上昇が気づかれないのは，このつっかえ方によるものではないだろうか。従来記述されている悪いイメージとは，戻し付きの跳躍的上昇が持っているイメージではあるが，それは，戻し付きの跳躍的上昇ばかりがテンポよく繰り返される一本調子によって増幅されたものではだろうか。戻し付きの跳躍的上昇に限らず，一本調子な話し方はとかく耳につき，悪く感じられるものである。「知性のない若者」といったイメージから外れる多くの日本語母語話者たちの戻し付きの跳躍的上昇がそれと気付かれないのは，（おそらくはその発話内容の知的さにもよるだろうが）母語話者がさまざまな形でつっかえ，タイミングがずれて，一本調子に聞こえないからではないか。たとえば「英語は節単位で話されますが」という発話を，戻し付きの跳躍的上昇で「えいごわぁ，せつたんいでぇ，話されますがぁ」のように言った場合は悪いイメージから逃れられないが，同じく戻し付きの跳躍的上昇でも，延伸型続行方式や途切れ延伸型続行方式でつっかえて「えいごーわぁ，あー，せつーたんいーでぇ，はなされーますがぁ」のように言えば，稚拙なイメージは消え，むしろ熟考を重ねてことばを選んでいるといった重厚なイメージさえ醸し出すことが可能になる。

もともと，日本語の多様なつっかえが日本語の特質として，学習者に教えるべき価値を持っているのであれば，学習者が戻し付きの跳躍的上昇を発する際にもそれを利用して，悪いイメージを回避しつつ，母語話者なみに自然な話し方を実現するということも可能ではないだろうか。

以上，この節では，文節単位の話し方のうち，戻し付きの跳躍的上昇に関して従来記述されていたマイナスイメージが，戻し付きの跳躍的上昇それ自体ではなく，戻し付きの跳躍的上昇を一本調子に繰り返すことのイメージであるとした。そして，日本語に特徴的なさまざまなつっかえ方を取り入れ，発話のタイミングをずらして調子を乱すことによって，マイナスイメージが払拭可能であることを述べた。これは，マイナスイメージを理由に，文節モードの話し方を日本語学習者に教えないことが，正当性を失うということでもある。

9. まとめ

この論文では，日本語発話の発話モードについて基本的な観察をおこなった上で，文節モードを日本語教育に活かす可能性を論じた。結論は以下3点である。

第1点。日本語には発話モードの単位にできる言語的資源が4種ある（文字・イントネーション・節・文節）。これらのどれを単位とするかの違い，つまり発話モードの違いは，我々の想像以上に大きい。これまで一般的に成り立つと思われてきた様々な現象は，実は一部の発話モードに限って認められるものである。具体的には，(i)「日本語の単語のアクセントは単語ごとに決まっている」という語彙的定性は，文字モードの発話には当てはまらない；(ii)「日本語はイントネーションがアクセントを消さない」という従来の観察はイントネーションモードの発話には当てはまらない；(iii) 倒置は節モードの発話にのみ可能な現象である；(iv) 非述語文節の末尾でのコピュラ・終助詞・跳躍的上昇の出現は，文節モードでのみ可能である。

第2点。日本語を文節モードで発する場合，文節は文に近づくと言える。しかし，文節は文と完全に同じにはならない。というのは，文節モードにおいて文節の音調の詳細は文末のそれとは異なるからである。

第3点。文節モードの話し方の中には，マイナスイメージを持つように見えるものもあるが，だからといって文節単位の話し方を教えなくてよいということにはならない。マイナスイメージは発話の時間的側面を調節することで払拭できる。

付記

この論文は発話モードに関する拙論（定延 2015b, c, 2016; Sadanobu 2015）を文法研究者にとってわかりやすいようまとめ直し，僅かながら進展させたものである。このような「音声文法」的な考察を面白がり，育てて下さった音声文法研究会のメンバー，特にニック・キャンベル（Nick Campbell）先生，ドナ・エリクソン（Donna Erickson）先生，藤村靖先生，カティータ・ウィリアムズ（J.Catita Williams）先生，そして故・杉藤美代子先生に改めて感謝申し上げたい。この論文は文部科学省の科学研究費補助金による基盤研究（(A)23242023，(A)15H02605，研究代表者：定延利之，(C)24500256，研究代表者：Nick Campbell）の成果を含んでいる。

参照文献

秋永一枝(1966)「日本語の発音―イントネーションなど―」,『講座 日本語教育』 第2分冊, pp. 48-60, 早稲田大学語学研究所.

天沼寧・大坪一夫・水谷修(1978)『日本語音声学』, くろしお出版.

井上史雄(1997)「イントネーションの社会性」, 杉藤美代子(監修), 国広哲弥・廣瀬肇・河野守夫(編)『アクセント・イントネーション・リズムとポーズ』 pp. 143-168, 三省堂.

川上秦(1963)「文末などの上昇調について」, 『国語研究』16, pp. 25-46.

郡史郎(1997)「日本語のイントネーション―型と機能―」, 杉藤美代子(監修), 国広哲弥・廣瀬肇・河野守夫(編)『アクセント・イントネーション・リズムとポーズ』 pp.169-202, 三省堂.

定延利之(2005a)「日本語のイントネーションとアクセントの関係の多様性」, 『日本語科学』17, pp. 5-25, 国立国語研究所.

定延利之(2005b)『ささやく恋人、りきむレポーター―口の中の文化―』, 岩波書店.

定延利之(2006)「文節と文のあいだ―末尾上げをめぐって―」, 音声文法研究会(編)『文法と音声』5, pp. 107-133, くろしお出版.

定延利之(2011)『日本語社会 のぞきキャラくり―顔つき・カラダつき・ことばつき―』, 三省堂.

定延利之(2013)「日本語のアクセントとイントネーションの競合的関係」, 日本語音声コミュニケーション教育研究会(編)『日本語音声コミュニケーション』1, 和文編, pp. 1-37 (Sadanobu (2013) の日本語版). http://www.hituzi.co.jp/epublish/academic_journal/nhng_onsei/nihongoonsei001_nhg_01sadanobu.pdf

定延利之(2014)「話し言葉が好む複雑な構造―きもち欠乏症を中心に―」, 石黒圭・橋本行洋(編)『話し言葉と書き言葉の接点』 pp. 13-36, ひつじ書房.

定延利之(2015a)「遂行的特質に基づく日本語オノマトペの利活用」, 『人工知能学会論文誌』30-1, pp. 353-363. https://www.jstage.jst.go.jp/article/tjsai/30/1/30_30_353/_pdf

定延利之(2015b)「日本語教育に「文節」を活かす」, 『日本言語文化研究会論集』11, pp. 1-17.

定延利之(2015c)「文節単位の話し方への文法的アプローチ」, 日本語教育学会秋季大会ポスター発表.

定延利之(2016)『コミュニケーションへの言語的接近』, ひつじ書房.

白川博之(2009)『「言いさし文」の研究』, くろしお出版.

杉藤美代子(2005)「乳幼児と母親との対話音声データベース―エミちゃん:その紹介と利用について」, 『音声研究』9-3, pp. 52-57.

田中章夫(1973)「終助詞と間投助詞」, 鈴木一彦・林巨樹(編)『品詞別日本文法講座9 助詞』pp. 209-247, 明治書院.

野地潤家(1946)「女教師のことばの生態」［野地潤家(2005)『話しことばの教育』(翻刻第一刷, pp. 53-60, 渓水社)所収.］

原香織(1993)「いわゆる「尻上がり」イントネーションについて―その音響的特徴と印象の関係―」,『言語・文化研究』11, pp. 61-71.

藤原与一(1994)『文法学』, 武蔵野書院.

森山卓郎(1989)「文の意味とイントネーション」, 宮地裕(編)『日本語学要説』pp. 172-196, 明治書院.

Abe, Isamu (1998) Intonation in Japanese. In Hirst, Daniel, and Albert Di Cristo (eds.), *Intonation Systems: A Survey of Twenty Languages.* pp. 360-375. Cambridge; New York: Cambridge University Press.

Beckman, Mary E., and Janet B. Pierrehumbert (1986) Intonational structure in Japanese and English. In Colin J. Ewen and John M. Anderson (eds.), *Phonology Yearbook: An Annual Journal* 3. pp. 255-309. Cambridge: Cambridge University Press.

Chafe, Wallace (1980) *The Pear Stories: Cognitive, Cultural, and Linguistic Aspects of Narrative Production.* Norwood: Ablex.

Chafe, Wallace (1987) Cognitive constraints on information flow. In Russel. S. Tomlin (ed.) *Coherence and Grounding in Discourse: Outcome of a Symposium, Eugine, Oregon, June 1984.* pp. 21-51. Amsterdam; Philadelphia: John Benjamins.

Clancy, Patricia (1982) Written and spoken style of Japanese style. In Deborah Tannen (ed.) *Spoken and Written Language: Exploring Orality and Literacy.* pp. 325-348. Norwood: Ablex.

Iwasaki, Shoichi (1993) The structure of the intonation unit in Japanese. In Soonja Choi (ed.) *Japanese/Korean Linguistics* 3. pp. 39-51.

Maynard, Senko K. (1989) *Japanese Conversation.* Norwood: Ablex.

Sadanobu, Toshiyuki (2013) The competitive relationship between Japanese accent and intonation. In The Research Circle for Teaching Japanese Speech Communication (ed.), *Japanese Speech Communication 1*, 英文編, pp. 1-27(定延(2013)の英語版). http://www.hituzi.co.jp/epublish/academic_journal/nhng_onsei/nihongoonsei001_eng.pdf

Sadanobu, Toshiyuki (2015) "Four types of linguistic resources for variable speaking units in common Japanese", *Journal of the Phonetic Society of Japan*, 19-2, pp. 109-

114.

Sadanobu, Toshiyuki (forthcoming) "My Funny Talk" corpus and speaking style variation in spoken Japanese. In David Gabriel Hebert (ed.), *International Perspectives on Translation, Education, and Innovation in Japanese and Korean Societies.* Springer.

Schegloff, Emanuel A. (1993) Reflections on quantification in the study of conversation. *Research on Language and Social Interaction* 26-1, pp. 99-128.

日本語と中国語の真偽疑問文と確認文の意味

井上　優

1. 問題

　中国語には，話し手の種々の心的態度を表す文末助詞（中国語文法では語気詞）がある。真偽疑問文や確認文をつくる場合も，文末助詞"吗 ma"（か），"吧 ba"（だろう，よね）を用いる[1]。

(1)　这　是　你　的　吗？（真偽疑問文）
　　　これ　だ　あなた　の　か
　　（これはあなたですか？）

(2)　这　是　你　的　吧？（確認文）
　　　これ　だ　あなた　の　だろう
　　（これはあなたでしょう？／あなたですよね？）

(3)　（真冬に薄着をしている人に）
　　　你　穿　那么　一点儿,　不冷　吗？冷　吧？
　　　あなた　着る　そんな　少し　寒くない　か　寒い　だろう
　　（そんな薄着で寒くないんですか？　寒いでしょう？／寒いですよね？）

　本論の出発点は，真偽疑問文と確認文の使い分けに関係する次の疑問である（質問中の"没事儿"は「なんでもない，なんともない」の意）。

(4)　ドラマの中で，車と自転車の事故が起きました。加害者が被害者に向かって「没事儿吧」と言ったのですが，訳が「大丈夫ですか」でした。この訳は正しいですか？　単純に「没事儿＋吧」と考える

---

[1] "吧"は，確認の用法のほか，"走吧"（行こう：勧誘），"我来吧"（私がやろう：申し出），"你放心吧"（安心して：指示），"大概是小王的吧"（たぶん王さんのでしょう：推量）のような用法もある。本論で「だろう」，"吧"と言う場合は，確認の「だろう」，"吧"を指す。"吧"は疑問符を付さないことも多いが，本論では（引用の場合を除き）確認の"吧"には疑問符を付す。例文の逐語訳は「だろう」で統一する。

井上　優

と,「大丈夫でしょ」となりますが,これではおかしいですよね…。

(Yahoo!知恵袋)

(http://detail.chiebukuro.yahoo.co.jp/qa/question_detail/q1141367671)

この場面は,おそらく次のような場面である。

(5)　(自動車と自転車が接触して,自転車が転倒した。自動車の運転手が車を降りて自転車のところに駆け寄り,心配そうに声をかける。)
　　　没事儿　　吧？(大丈夫ですか？)
　　　なんともない　だろう

このように,トラブルに巻き込まれた聞き手のことを心配して声をかける場合,日本語では真偽疑問文「大丈夫ですか？」を用いるが,中国語では確認文"没事儿吧？"を用いる。次の(6)(7)も同じである。

(6)　(露店の主人がトラブルに巻き込まれたのを通行人が助け出して)
　　　要紧　不要紧？[2]　您　　没事儿　　吧？
　　　問題あり　問題なし　あなた　なんともない　だろう
　　　(大丈夫かい？　怪我はないかい？)
　　　　　　(杉村・郭2010:244(日本語訳は別冊)。一部改変,下線井上)

(7)　(目の前で転んだ人を助け起こして)
　　　不要紧　吧？(大丈夫ですか？)[3]
　　　問題ない　だろう

日本語では,(5)～(7)の場面で「大丈夫でしょう？／大丈夫ですよね？」と言うと,話し手が聞き手を無視して一方的に「聞き手は大丈夫なはずだ」と決めつけて同意を求めていることになり,トラブルに巻き込まれた聞き手に声をかける場合の発話としては不適切である。

中国語では,(5)～(7)の場面で"没事儿吧？／不要紧吧？"と言っても,話し手の一方的な決めつけにもとづく同意要求にはならず,むしろ話し手が聞

2　"要紧不要紧？"は,述語の肯定形と否定形を並列させて,いずれか一方を選択させる疑問文(正反疑問文)である。意味的には,話し手が当該命題の真偽に関する判断を放棄し,真偽の確定を完全に聞き手にゆだねることを表す。井上・黄(1998)参照。

3　相原(2000:144)には,(7)の場面で真偽疑問文"不要紧吗？"を用いるとあるが,母語話者は不自然とする。

き手の身になって「大丈夫であってほしい」という気持ちでいることが感じられる発話になる。(4)の「Yahoo!知恵袋」の質問に対する回答にも、「(場面や口調により変化するが)基本は温かみ・優しさ・親しみのある言葉。『大丈夫だといいな、平気だといいな』という話者の期待がこもる」というコメントがある。同じ場面で真偽疑問文"没事儿吗？／不要紧吗？"を用いると、「(このようなトラブルに遭って)大丈夫なんですか？」のように、聞き手が無事であることを疑うような質問になり、この方がトラブルに巻き込まれた聞き手に声をかける発話としては不適切である。

　日本語と中国語のそれぞれにおいて、真偽疑問文と確認文の意味の違いは明確である。しかし、上で見たように、日本語と中国語の真偽疑問文と確認文の意味には一定のずれが観察される。本論では、このずれの背景にあることがらについて考察する。

2. 日本語の「か」「だろう／よね」と中国語の"吗""吧"

　考察の前に、「か」と"吗"、「だろう／よね」と"吧"の異同を整理する。

　「か」は「他の選択肢もある」ことを表し、真偽疑問文のほか、「どれですか？」、「うどんですか、そばですか？」のような疑問詞疑問文や選択疑問文でも用いられる。「行こうか」のように述語の意向形にもつく。"吗"は真偽疑問文をつくる文末助詞であり、真偽疑問文以外では用いられない。「か」には(8)のように「今まで知らなかった」という気持ちを表す用法(森山 2000の言う「疑問型情報受容文」)もあるが、中国語の"吗"は、感動詞的に用いられる"是吗？"(そうですか)を除き、このような用法はない。この場合、中国語では"啊a"を用いる[4]。

　　(8)　(商品の値段を聞いて「へえ」という気持ちで)
　　　　a.　そうですか。そんなに高いんですか！ [非上昇]
　　　　b.　是吗？　　那么　　贵　　啊！
　　　　　　そうですか　そんなに　高い　感嘆

---

[4] "啊"は、その場の状況や相手の発言が刺激となり、話し手の意識が当該の事柄に集中していることを表す。"你的钱包掉啦(＝了＋啊)！"(財布が落ちましたよ！)、"真热啊！"(熱いねえ)のように、「よ」「ねえ」と訳されることもある。井上・黄(2014)参照。

確認の「だろう／よね」と"吧"の異同は，概略次のように整理できる。

「当該事物に対する話し手の判断が妥当なことを確認したい」という場合（蓮沼1995の言う「推量確認」）は，「だろう／よね」も"吧"も使える[5]。

（i）話し手が事実と考える内容について，事実であることを確認する。
   (9) a.（きっと）おなかがすいたでしょう？／おなかがすいたよね？
       b. 你　肚子　饿了　吧？
          あなた　おなか　空腹だ　だろう
   (10) a.（確か）これ，あなたのでしょう？／あなたのですよね？
        b. 这　是　你　的　吧？
           これ　だ　あなた　の　だろう
（ii）事実を理解した聞き手に対して，念押し的に確認をおこなう。
   (11) a. ほらね，（確かに）私の記憶は間違ってなかったでしょう？／間違ってなかったですよね？
        b. 你看，我　没有　记错　吧？
           ほら　私　ていない　記憶を間違える　だろう
（iii）事実と矛盾する状況に遭遇した話し手が事実を再確認する。
   (12)（聞き手が「料理が辛い」と言うのを聞いて）
       a.（え？）あなたは四川人でしょう？／四川人ですよね？　これで辛いって言うの？
       b. 你　是　四川人　吧？　就　这　还　嫌　辣　呀。
          あなた　だ　四川人　だろう　たった　これ　まだ　嫌がる　辛い　強調

"吧"が使えるのは，話し手と聞き手がすでに認識している対象について何か確認をおこなう場合である。次の(13)，(14)のように，その場で聞き手の注意を特定の事物や状況に向けさせる場合（蓮沼1995の言う「共通認識の喚起」）は，「だろう／よね」は使えるが，"吧"は使いにくい。この場合，中国語では"不是…吗？"（じゃないか）を用いる[6]（「#」は当該文脈での使用が不自然

---

[5] 後述するように，推量確認の「だろう／よね」と"吧"は少し意味が異なる。「だろう／よね」と訳しにくい(5)～(7)の"没事儿吧？／不要紧吧？"もここに含まれる。「だろう」と"吧"の対応については，本論とは一部見方が異なるが，呉(2002)も参照のこと。

[6] "不是P吗？"は，「Pという線でその場の認識を調整する必要がある」という気持ち

なことを表す)。

(13) a. あそこに信号がある<u>でしょう</u>?／あります<u>よね</u>?　あそこで右に曲がってください。

b.# 那里　有　一个　红绿灯　<u>吧</u>?[7] 在　那里　往　右　拐。
　　あそこ　ある　一つ　信号　　だろう　で　あそこ　に　右　曲がる

c.　那里　<u>不是</u>　有　一个　红绿灯　<u>吗</u>? 在　那里　往　右　拐。
　　あそこ　ではない　ある　一つ　信号　　か　で　あそこ　に　右　曲がる

(14) a. さっき人が来た<u>でしょう</u>?／来ました<u>よね</u>?　あの人が井上さんですよ。

b.# 刚才　来了　一个　人　<u>吧</u>?　那个　人　就　是　井上。
　　さっき　来た　一人　人　だろう　あの　人　指定　だ

c.　刚才　<u>不是</u>　来了　一个　人　<u>吗</u>?　那个　人　就　是　井上。
　　さっき　ではない　来た　一人　人　か　あの　人　指定　だ

「現実を正しく理解してほしい」という気持ちで聞き手の理解不足を指摘する場合(蓮沼 1995の言う「認識形成の要請」)も,「だろう」は使えるが,「よね」と"吧"は使えない。中国語では,"嘛 ma"(じゃないか)や"啊 a"(注4参照)がこれに近い意味で用いられる(木村・森山 1992)[8]。

(15) (「そんな仕事, 引き受けなければいいのに」と言われて)

a. (そんなこと言われても)しかない<u>だろう</u>?／# しかない<u>よね</u>?

b.# 没办法　　　<u>吧</u>。
　　どうしようもない　だろう

c.　没办法　　　<u>嘛</u>。
　　どうしようもない　じゃないか

を表す。"欸, 这<u>不是</u>井上<u>吗</u>?"(なんだ,(誰かと思ったら)井上じゃないか?)のように, 話し手の側で認識調整の必要性を感じていることを表す場合もある。

7　"你看"(ほら)と言って, 聞き手が当該対象に注意を向けるのを待ってから,「わかりますよね」と念を押す気持ちで"那里有一个红绿灯吧?"(あそこに信号がある<u>でしょう</u>?／あります<u>よね</u>?)と続ける場合は, "吧"が使える。

8　"P嘛"は,「想定外の発言や状況が生じたために, 何もなければ意識する必要がない自明の事柄 P を意識せざるをえない」という気持ちを表す。"给我嘛"((そんなこと言わないで)ちょうだいよ)のように, 想定外の方向に動いている状況を本来あるべき方向に向かわせようとする場合にも用いられる。

(16)(「これ、あなたのですよね？」と聞かれて)
　　a.　(何を誤解しているの？)それはあなたのでしょう？／#あなたのですよね？　よく見てよ！
　　b.#那　是　你　的　吧？[9]　你　好好　看看！
　　　　それ　だ　あなた　の　だろう　あなた　よく　見る
　　c.　那　是　你　的　呀。[10]　你　好好　看看！
　　　　それ　だ　あなた　の　強調　あなた　よく　見る

「か」と"吗"，「だろう／よね」と"吧"のこのような異同は，日本語と中国語の真偽疑問文と確認文の意味のずれとも関係する部分がある。この点については5.と6.でもう一度ふれる。

3.　「話し手の信念世界」「現実世界」と情報の真偽

真偽疑問文と確認文の意味のずれに話題を戻す。

木村・森山(1992)は，述べ立て，疑問といった情報のやりとりに関わる文の類型を「話し手情報の確定・不確定」，「聞き手情報依存・非依存」という観点から整理している。その中で，「か」，"吗"を用いた真偽疑問文は，話し手にとって真偽未確定の内容について聞き手に真偽判断を求める「聞き手情報依存の不確定情報文」と位置づけられる。また，「だろう」，"吧"を用いた確認文は，話し手にとって確定的な内容について聞き手に確認を求める「聞き手情報依存の確定情報文」と位置づけられる[11]。

この説明は，真偽疑問文と確認文の関係を適切にとらえているが，真偽疑問文と確認文の使い分けの言語差は説明対象に含まれていない。(5)〜(7)に見られる日本語と中国語の真偽疑問文と確認文の意味のずれを説明するには，別の観点を加える必要がある。

この問題について考える際のポイントは，(5)〜(7)の場面では，話し手が

9　「おかしいなあ」という気持ちで「え？　それ，(確か)あなたのでしょう？／あなたのですよね？」と確認する場合は推量確認であり，「よね」も"吧"も使える。

10　"呀 ya"は注4で述べた"啊 a"の異形態である。

11　中国語研究では，"P 吗？"と"P 吧？"を"是非问句"(真偽疑問文)としてまとめることが多いが，木村・森山(1992)はこれに否定的な立場をとる。本論もその立場に立つ。

次のような気持ちで発話をおこなっていることである。

(17) 話し手は「聞き手は大丈夫だ」と信じる(聞き手の無事を願う)が、現実にどうであるかは不明である。

この状況は、話し手の信念世界では「聞き手は大丈夫だ」と確定しているが、その一方で、現実世界において聞き手が大丈夫かどうかは未確定という状況である。このような状況で、日本語では「話し手は聞き手の無事を信じるが、現実にはどうか？」という気持ちで真偽疑問文「大丈夫ですか？」を用いる。また、中国語ではこれと同じ気持ちで確認文"没事儿吧？／不要紧吧？"を用いる、というのが(5)〜(7)の現象である。

結論を先取りすれば、日本語と中国語の真偽疑問文と確認文の意味のずれを説明するには、①話し手の信念世界における真偽の確定・未確定(そう信じるか否か)と、②現実世界に対する話し手の判断の確定・未確定(事実と判断されるか否か)を区別して考える必要がある。

(18)

	話し手の信念世界	現実世界に対する判断	日本語	中国語
I	Pと信じることができない	現実にPかどうか判断できない	Pか？	P吗？
II	Pと信じる		Pだろう？	P吧？
III		現実にPだと判断される	Pよね？	

ケースIは、現実にどうであるか(何が事実か)が不明であり、かつ話し手もPかどうか疑問に思っている(〜Pの可能性を排除していない)場合である。何が事実かが不明でもPと信じることはできるが、ケースIは話し手の中でもPと信じるに至っていないという状況である。

ケースIIは、先の(17)のように、「話し手はPと信じるが、現実にどうであるか(何が事実か)は不明」という場合である。

ケースIIIは、話し手がPと信じているだけでなく、「現実世界においてPが事実である」と判断している場合である。信じることは根拠がなくてもできるが、事実と判断するには一定の根拠が必要である。ケースIIは「話し手はPと信じるが、Pが事実であると判断するには至らない」場合、ケースIIIは

「話し手はPと信じ,かつPが事実であると判断している」場合である。

　日本語の真偽疑問文と確認文は,「現実世界に対する話し手の判断の確定・未確定」を基準にして使い分けられる。

　日本語の真偽疑問文「Pか?」は,「現実にPであるかどうか判断できない」として,現実世界におけるPの真偽を問う文である。何が事実かが不明であるかぎりは,話し手がPと信じていても(ケースII),Pと信じるに至っていなくても(ケースI),「Pか?」が用いられる。

　また,日本語の確認文「Pだろう?／Pよね?」は,「現実にPであると判断されるが,この判断の確かさをより強化したい(自分だけの判断ではないことを確認したい)」として,聞き手の同意が得られるかどうかを確認する文である(ケースIII)。1.の(5)〜(7)の場面で「大丈夫でしょう?／大丈夫ですよね?」の使用が不適切なのも,聞き手がトラブルに遭遇したのを見ただけの状況で,話し手が根拠もなく「現実に聞き手は大丈夫なはずだ」と判断し,聞き手に同意を求めていることになるからである。

　一方,中国語の真偽疑問文と確認文は,「話し手の信念世界における真偽の確定・未確定」を基準にして使い分けられる[12]。

　中国語の真偽疑問文"P吗?"は,「現実にどうであるかは不明であり,話し手自身もPと信じることができない(〜Pの可能性が排除できない)」として,現実にはどうであるかを聞き手に尋ねる文である(ケースI)。(5)〜(7)の場面で真偽疑問文"没事儿吗?／不要紧吗?"を用いると,聞き手の無事に対する疑いの気持ちを含む質問になり,トラブルに巻き込まれた聞き手に声をかける場面では不適切である。

　また,中国語の確認文"P吧?"は,「Pであるはずだ／Pであってほしい」という信念を持つ話し手が,自らの信念の確かさをより強化したい(現実にもPであることを確認したい)として,現実にはどうであるかを聞き手に確認す

---

[12] 邵(2014)は,"P吗?"と"P吧?"をともに真偽疑問文(是非問句)ととらえ,"信疑度"という観点から,"P吗?"を「99%≧疑≧51%;1%≦信≦49%」という気持ちの真偽疑問文,"P吧?"を「1%≦疑≦49%;51%≦信≦99%」という気持ちの真偽疑問文と説明している。この説明は話し手の信念世界における真偽の確定・未確定(そう信じるか否か)を"信疑度"という形で表したものと言える。

る文である[13]。(5)〜(7)のように，現実にPであるかどうか判断できない場面で"P吧？"を用いた場合は，「現実にどうであるかがわからないが，自分はPと信じるので，現実にどうであるかを確認したい」という意味の文になる（ケースⅡ）。また，**2.**の(9)〜(12)のように，Pが事実であると判断される場面では，「自分はPと信じるし，現実にもPと判断されるので，現実にどうであるかを確認したい」という意味の文になる（ケースⅢ）。いずれの場合も，**2.**で述べた確認文の分類では「推量確認」の枠に入る（ケースⅡは「信念確認」と言ってもよい）。

"P吧？"が表す「確認」は，「Pであるはずだ／Pであってほしい」という気持ちのもとで，現実にどうであるかを確認するというものであり，(5)〜(7)の"没事儿吧？／不要紧吧？"のように，聞き手に対する感情移入をともなうこともある。しかし，「だろう／よね」のように「自分だけの判断ではないことを確認したい」というわけではなく，聞き手に対する同意要求の意味は希薄である[14]。

日本語でも中国語でも，真偽疑問文は情報の真偽を問う文，確認文は情報の確かさを強化するための文である。しかし，真偽疑問文と確認文の使い分けが，現実世界に対する話し手の判断の確定・未確定（日本語），話し手の信念世界における真偽の確定・未確定（中国語）のいずれを基準にするかで，真偽疑問文と確認文の意味にずれが生ずるのである[15]。

13　杉村(1994:12)では，「"吧"は諾否や正否の最終的決定を自分でせず，話相手に下駄を預けるときに使う」と説明されている。
14　『白水社中国語辞典』では，確認の"吧"の意味を「自信がなくてはっきり言い出せず「…でしょうか？」と相手がはっきりと断定することを希望する」と説明している。
　　・你就是王先生吧？（(私はあなたが王さんであると思っていますが)あなたが王さんでしょうか？）　　　　　　　　　　　　（『白水社中国語辞典』：25）
　　この文は，「あなたが王さんに違いないと思うが，現実にはどうか？」と確認する文である。日本語訳を見るとひかえめな質問という印象を受けるが，率直な質問にもなる。上記の説明は，"吧"に同意要求の意味が希薄なことを述べたものと理解される。"他已经从上海回来了吧（彼はもう上海から帰ってきたでしょうね）"（小学館中日辞典第2版）のように「だろうね」で訳されることがあるのも，「だろう」との違いに配慮したものと見られる。
15　述語の肯定形と否定形を並列させた正反疑問文は，話し手が当該命題の真偽に関する判断を放棄し，真偽の確定を完全に聞き手にゆだねることを表すが，これは，話し手の信念世界に言及せずに，現実世界における真偽を直接問題にするということである。

4. 具体例

前節で述べたことを，具体例をもとに確認する。

(19)（看護士が採血のために患者の腕に針を刺して）

 a. 疼　不疼　呀？　　不疼　吧？
   痛い　痛くない　強調　　痛くない　だろう

 b. どうですか？　痛くないですか？（#痛くないでしょう？／#痛くないですよね？）（「ない」を強く読む。）

(19)の話し手は，「聞き手は痛くない」と判断できる根拠がない状況で，まず"疼不疼呀？"（（痛みに関して）どうですか？）と尋ね，続けて「『痛くない』であってほしいが，現実にはどうか？」という気持ちで"不疼吧？"と尋ねている。真偽疑問文"不疼吗？"は，「『痛くない』というのは疑問だ」という気持ちで「（針を刺しているのに）痛くないのか？」と問う文であり，(19)の場面では不適切である。

日本語では，「聞き手は痛くない」と判断できる根拠がなく，現実にどうであるかが不明な場合は，真偽疑問文「痛くないですか？」を用いる。この状況で，確認文「痛くないでしょう？／痛くないですよね？」を用いると，話し手が一方的に「現実には痛くないはずだ」と判断して，聞き手の同意が得られるかどうか確認していることになり，語用論的に不適切である。

次の(20)では，話し手は「聞き手は以前と変わりないと信じるが，現実にはどうか？」という気持ちで，聞き手の近況を尋ねている。日本語の「お変わりありませんか？」にあたるあいさつとしての近況伺いである。

(20)（弁護士が，収監されている依頼人に）

 a. 怎么样？　身体　还　　　好　吧？[16]
   どう　　　体調　変わらず　よい　だろう

 b. いかがですか？　お変わりありませんか？（#お変わりないでしょう？／#お変わりないですよね？）

    （テレビドラマ「大法官」第26集，2001年：日本語訳井上）

日本語では，話し手が「聞き手は以前と変わりなくあってほしい」と思っ

---

[16]　(20)の例は杉村博文氏（大阪大学）の教示による。日本語でも，手紙の近況伺いでは「みなさまお元気でおすごしのことと存じます」のように書く（杉村氏のコメント）。

ていても,現実にどうであるかがわからない以上は,真偽疑問文「お変わりありませんか?」を用いる。同じ場面で確認文「お変わりないでしょう?／お変わりないですよね?」を用いると,先の(19)と同じく,話し手が一方的に「現実に聞き手は変わりないはずだ」と決めつけて,聞き手の同意が得られるかどうか確認していることになり,近況伺いにならない。中国語では,真偽疑問文"身体还好吗?"を用いると,「変わりないかどうか疑問である」という気持ちの質問になり,このほうがあいさつとしての近況伺いにならない。

次の(21)も,"吧"を用いた近況伺いの発話である。

(21)(電話で久しぶりに話をする知人に)

a. 好久没见了。 你们 都 挺 好 的 吧?
   お久しぶりです あなたがた みな けっこう よい だろう

b. お久しぶりです。みなさん,お元気ですか?(#お元気でしょう?／#お元気ですよね?)

"挺 ting…的 de"は「けっこう(なかなか)…だ」という気持ちを表す表現であり,(21)の話し手は聞き手と家族の元気な様子をイメージしながら,"吧"を用いている。"吗"を用いて"你们都好吗?"と言うと,文字通り聞き手と家族の様子について質問していることになる。日本語でも,聞き手が元気であることがわかれば,「お子さん,もう大きいでしょう?」,「相変わらずお忙しいでしょう?」のように確認文が使えるが,聞き手が元気かどうかを尋ねるのに「お元気でしょう?／お元気ですよね?」と言うのは,一方的な決めつけという印象を与える。

(22)は,電話をかけた相手に話をする時間があるかどうか尋ねる発話である。この場合,通常は"吗"を用いるが,聞き手と親しい関係にある場合は"吧"を用いることも多い。

(22)(用件があって電話をかけた相手に)

a. 现在 打电话 没关系 吗?
   今 電話する 大丈夫 か

b. 现在 打电话 没关系 吧?
   今 電話する 大丈夫 だろう

c. 今電話して大丈夫?(#今電話して大丈夫でしょう?／#今電話

して大丈夫だよね？）

"吗"を用いた場合は単なる質問だが，"吧"を用いた場合は，聞き手と話がしたいという親しみの気持ちが表される。日本語で「大丈夫でしょう？／大丈夫だよね？」と言うと，聞き手の都合を無視して「大丈夫なはずだ」と決めつけて，同意してもらえるかどうか確認していることになる。

(23)は，親しい友人の子どもが大学に合格したかどうか尋ねる場面である。この場合も，聞き手の子どもの合格を信じて（願って）言う場合は"吧"を用いる。"吗"を用いると，合格を信じて（願って）の発話にならない。

(23) (入試シーズンの後，親友に電話をしたときに)
 a. 你 儿子 考上 大学 了 吧？
   あなた 息子　合格する　大学 変化　だろう
 b. 息子さん，大学に合格した？（#合格したでしょう？／#合格したよね？）

日本語で「合格したでしょう？／合格したよね？」と言うと，これまでの例と同様，話し手が一方的に「合格したはずだ」と決めつけ，「これは自分だけの判断ではないと思うが，どうか？」と確認していることになり，相手が親しい友人であっても不適切である。

ここまでの例では，「Pであってほしい」という気持ちで"P吧？"が用いられていたが，"P吧？"は「本来はPであってはならないが，ここではPと考えざるをえない」という気持ちで用いられることもある。次の(24)では，「聞き手はけっこう待ったに違いないが，現実にはどうか？」という気持ちで"吧"を用いている。"吗"を用いると，「聞き手がけっこう待ったかどうかは疑問だが，現実にはどうか？」という気持ちの質問になり，「待たせて申し訳ない」という気持ちはあまり感じられない。

(24) (約束の時間にかなり遅れて到着し，先に来ていた相手に)
 a. 等了 好久 了 吧？
   待った 長時間 変化 だろう
 b. けっこう待った？（待ったでしょう？／待ったよね？）

日本語でも，この場合は確認文「待ったでしょう？／待ったよね？」が自然に使える。話し手が「こうであってほしい」と願う事柄について，話し手

から一方的に「自分はこのように判断するが，この判断に同意してもらえるか？」という確認をおこなうのはあつかましいが，聞き手に対して申し訳なく思う事柄についてそのような確認をおこなうのは，自分の非を認め，聞き手にわびる気持ちが暗示されることになるので問題ない。

このように，日本語では真偽疑問文「Pか？」が用いられるところで，中国語では確認文"P吧？"が用いられることが少なくない。次の(25)も，「言えばわかるはずだが，現実にはどうか？」という気持ちで「わかった？」と尋ねている。

(25) （相手に説明した後で）
知道了　吧？
わかった　だろう

"知道了吗？"と言うと，「言えばわかるとは限らない」という気持ちで「わかった？」と尋ねていることになる。

5.「だろう／よね」と"吧"の聞き手情報依存のあり方

ここまでの議論をふまえて，日本語と中国語の確認文の意味の違いについて，聞き手情報依存のあり方という観点からもう少し考えよう。

3.で述べたように，中国語の確認文"P吧？"は，「Pであるはずだ／Pであってほしい」という信念を持つ話し手が，自らの信念の確かさをより強化したい（現実にもPであることを確認したい）として，現実にはどうであるかを聞き手に確認する文である。"P吧？"において聞き手に求められるのも，「現実にはどうか」に関する情報の提供にとどまる。

一方，日本語の確認文「Pだろう？／Pよね？」は，「現実にPである」と判断した話し手が，自らの判断の確かさをより強化したい（自分だけの判断ではないことを確認したい）として，聞き手の同意が得られるかどうかを確認する文である。聞き手に求められることも，情報の提供というよりは，「話し手の判断に同意できるか否か」の検討である。「だろう／よね」に，蓮沼(1995)の言う「推量確認」のほかに，「共通認識の喚起」(例26)，「認識形成の要請」(例27：「だろう」のみ)の用法があることもその反映である。現実に関する情報提供を求めるだけの"吧"には「推量確認」の用法しかない。

(26) a. あそこに信号がある<u>でしょう</u>？／あります<u>よね</u>？　あそこで右に曲がってください。(=13)
　　b. さっき人が来た<u>でしょう</u>？／来ました<u>よね</u>？　あの人が井上さんですよ。(=14)
(27) a. (そんなこと言われても)しかたない<u>だろう</u>？／#しかたない<u>よね</u>？(=15)
　　b. (何を誤解しているの？)それはあなたの<u>でしょう</u>？／#あなたのです<u>よね</u>？　よく見てよ！(=16)

「Pだろう？」は，現実に関する話し手の判断が話し手だけの判断ではないことを聞き手の側でも確認するよう要請する文である[17]。「だろう」が表す「推量確認」とは，まさにそのような意味である。「共通認識の喚起」の「だろう」も，事実を聞き手に伝えると同時に，それを聞き手の側でも確認するよう要請することを表す。

「だろう」に「認識形成の要請」の用法があることも，聞き手の側で確認すべきことが確認されていないことに対する異議を述べるのに，聞き手側での確認を要請する「だろう」を用いるということである。これは，次のように，遂行すべき動作が遂行されなかったことに対する異議を述べるのに，動作の遂行を要請する行為指示文を用いる(井上 1993)のと並行的である。

(28)　(学生が締め切りの翌日にレポートを出しに来た)
　　　君ねえ，ちゃんと昨日のうちに出してよ↓。(↓：非上昇)

「Pよね？」は，現実に関する話し手の判断が妥当なことを自ら確認しながら，その判断が話し手だけの判断ではないことを聞き手の側でも認めるよう要請する文である。宮崎(2005: 150)は，

(29)　今週の課題図書だ。読んできた<u>ね</u>。

のような念押し的な「ね」の意味を，「話し手がその場でそのように認識することについて聞き手の了承を得る」と説明しているが[18]，これは「推量確認」の「よね」にもあてはまる。「共通認識の喚起」の「よね」も，事実を聞き手に伝えると同時に，それを聞き手の側でも認めるよう要請することを表す。

17　宮崎(2005)は，確認の「だろう」は聞き手の認識を確認の対象とすると述べている。
18　宮崎(2005)は，確認の「ね」は話し手の認識を確認の対象とすると述べている。

6. 「か」と"吗"の意味範囲と付加疑問形式

ここまで次のことを見てきた。

 Ⅰ 日本語の真偽疑問文と確認文は,「現実世界に対する話し手の判断の確定・未確定」を基準に使い分けられる。

 Ⅱ 中国語の真偽疑問文と確認文は,「話し手の信念世界における真偽の確定・未確定」を基準に使い分けられる。

木村・森山(1992)は,日本語と中国語の文の述べ方の選択に関して,次のことを述べている[19]。

 (30) a. 日本語では「聞き手の情報の領域」が設定されており,文の述べ方の選択に際しては聞き手の認識が尊重される。

   b. 中国語では「聞き手の情報の領域」が設定されておらず,話し手の認識が文の述べ方の選択の基準になる。

中国語の真偽疑問文・確認文のⅡの性質は,中国語の(30b)の性質の反映である。また,日本語の真偽疑問文・確認文のⅠの性質も,日本語の(30a)の性質を反映したものである。「現実世界」は話し手と聞き手がともに直接アクセス可能な世界である。日本語の真偽疑問文と確認文は,そのような話し手と聞き手の両方に開かれた世界に対する判断のあり方を基準に使い分けられるのである。

このことは,日本語の「か」に「あ／へえ,そんなに高いんですか！」(例8)のような情報受容の用法があり,中国語の"吗"にそのような用法がないこと(2.参照)とも関係する。疑問型情報受容文「Pか。」は,話し手がPを「現実世界」における事実として認定しつつあるが,完全な認定には至っていないことを表す。これは,日本語の真偽疑問文「Pか？」が現実世界に対する話し手の判断が未確定であることを表すのと,基本的に同じと言ってよい。「Pか？」と「Pか。」の違いは,現実世界に対する話し手の判断が未確定であることを表すか(Pか？),現実世界に対する話し手の判断が未確定である状態が解消されつつあることを表すか(Pか。)という違いにすぎない。中国語の

---

19 (30)は,無標疑問文と有標疑問文の使い分け(井上2013)や,注意喚起の「よ」と"啊"の相違(井上・黄2014)など,日本語と中国語の文末助詞に関する他の相違について考える際にも重要である。

239

"P吗？"は，話し手の信念世界においてPの真偽が未確定であることを表し，現実世界に対する話し手の判断のあり方を直接表すわけではない。"吗"に情報受容の用法がないのはそのためである。

中国語に，真偽疑問文・確認文とは別に，"吗"・"吧"を用いた付加疑問形式"是吗？／対吗？"(そうか)，"是吧？／対吧？"(そうだろう)[20]があることも，中国語の真偽疑問文と確認文が「話し手の信念世界における真偽の確定・未確定」を基準に使い分けられることと関係すると見られる。

(31)（聞き手の様子を見て）

a. 你　　今天　不想　　　回家　吗？
   あなた　今日　したくない　帰宅する　か
   （今日は帰りたくないのか？）

b. 你　　今天　不想　　　回家，是吗？　　（杉村・郭 2010: 55）
   あなた　今日　したくない　帰宅する　そうか
   （(それはつまり)「今日は帰りたくない」か？）

真偽疑問文(31a)は，「『きみは今日は帰りたくない』というのは疑問である」という気持ちで発される文である。一方，付加疑問形式"是吗？"を用いた(31b)は，現実世界に対する話し手の解釈を聞き手に示し，聞き手の反応をうかがう文である（杉村・郭 2010: 55参照）。

(32) a. 你　　肚子　饿了　吧？
     あなた　おなか　空腹だ　だろう
     （(聞き手は空腹に違いないという気持ちで)おなかがすきましたか？）

b. 你　　肚子　饿了，対吧？
   あなた　おなか　空腹だ　そうだろう
   （(それはつまり)「おなかがすいた」でしょう？／「おなかがすいた」だよね？）

20　付加疑問形式は，それ自体が「そうですか？」「そうでしょう？」という一つの発話を構成しうる。表記の際も，規範的には先行文と付加疑問形式は読点で区切る。ただし，発音の際には先行文と付加疑問形式が続けて読まれることも多く，表記の際に読点で区切らないことも多い。その点，「そうですか？」「そうでしょう？」よりも発話としての独立性は低いと言える。

確認文(32a)は、「聞き手はおなかがすいているに違いないが、現実にはどうか？」という意味の文である。日本語では、聞き手の身になって心配して「おなかがすきましたか？」と言うのがこれに近い。一方、付加疑問形式"对吧？"を用いた(35b)は、現実世界に対する話し手の解釈を聞き手に示し、「現実にもこのとおりだろう？／このとおりだよね？」と聞き手に確認する文である。付加疑問形式"对吧？"には、日本語の「Pだろう？／Pよね？」に近い同意要求的な意味が感じられる。実際、1.の(5)～(7)の場面で、付加疑問形式を用いた"你没事儿，对吧？"、"你不要紧，对吧？"は、日本語の「大丈夫でしょう？／大丈夫ですよね？」が不適格なのと同じように不適格である。

このように、中国語の付加疑問形式を用いた真偽疑問文・確認文は、「現実世界」に対する話し手の判断の妥当性を問う・確認する文である。これは、中国語の文末助詞を用いた真偽疑問文と確認文が「話し手の信念世界」における真偽の確定・未確定を述べる文であるのと相補的な関係にあると見られる。英語などの付加疑問文も視野に入れた具体的な検討が必要である。

7. おわりに

本論では、日本語と中国語の真偽疑問文と確認文の意味のずれについて考察した。全体としては、次のことを述べたことになる。

・言語対照の観点から、真偽疑問文・確認文の意味について考える際には、①「話し手の信念世界」における真偽の確定・未確定(そう信じるか否か)と、②「現実世界」に対する話し手の判断の確定・未確定(事実と判断されるか否か)を区別して考える必要がある。

真偽疑問文が情報の真偽を問う文であり、確認文が情報の確かさを強化するための文であるというのは、おそらくどの言語でも同じである。しかし、本論でも見たように、「情報の真偽を問う」、「情報の確かさを強化する」ということの具体的な内容は、言語によって異なることがある。本論では、その相違をとらえるための視点の一つを提供したことになる。

井上　優

付記

　本論は，国立国語研究所研究共同研究プロジェクト「日本語疑問文の通時的・対照言語学的研究」(2013〜2015年度，研究代表者：金水敏)／麗澤大学言語研究センター研究プロジェクト「文末助詞に関する日中対照研究」(2014年度，研究代表者：井上優)でおこなった研究の内容を含む。中国語の例文の自然さやニュアンスについては，黄麗華氏のアドバイスを得た。

参照文献(中国語文献も日本漢字で表記)

相原茂(2000)『あ，知ってる中国語―常用文ファイル50』，東方書店.
井上優(1993)「発話における「タイミング考慮」と「矛盾考慮」―命令文・依頼文を例に―」,『国立国語研究所研究報告集』14, pp. 333-360, 秀英出版.
井上優(2013)「日本語と中国語の無標疑問文と有標疑問文の機能分担」, 木村英樹教授還暦記念論叢刊行会(編)『木村英樹教授還暦記念　中国語文法論叢』pp. 197-212, 白帝社.
井上優・黄麗華(1998)「日本語と中国語の真偽疑問文」,『国語学』184, pp. (15) - (28).
井上優・黄麗華(2014)「日中対照から見た中国語の文末助詞」, 小林賢次・小林千草(編)『日本語史の新視点と現代日本語』pp. 248-262, 勉誠出版.
木村英樹・森山卓郎(1992)「聞き手情報配慮と文末形式」, 大河内康憲(編)『日本語と中国語の対照研究論文集(下)』pp. 3-43, くろしお出版.
呉紅哲(2002)「「ダロウ」と「吧(ba)」の確認要求用法の比較」,『岡山大学大学院文化科学研究科紀要』13, pp. 69-81.
杉村博文(1994)『中国語文法教室』, 大修館書店.
杉村博文・郭修靜(2010)『世界の言語シリーズ2　中国語』, 大阪大学出版会.
蓮沼昭子(1995)「対話における確認行為―「だろう」「じゃないか」「よね」の確認用法―」, 仁田義雄(編)『複文の研究(下)』pp. 389-419, くろしお出版.
宮崎和人(2005)『現代日本語の疑問表現―疑いと確認要求―』, ひつじ書房.
森山卓郎(2000)「基本叙法と選択関係としてのモダリティ」, 森山卓郎・仁田義雄・工藤浩『日本語の文法3　モダリティ』pp. 1-78, 岩波書店.
邵敬敏(2014)『現代漢語疑問句研究(増訂本)』, 商務印書館.

教育現場とのつながりを意識した対照研究の試み
――タイ人学習者の「そして」「なんか」の使用問題――

カノックワン・ラオハブラナキット・片桐

1. はじめに

　対照研究は言語間の類似点と相違点を明らかにする研究分野であると同時に，外国語教育の現場に貢献する役割を持つ応用分野でもある。日本語教育現場においても，対照研究が持つ現場への応用的な役割が期待されている。しかし，太田(2002)や石田(2010)が指摘しているように，対照研究の成果を日本語教育現場へと還元して積極的に活かそうという試みはまだ不足している。熊谷(2002)は，特定の母語を持つ学習者の問題や指導法を扱う149件の日本語教育論文を対象に，対照研究の成果の利用状況を調べた。その結果，対照研究の成果を利用した論文は半数程度にとどまると報告している。

　熊谷(2002: 28-31)ではこの結果に対して，日本語教育に対照研究の成果をよりよく活かし，対照研究も日本語教育からの知見を得るために，双方で問題を共有し意見・情報を交換し，ともに取り組んでいくことが不可欠だとしている。また，「言語対照研究」と「学習者研究」と「指導法研究」を包括した日本語教育のための対照研究の可能性も提示し，研究と教育のどちらか側ではなく，この三つの研究が組み合わされることが必須だとも述べている。

　本研究では，こうした現状を踏まえ，日本語教育現場とのつながりを意識した対照研究をめざす。そのために，研究対象の問題点の絞り方は，研究者または教育者の側から出発するのではなく，教育現場にいる学習者のコーパスを用いて問題点を抽出する方法で進める。また，タイ人学習者研究と日タイ語対照研究の両者を相互に関連させた形で分析考察を行う。さらに，得られたタイ人学習者研究と対照研究の知見を活かし，タイの教育現場のために具体的な指導のポイントを提案する。

　以下，**2.** で研究対象の問題点を述べる。**3.** で誤用分析の観点で問題点を分

析する。**4.～6.**で問題点の背景を探るために，タイ人学習者の母語(タイ語)と目標言語(日本語)の対照分析を行う。**7.**で指導のポイントを提案する。

2. タイ人学習者の言語形式使用傾向
2.1 母語別・環境別学習者の形式使用傾向の分析

ここでは，母語別・環境別の学習者のコーパス間を比較したカノックワン(2015)の結果を参考にする。カノックワン(2015)では，JFL環境でのタイ人学習者のコーパス(以下CUコーパス[1]と呼ぶ)とJSL環境での中国語・韓国語・英語母語話者のKYコーパス[2]を用いて，学習者の発話部分に対してNグラム処理で分析し，学習者の形式使用傾向と問題点を指摘している。Nグラム処理とは「テキストデータの中の，任意の長さの文字列の出現頻度を知ることができる手法」(山内 2004: 151)である。学習者の形式使用の傾向を捉える手段としてNグラム処理を用いる研究に山内(2004, 2009)があり，山内(2009)ではNグラム処理での学習者の母語による差についても言及しており，Nグラム処理による母語別形式傾向抽出の可能性が示唆されている。

2.2 母語別・環境別学習者の形式使用傾向の結果：タイ人学習者の多用問題

Nグラム処理の具体的な分析作業とコーパス間の比較作業はカノックワン(2015)を参照されたい。ここでは，CUコーパスとKYコーパスの比較分析の結果を述べる。3～5文字列のNグラム処理抽出の結果にもとづき，各コーパスのどちらかにおいて平均出現回数2～5回以上，かつコーパス間で3～5倍以上の差がある文字列を抽出しコーパス間で比較した。その結果，タ

---

[1] CUコーパスは萩原孝恵氏，池谷清美氏，筆者が中心となって作ったタイ人学習者100名分のOPIの文字化資料である。本研究ではその中からレベル判定可能でセカンドレーティングが一致している中級と上級の78名分のデータを使用した。78名分のデータのレベルは，中級56名／上級22名。下位レベルは，中級の下11名／中19名／上26名，上級の下13名／中8名／上1名である。なお，CUはChulalongkorn Universityの略記である。

[2] KYコーパスは鎌田修氏と山内博之氏を中心に作られた中国語・韓国語・英語母語話者90名分のOPIの文字化資料である。本研究では，その中から中級と上級の60名分のデータを使用した。60名分のデータのレベルは，中級30名／上級30名。下位レベルは，中級の下9名／中14名／上7名，上級の上18名／その他の上級12名である。

イ人学習者の CU コーパスにより多く現れる形式は，①えっと系[3](CU>KY：5倍以上)，②そして(CU>KY：3倍以上)，③なんか(CU>KY：3倍以上)であることがわかった[4]。この結果を確認するために，この3形式の出現回数をさらに SimpleKwicLister 検索ソフトで確認し，EXCEL で平均出現回数を集計した。その結果を表1で示す。

表1 「えっと」[5]「そして」[6]「なんか」[7]の出現回数の比較：1人当たりの出現回数

形式	CU上級 22人	CU中級 56人	CU全 78人	比較 CU vs KY		KY全 60人	KY上級 30人	KY中級 30人
えっと	40.5	30.1	33.0	>>>>>>>	7.9倍	4.2	5.7	2.7
そして	5.3	6.5	6.2	>>>	3.4倍	1.8	2.4	1.2
なんか	46.9	16.2	24.9	>>>	3.1倍	8.1	12.8	3.3

注：>>>>>>>：差が7倍以上　　>>>：差が3倍以上

表1から CU コーパスの学習者は「えっと」「そして」「なんか」を KY コーパスの学習者より 3〜8 倍程度多く使用していることがわかる。以下，これらの形式の分析をしていくが，本稿では対照分析の観点も含まれているため，タイ語の対応形式を特定しにくい「えっと」は扱わないことにする。

表1は，1人当たりの出現回数の結果であり，個人単位による形式使用状況を表しているわけではない。そこで，コーパス間における「そして」「なんか」の個人単位での出現状況の比較を行い，その結果を図1にまとめた。

3　えっと系は，「えっと，えーと，えっ，えと，えーっと」を含む形式のこと。
4　カノックワン(2015)では，KY により多く現れる形式(KY>CU タイプ)も分析対象としている。本稿では CU により多く現れる形式の結果のみ取り上げる。
5　検索形式は「えーと，えっと，えと，えーっと」。以下まとめて「えっと」と表記。検索後「まえとき，乗り換えと」などの形式を手作業で除いた。
6　検索形式は「そして」。
7　検索形式は「なんか，何か」。以下まとめて「なんか」と表記。検索後，文脈で判断し代名詞「なんか，何か」を手作業で除いた。

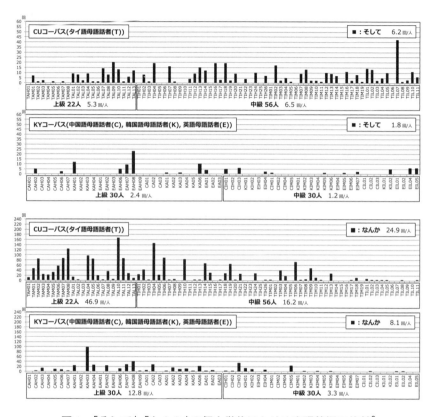

図1 「そして」「なんか」の個人単位における出現状況の比較[8]

多少個人差はあるものの，個人単位でもCUコーパスの学習者はKYコーパスの学習者より「そして」「なんか」を多く使用していることがわかる。CUコーパスの学習者(タイ人学習者)の例を示す。

(1) (日本へ行くプランの説明)プランはないですから，じゃーちょし

---

[8] 検索形式は「そして」，「なんか，何か」。ただし，代名詞的に使われていた計73例，例えば「誰かに何かを教える」などは除いて集計した。OPIデータの記号は次の意味を示す。例えば，"TAL01"は「学習者の母語(T) + OPIレベル(AL) + データ番号(01)」。母語：T = タイ語，C = 中国語，K = 韓国語，E = 英語。OPI主要レベル：I = 中級，A = 上級。OPI下位レベル：L = 下，M = 中，H = 上。

　　　　て[そして]，日本に着いたら，え？　着いたらそして新幹線に
　　　　乗って【地名】に行きました．(略)行くと思います．そして，あー，
　　　　【姓Y】さんと会いに会います(略)会うつもろ，つもりです．そし
　　　　てだい，【地名】のという大学に見学，え？　します．そして，
　　　　あーいろいろな所，【地名】(略)に旅行したいです．そして，以上
　　　　です。　　　　　　　　　　　　　　　　　　　　　　　(TIL07)
　(2)　(「どうして女性だけが家事をしなければならないのか」に対する
　　　　答え)実は最近なんか男も一緒にやっていますけど，まだ女性だけ
　　　　している，いえ，家族もあると，あるようですけどなんか，でも，
　　　　なんか，なんかー，お，おつまが，妻が，一緒に働いているなら，
　　　　だいたいは一緒に，するかな？　家事，〈ふーん〉[9]でもータイ，タ
　　　　イにもなんか妻がかせ，かせ，なんか仕事はし，しないで家に
　　　　ずっといる，の家族も，いる，ようですのでー，そのー家族だっ
　　　　たらーなんか，男は，なんか家事がしません．そして，か，なん
　　　　か家事とか料理を作ることとが，ず，なんか全部なんか妻の役なん
　　　　です。　　　　　　　　　　　　　　　　　　　　　　　(TAL10)
　(1)と(2)の中に自然な使い方も含まれているが，一まとまりの談話単位の中としては，「そして」「なんか」の使用が多すぎて，また繰り返し連続的に使われており，うるさい印象を与える。本研究では，タイ人学習者が一まとまりの談話単位で話す時に見られる問題に注目していく。そして，(1)と(2)のような，自然な使い方も含まれているが使用が多すぎてうるさい印象を与える問題を「多用問題」と呼ぶ。また，「多用問題」の他に，日本語母語話者は使わない不自然な使い方を「誤用」と呼ぶ。以下，**3.**では誤用について，**4.〜6.**では対照分析の観点でタイ語との関係を述べていく。

3.　タイ人学習者の「そして」「なんか」の誤用

　ここではタイ人学習者の「そして」と「なんか」の誤用(不自然な使い方)を考える。「そして」「なんか」は，(1)と(2)のように一まとまりの談話単位

9　〈　〉内は聞き手のあいづちを示す。以下同様。

の中で繰り返し使われることが多い。そこで，学習者にストーリーテリングをしてもらい，新たに一まとまりの談話単位のデータを収集した。

3.1 ストーリーテリングのデータ収集

30人のタイ人学習者[10]を対象に，2つの漫画または絵について，内容を知らない聞き手によくわかるように描写せよという指示で日本語のストーリーテリングをしてもらった。協力者にはペアになってもらって一人が一つ目のストーリーを語る時にもう一人が聞き手になる。一つ目の話が終わったら役割を交代し，別のストーリーを語ってもらった。第1回目のデータ収集の2週間後，別の漫画と絵を用いて，同じ協力者に同じ手順で再度実施した。したがって，各協力者は2回ずつストーリーテリングを行った。ここでは，このストーリーテリングの文字化資料を分析データとした。各ストーリーの要約内容，各ストーリーの話者人数(学習者数)，文字化資料の字数[11]を表2で示す。

表2 分析対象のストーリーの要約内容，話者人数，文字数

No.	ストーリー名	ストーリーの要約内容	話者人数(人)	字数(字)	1人当たりの平均字数(字)
第1回のデータ収集[12]					
1)	外国人	字のない4コマ漫画。所在なげに座っている男性は，外国人と目が合う。その外国人が近づいてくることで窮地に立たされた彼は，とっさに隣にいる男性の新聞の陰に身を隠す。	16	4794	299.6

---

10 中級後半〜上級前半程度の日本語主専攻大学生。内14人はCUコーパスと同一人物。
11 日本語の文字カウントは，記号や聞き手のあいづちなどを削除した後，次の判断基準で表記統一し，Wordの文字カウントにより計量。漢字表記か，かな表記かの判断は，NHK放送文化研究所編(2011)『NHK漢字表記辞典』NHK出版に従う。外来語表記は，北原保雄編著(2010)『明鏡国語辞典 第二版』大修館書店に従う。表6の日本語も同様。

2)	赤ん坊	字のない4コマ漫画。犬に近づいていた赤ん坊と眠りから覚めた犬が顔を見合わせ，互いに向きを変えるが，赤ん坊が円を描くように動いたため，再び両者は顔を見合わせる。	14	3771	269.3
第2回のデータ収集					
3)	秘密	4コマ漫画。互いに秘密を持つ男女が恋人になり，ある日男性は女性が整形美人であることを知る。窮地に陥った女性に，男性は自分が禿頭であることを明かす。	15	4369	291.2
4)	飛行機	2枚の絵。1枚目では，一人の人物が飛び立っていく飛行機をガラス越しに見つめている。2枚目では，同じ人物がテレビで海に墜落した飛行機の映像を見て動揺している。	15	4278	285.2

3.2 「そして」と「なんか」の誤用判定

　上記の文字化資料の「そして」と「なんか」の使い方について，2.2の「多用問題」，すなわち，うるさい印象を与えるかどうかではなく，形式の前後の文脈に注目し，誤用かどうかという観点で一人の日本語母語話者[13]に判定を依頼した。ただし，ここでの判定は，「自然なもの」「気になるが直すほどのレベルではないもの」を「正用ほか」とし，「不自然なもので直したいレベルのもの」を「誤用」とした。「そして」と「なんか」の使用数，正用ほか・誤用の数は表3の通りに判定された。「そして」は「なんか」より，使用数は少ないが誤用数は多いという結果となっている。

12　No.1)2)のストーリーでは石黒（2009: 161, 179）のイラストを使用した。元の出典は，園山俊二『ペエスケ①　こっち向いてガタピシ』朝日新聞社，園山俊二『ペエスケ③　ガタピシの子守うた』朝日新聞社。ストーリー名は本研究で便宜上つけたもの。
13　静岡県出身の30歳代の女性。日本語教育経験4年。

表3 「そして」「なんか」の使用数,正用ほか・誤用の数と割合

	使用数	正用ほか	誤用
そして	48例	22例	26例
%	100%	45.8%	54.2%
なんか[14]	72例	60例	12例
%	100%	83.3%	16.7%

3.3 「そして」の誤用の分類

　上記の判定結果について,日本語母語話者と確認しながら誤用の分類を行った。「そして」の誤用を1)話題転換,2)因果関係,3)時間的経過に分けた。1)はさらに「過剰使用」と「対比」の下位分類を行った。過剰使用とは「そして」も含め,どんな形式も使う必要がない形式不要の場合に「そして」を使用しているという誤用である。以上を表4にまとめた。

表4 「そして」の誤用分類と誤用数および割合

誤用分類	下位分類	誤用(例)		%
1) 話題転換	1)-1　過剰使用(形式不要のタイプ)	13	16	61.5
	1)-2　対比(「でも,だけど,一方」が自然なタイプ)	3		
2) 因果関係(「それで,ですから,そしたら」が自然なタイプ)		7		27.0
3) 時間的経過(「それから」が自然なタイプ)		3		11.5
		26		100

　最も多く見られたのは話題転換に関する誤用で,全体の61.5%を占めている。以下,この誤用分類の順に例を示す。(3)～(5)は話題転換,(6)は因果関係,(7)は時間的経過の例である(【　】内はストーリー名,〈　〉内は聞き手のあいづち,→はより自然な形式,φは形式不要(過剰使用),Tはタイ人学習者をそれぞれ表す)。

　　(3)　【外国人】男の人はなんか,何もしないで座ったまま。〈はい〉で,

---

14 代名詞,副助詞の可能性がある例を除いた。

その男の人はある外国人と目を合わせます。〈はい〉そして(→φ)，その外国人は地図を，あ，その外国人は立っています。　　　(T5)
(4) 【赤ん坊】(話のはじめ)赤ちゃんが一人で，そして(→φ)犬が一匹います。その赤ちゃんが犬に乗りたくて犬の向こうに行きます。
(T24)
(5) 【赤ん坊】次は突然犬が起きて，すると偶然赤ちゃんと目が合ってます。〈へえ〉次はなぜかわからないが，犬がなんか怒ってるみたいな顔をしてます。〈うん〉そして(→一方)，赤ちゃんは他のところに逃げ出してます〈え？〉ん，走ってます。　　　(T29)
(6) 【外国人】この外国人がその人，若い男の人に地図を聞くみたいなあ？(略)道を聞きたいなあと思っています。〈迷っています？〉迷っているかも。〈みたい？〉みたい。そして(→それで，ですから)，目が合うと，外国人が若い男の人にええと，近づいています。　　　(T10)
(7) 【秘密】彼氏は自分の髪を触って，えーとウイッグを取りました。(略)彼は実は禿なんです。〈へえ，髪がないですか〉はい，ぜんぜん髪がないんです。そして(→それから)，彼は「だって，僕もこんなだし」と言いました。それで，彼女はとてもショックしました。　　　(T10)

　まず，誤用数が最も多い話題転換に関する誤用を考える。(3)の「そして」の前の文で話し手は男の人を主題として取り上げているのに，後の文では外国人のほうを主題としている。すなわち，話題転換をしているのに「そして」を用いて話を進めているため，不自然に感じられるのである。(4)は「そして」の過剰使用によって，不自然さが生まれている。(5)は犬から赤ん坊へ主題が変わっているのに「そして」でつないでいるため不自然である。

　次に，(6)と(7)の因果関係と時間的経過に関する誤用を考える。石黒(2000: 29-30)では，「そして」は「だから」「それで」と比べて軽い因果関係を示すもので，「その結果」といった表現に置き換えられるものとしている。また，時間を示す「そして」は，引き続いて事態が生起することを表す「それから」とは対照的で，「その後」や「やがて」といった表現と置き換えられ

る「ある一定の幅の時間を経過した感じを与える」ものとしている。(6)のような強い因果関係を示す場合，(7)のような「一定の幅の時間を経過した」感じがなく，引き続いて事態が生起している場合は，「そして」ではない他の接続詞のほうが適切になる。

3.4 「なんか」の誤用の分類

「なんか」の誤用には 1 ）確定的内容，2 ）言い直しがある。いずれもいかなる形式も不要な場合で，過剰使用である。誤用数と割合を表 5 にまとめる。

表 5 「なんか」の誤用分類と誤用の数と割合

誤用分類	誤用（例）	%
1) 確定的内容	10	83.3
2) 言い直し	2	16.7
	12	100

確定的内容の誤用が多く見られ，全体の83.3％を占めている。例を見る。

(8) 【飛行機】この間私は日本に行くことになったんですね。(略)えー起きるのが遅かったです。(略)ケートに早く行って〈うん〉でも，間に合わなかったんです。(略)とてもがっかりしました。〈うんうん〉なんか(→φ)早く起きればよかったと思います。　(T30)

(9) 【赤ん坊】寝ている犬を見てああ乗りたいなあって思って，で，なんか(→φ)乗ろうと思った時に，えー思った時に犬は起きた，起きました。　(T17)

(8)では，「早く起きればよかったと思う」という内容は確実に判断した結果であり，疑いのない確定的内容である。また，(9)では「(赤ちゃんが)乗ろうと思った時に犬が起きた」という描写も確定的内容である。こうした場合は「なんか」は使えない。「なんか」はもともと不定を表す「何か」から生じた形式で，その後に確定的内容が来ると，本来持つ意味とそぐわないため，不自然に感じられる。

次に，言い直しの誤用の例を示す。

(10) 【赤ん坊】赤ちゃんのなんかそばに，振り込んで？　なんか振り替えして〈振り替え？〉振り替えじゃなく　　　　　　　　　　　(T21)

(11) 【赤ん坊】犬が大きくないですが，なんか，犬が小さい犬ですが

(T21)

　(10)の「振り込んで？　なんか振り替えして」と(11)の「犬が大きくないですが，なんか，犬が小さい犬ですが」は話し手が自分の言葉を言い直す時に「なんか」を使用する誤用である。これは「確定的内容」の誤用とつながっている。話し手は「なんか」の前の言葉より，その後の言葉の内容を「より正確で確定的な」ものとして捉えているから言葉を言い直したのだと考えられる。この場合の「なんか」も不自然である。

　以上，3.ではストーリーテリング課題の資料を使って，「そして」と「なんか」の誤用を分類した上で誤用の分析を行った。その結果，「そして」では対比も含む「話題転換」を表す時の誤用が多く見られ，「なんか」では，後続する内容が「確定的内容」の誤用と「言い直し」の誤用が見られた。

4. 学習者研究から対照研究へ
4.1 タイ人学習者が捉えた「そして」「なんか」の対応形式

　次の(12)のようにタイ語で"lɛ́ɛw kɔ̂ɔ"と発話した後に「そして」に言い直すタイ人学習者の例がある。CUコーパスのデータには，これとは反対に(13)のように「そして」を言った後，タイ語で"lɛ́ɛw kɔ̂ɔ"と発話するタイ人学習者の例がある。

(12) 【外国人】男の観光客が道を地図を読みながら道を探している。lɛ́ɛw kɔ̂ɔ, そしてその観光客が二番目の男何もしない男の前に

(T1)

(13) (どんな町なんですか？)歴史がたくさんある町ですね，はい，そして, lɛ́ɛw kɔ̂ɔ ちょっと珍しいと私が思っているのは　　(TIH18)

「なんか」についてはどうだろうか。協力したタイ人学習者が自分の日本語を振り返って書いたタイ語の内省文の中に次のような意見が書かれていた。

(14) 自分のタイ語の話し方では，何かを説明する時に必ず"bɛ̀ɛp"を言ってから話しているようだ。この"bɛ̀ɛp"は日本語で言えば「な

んか」に当たるかもしれない。　　　　　　　　　(T24)(筆者訳)
(15)　私のタイ語に "bèɛp" がたくさん出てくるようだ。だから，私の日本語に「なんか」がたくさん出ているのだ。　　(T13)(筆者訳)

「そして」は "lɛ́ɛw kɔ̂ɔ" に，「なんか」は "bèɛp" に近い形式として捉えているタイ人学習者がいるようである。そこで，タイ人学習者が「そして」「なんか」を多用する背景を考察するために，5. で「そして」と "lɛ́ɛw kɔ̂ɔ"[15]，6. で「なんか」と "bèɛp" を取り上げて対照分析を行う。

4.2　対照分析に用いるデータ

日本語母語話者20人[16]とタイ語母語話者16人に[17] 3. で記したストーリーテリング課題を実施した。日本語母語話者には日本語で，タイ語母語話者にはタイ語で話してもらったものを録音し，その文字化資料を作成した。使用したストーリーは【外国人】のみであり，この資料と3. で収集した【外国人】の資料を合わせて対照分析を行った。ここでのデータの詳細を表6に示す。

表6　タイ語と日本語データのストーリー名，話者人数，データの文字数[18]

ストーリー名	日本語のデータ			タイ語のデータ		
	話者人数(人)	字数(字)	1人当たりの平均字数(字)	話者人数(人)	字数(字)	1人当たりの平均字数(字)
外国人	20	7516	375.8	16	10222	638.9

5.　「そして」と "lɛ́ɛw(kɔ̂ɔ)" の対照分析
5.1　「そして」と "lɛ́ɛw(kɔ̂ɔ)" の出現状況

タイ語母語話者の "lɛ́ɛw kɔ̂ɔ"，タイ語母語話者(タイ人学習者)の「そして」，日本語母語話者の「そして」の出現状況を一目で把握できるように，図

15　kɔ̂ɔ は省略可能。lɛ́ɛw を lá や lɛ́w と発音することもある。以下，"lɛ́ɛw(kɔ̂ɔ)" を使う。
16　日本語母語話者20名分のデータは，チュラロンコン大学大学院・外国語としての日本語(Japanese as a Foreign Language)コース修了生の近藤めぐみ氏に提供していただいた。
17　3.1で述べた【外国人】のストーリーテリングと同じ対象者である。
18　聞き手のあいづちなどを削除してカウントした。日本語文字カウントは注11)と同様。

2を作成した。図の作成方法を説明する。各話者の話全体の文字の連なりを1行の幅に調整し，「そして」と"lɛ́ɛw kɔ̂ɔ"を「■」に置き換えた。出現回数はグラフの右横に，各話者が話した文字数は左横に示した。文字カウントは記号や聞き手のあいづちなどを削除したものを用いた。また，日本語文字カウントと表記基準は3.1の注11)で述べた基準を用いた。

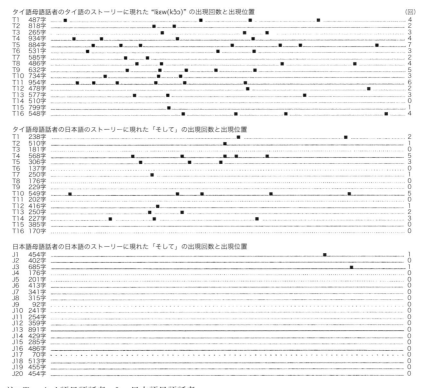

注：T＝タイ語母語話者，J＝日本語母語話者

図2　タイ語母語話者と日本語母語話者の「そして」"lɛ́ɛw (kɔ̂ɔ)"の出現回数と出現位置

図2から三つのことがわかる。1) タイ語母語話者の"lɛ́ɛw (kɔ̂ɔ)"は日本語母語話者の「そして」と異なり多く使用されている，2) タイ語母語話者(タイ

人学習者)は日本語母語話者と異なり，「そして」を多用している，3)タイ語母語話者(タイ人学習者)が使用する"lɛ́ɛw(kɔ̂ɔ)"と「そして」は全体に散らばって分布している点では使い方が似ている，ということである．

5.2 「そして」と"lɛ́ɛw(kɔ̂ɔ)"の類似点と相違点

"lɛ́ɛw(kɔ̂ɔ)"は「添加」を表す接続詞である．Panthumetha(2011: 97)では，"lɛ́ɛw(kɔ̂ɔ)"の"lɛ́ɛw"を名詞と名詞，動詞と動詞，文と文を結びつけることができる接続詞としている．

「そして」は，市川(1978)では「添加型」の下位分類の「累加」として位置づけられている．石黒(2000)では「そして」を格成分と格成分，名詞と名詞，文と文のように，様々なカテゴリーのものを結びつけられるものとし，「それから」「その結果」「その後」などの表現に言い換えられる幅広い用法を持つ接続詞とされている．また，石黒(2008)では，「そして」に「最後に一つ，大切な情報をつけ加える働きがある」と指摘されており，図2の日本語母語話者の「そして」が最後の方に現れているのはこの働きと関係していると思われる．例えば，次の(16)はその日本語母語話者の「そして」の例であるが，外国人(おじいちゃん)が男の人(私)に近づいてきて，最後にどうなったかという結末部分に入る前に使われている．

(16) (略)ホテルのロビーで，えーとこの人とこの人は知り合いでもなんでもない．(略)すると，向かいに座っているおじいちゃんと，彼は目が合ってしまった〈おお〉(略)すると，あー他人の振りしたいなと思いつつもおじいちゃんはなんと近づいて来てしまった．(略)おじいちゃんは多分，あ，私が，なにかこう，困ってるのかなと思って，目が合ったんだろうなあと，おじいちゃんは思ってるんだろうなあ．親切なんだけど，ちょっと気まずいなー，あっ，近づいてきちゃった，んー，おじいちゃんは，そして，私に地図を，えーと見せて，貸してあげようかなと，好意できたんだろうなあと〈おお〉どうしよ，じゃ，忙しい振りしよ，あまりかかわりたくないな〈ほお〉っていうことで，隣の関係ない男の人の，と，知り合いのように，私は演技をしましたっていう話．　　　(J1)

"lɛ́ɛw(kɔ̂ɔ)"と「そして」は，様々なカテゴリー同士を結びつける「添加」を示す接続詞であるところが類似しているが，二つの点において異なっている。一つは対話場面での使用で，もう一つは各形式が持つ用法の違いである。
　"lɛ́ɛw(kɔ̂ɔ)"は，図2からわかるように，対話場面でよく使われる形式である。その点で「そして」とは対照的である。阪上(2014)は話し言葉コーパスにおける対話場面の「そして」の使用数を調べた結果，10万語中1.7語～2.2語で少ないことを報告している。また，石黒(2000)は「そして」は一方向的に語るジャンルでは多く使われるが，対談といった双方向的に話すジャンルでは少ないとしている。これらは図2の結果と一致している。
　各形式が持つ用法については，"lɛ́ɛw(kɔ̂ɔ)"が「そして」よりも用法の幅がかなり広い点で異なる。タイ語のデータに現れた53の"lɛ́ɛw(kɔ̂ɔ)"をタイ語のできる2人の日本語母語話者[19]に日本語に翻訳してもらった結果，様々な日本語訳に対応していることがわかった。次の(17)がその例である。紙面の都合上，"lɛ́ɛw(kɔ̂ɔ)"の前後の文脈のみを日本語に訳したもので示す(（　）内が"lɛ́ɛw(kɔ̂ɔ)"の日本語訳であり，複数の訳が考えられる場合は／で区切って複数示した。φは形式不要の場合である）。

(17)　(略)一人の男は座って新聞を読んでて，それともう一人の男は座ってるだけで何もしていない。①lɛ́ɛw(kɔ̂ɔ)（それから／で／φ），ここに外人らしいのがいて，地図を見てるみたいなんだ。②lɛ́ɛw(kɔ̂ɔ)（それで／で）彼は道か何かを聞ける人を探してるらしい。③lɛ́ɛw(kɔ̂ɔ)（そしたら）ちょうどソファーの日本人の一人と目が合ってね。④lɛ́ɛw(kɔ̂ɔ)（そして／だから）その外人のおじさんは急いで来た。ソファーに座っている日本人の男のところにまっすぐに来たんだよ。⑤lɛ́ɛw(kɔ̂ɔ)（だけど／でも），この男の様子からすると，彼は多分英語が話せないんじゃないかな。(T9)

(17)のlɛ́ɛw(kɔ̂ɔ)は「そして」のほかに「それから」「で」「それで」「そしたら」「だから」「だけど」「でも」「φ」の様々な形式に対応することがわかった。

19　日本語教育経験5年の，千葉県出身の40歳代の男性と東京都出身の60歳代の女性。

(17)で「そして」が使えるかどうかは3名の日本語母語話者[20]に確認したところ，母語話者の間でも判断が分かれた。その中で唯一一致したのは⑤の"lɛ́ɛw(kɔ̂ɔ)"の例で，ここは外国人の話題から男の人に話題が転換した箇所であり，「そして」を使うと不自然だという点である。

　新屋ほか(1999: 129)では「基本的に『そして』は接続するもの同士にある種の前後関係が認められ，かつ全体で一まとまりの意味をなす場合に用いられる」と示唆されている。すなわち，「そして」が話題転換で用いられないのは，話題転換が接続する前の話題と後の話題との関係の結びつきが弱く，一まとまりの意味をなすことができないからである。これに対して，"lɛ́ɛw(kɔ̂ɔ)"は前の発話との意味的な関係を強く求めないため，話題転換でも用いられる。"lɛ́ɛw(kɔ̂ɔ)"の用法は，前の発話との接続をするという機能から，その後に来る発話を組み立てていくという機能まであり，「そして」よりも幅広いのである。

　以上から，"lɛ́ɛw(kɔ̂ɔ)"は，対話場面において発話を組み立てていく時に広く用いられる形式であり，一方「そして」は，書き言葉と独話場面において主に用いられ，前後関係が認められた上で前の文や発話との接続を担い，全体で一つのまとまった意味をなす時に用いられると結論づけられる。

　タイ人学習者は，両形式が共通して持っている「様々なカテゴリー同士の結びつけ」「添加」「幅広い用法」といった機能を知り，「そして」を"lɛ́ɛw(kɔ̂ɔ)"と同様に使用しているのではないか。その結果，対話場面で発話を組み立てていく場合にも「そして」を使用しているものと思われる。

6. 「なんか」と"bɛ̀ɛp"の対照分析
6.1 「なんか」と"bɛ̀ɛp"の類似点と相違点

　「なんか」と"bɛ̀ɛp"[21]は「言葉探し」の用法を持つ点で類似している。以下，その例を見る(# = "bɛ̀ɛp"の想定上の出現位置)。

20　注13)，18)と同じ人。
21　代名詞，副助詞の「なんか」，代名詞のbɛ̀ɛp(例：bɛ̀ɛp níi(＝このように))は分析対象外。本研究ではbɛ̀ɛpのフィラー的用法を中心に分析考察する。分析対象を決める基準は，bɛ̀ɛpを取り除いても同じ意味を表すことができるものとする。

(18) わたしも，なんか，見るからにこう，なんか，こうきょろきょろ
してる，嬉しそうな顔して近付いてくる。　　　　　　　　(J2)
(19) (男の人が座っていて)bɛ̀ɛp bɛ̀ɛp mâydây tham ʔaray　　(T16)
　　　　　　　　　　　　　否定／する／何も
訳: 男の人が座っていて　#　何もしてないみたい。

　(18)では「なんか，こう」と発話しながら，自分の感覚に合う言葉を探している。(19)も同様で，適切な言葉がすぐに出てこないため"bɛ̀ɛp"を繰り返し，次の言葉を見つけるまでのつなぎとしている。すなわち，両形式には「言葉探し」の用法があるのである。しかし，こうした類似点は表面的なもので，両形式の本来の機能はそれぞれ次のように異なる。

　「なんか」の説明として先行研究では「不定」(川上 1992)，「不確実性・不特定生」(鈴木 2000)，「正確な描写ではない」(エメット 2001)のようにその用法が示されている。すなわち，話し手がはっきりと事態を把握していない時に「なんか」を用い，後続する内容が「不定，不確実，不特定，不正確」であることを示しているのである。

　これに対して，"bɛ̀ɛp"は本来「種類」という意味を持つ名詞である。例えば，"khonlá(各々) bɛ̀ɛp(各種類)"のように使われる。そして，"khon(人) bɛ̀ɛp Taro(太郎のような人)"，"mɔɔŋ(見る) bɛ̀ɛp ŋoŋŋoŋ(わけがわからない)(わけがわからないまま見た)"のように，直前の名詞や動詞を後続する言葉で説明する時に使われる形式に派生している。この用法により，聞き手によりわかりやすい説明を与えたり，より正確な内容を示す言葉を探す時に使われたりする。「言葉探し」の用法はこうした機能から転じたと思われる。

　そして，対話場面において両形式は後続する言葉の意味を示すだけではなく，聞き手にその意味を予告する機能も持っているが，上述の議論から予告する内容がそれぞれ異なることになる。「なんか」については，先行研究で「『次に言うことは，私にはよくわからないのですが』というサイン」(川上 1992: 78)，「後に続く発話内容に対する話し手の態度を聞き手に予測させるもの」(鈴木 2000: 69)のような指摘もある。すなわち，「なんか」は聞き手に「後続する言葉が不正確な内容である」ことを予告しているのである。一方，"bɛ̀ɛp"は聞き手に「後続する内容がより正確である」ことを予告している。

6.2 「なんか」と "bɛ̀ɛp" の使い方の相違点

　両形式の機能にもとづいて，各形式の使い方の相違点を検討する。まず，3.4で述べた「確定的内容」と「言い直し」の場合を見る。(20)は前者の例で(21)は後者の例であるが，どちらも6.1で見た後続により正確な内容が続く用法と言える。これらの "bɛ̀ɛp" は「なんか」に言い換えられない。

(20)　(話のはじめ) kɔ̂ tɔɔn thîi nâŋ yùu thîi rooŋrɛɛm kɔ̂
　　　助詞／ところ／関係代名詞／座る／状態／場所／ホテル／助詞／
　　　mii bɛ̀ɛp mii phûuchay kɔ̂ nâcàʔ pen khonyîipùn　　　(T9)
　　　いる／bɛ̀ɛp／いる／男の人／助詞／推量／である／日本人
　　　訳: ホテルで(誰か)座っている，そこに#男がいる。日本人だと思う。

(21)　khɔɔ pay yùu bɛ̀ɛp khɔ̌ɔ lòp
　　　させてもらう／行く／いる／bɛ̀ɛp／させてもらう／隠れる／
　　　lǎŋ nǎŋsɯɯphim　　　(T15)
　　　後ろ／新聞
　　　訳: 新聞の後ろにいさせてもらう#隠れさせてもらうようにする

(20)では，話し手が「男がいる」という描写内容を十分に把握した上で，聞き手に説明していると思われる。話し手が事態を十分に把握している「確定的内容」の場合でも，"bɛ̀ɛp" は用いられる。

　(21)では，よりわかりやすい言葉，より正確な言葉を探して言い直している。"bɛ̀ɛp" は聞き手によりわかりやすい内容，より正確な言葉で伝えたいという時に用いられるので，「言い直し」となるのである。

　次に，両形式が呼応表現を伴うかどうかの点について見る。川上(1992)や鈴木(2000)が指摘しているように「なんか」は「みたい」「よう」「らしい」「っていう感じ」などのモダリティの形式や婉曲表現と呼応することがあるが，"bɛ̀ɛp" は呼応表現を伴わない。日本語母語話者のデータの40例の「なんか」を見ると，そのうちの45%(18例)の「なんか」がモダリティ形式などと呼応していた。例えば，次のような例である。

(22)　なんか嫌な雰囲気を察したらしく〈へえ？〉いきなりその友達が
　　　　持ってた新聞のところに隠れて，なんか知らない振り，みたいな
　　　　　　　　　　　　　　　　　　　　　　　　　　　　(J7)

(23) なんか〈ふん〉恥ずかしかったのか怖かったのか，あまり話しかけてもらいたくなかったのか，その前をこう，さっと雑誌をとって，〈え，かわいそう〉こう，いかにもこう，なんかわからないような，まるでおじいさん〈へー〉なんか無視するような感じで． (J13)

　また，呼応表現がない場合，すなわち単独で使われる場合においては，両形式に後続する発話の長さにも違いが見られる。"bɛ̀ɛp"は，(19)～(21)の例からわかるように，後続の発話はどれも比較的短い。話し手はより正確な内容を示すために端的に一言で説明しようとした結果，短い発話を選択することになったと考えられる。しかし，単独で使われる「なんか」に後続する発話を見ると，長い発話が含まれることがある。次の(24)と(25)がその例である。

(24) なんか話しかけられたりすると〈ふん〉わからなかったらどうしようとか，まちがいがこわいであるとか，でも，〈はい〉この前，えー，そこまでってことがあったんですよ。 (J8)

(25) なんかすごい荷物を持って，〈ヘー〉カメラをこう，提げていて，地図を持っていて，すごい困った顔でこう地図を眺めているおじさんが立ってたんですね。〈ああ〉 (J13)

　これは「なんか」の「予告する」機能により，「なんか」がかかる範囲内の発話が多少長くても許されるからであろう。呼応表現は発話の終わりに現れることが多いため，発話の終わりまで聞かないと解釈することができない。長い発話も同様に最後まで聞かないと話し手の態度が把握できない。「なんか」を事前に使うことで，「不正確な内容が来る」ことを聞き手に予告し，後に続く発話の解釈を手助けする役割を担っていると考えられる。

6.3　タイ人学習者の「なんか」

　タイ人学習者は「なんか」の「言葉探し」の用法を知り，"bɛ̀ɛp"を使用するのと同様に「なんか」を使用しているのではないかと思われる。例えば，(26)は「なんか」の誤用であるが，(20)の"bɛ̀ɛp"の使い方に似ている。

(26) 【外国人】(話のはじめ)えーと，これはなんか，あるホテルでホテルの一階にソファーがあります。 (T5)

また，「なんか～」"bɛ̀ɛp～"のように，両形式はこれから述べる言葉や発

話の前に同様に現れるため，その位置的対応から，タイ人学習者は"bɛ̀ɛp"と同様に，呼応表現なしで「なんか」を単独で使う傾向があるのではないかと推測できる。タイ人学習者の日本語データにある28例の「なんか」を見ると，モダリティ形式を伴う「なんか」はわずか2例(7.1%)(いずれも「〜みたい」と共起)しかない。上述した日本語母語話者の45%とは対照的である。

　さらに，単独で使われるタイ人学習者の「なんか」にも特徴があり，(27)(28)のように後続する発話が短いものが多い。データの中で一番長い発話でも，(29)で見られるような長さのものしかない。こうした使い方も"bɛ̀ɛp"の使い方によく似ている。

　　(27)　男の人はその新聞を読んでいるおじさんはなんか隠します。　(T5)
　　(28)　ぼーっとしている人はなんか怖くなった。　(T14)
　　(29)　その男は，なんか驚いて新聞を読んでいる男と隣に座り，逃げてしまいました。　(T3)

　以上，6.では「なんか」は「後続の言葉が不正確な内容である」ことを示したり聞き手に予告したりする形式であるが，"bɛ̀ɛp"は「後続の言葉がより正確である」ことを示したり聞き手に予告したりする形式であることを述べた。これにより「なんか」は使えない，後続する内容が「確定的内容」「言い直し」の場合でも，"bɛ̀ɛp"は使えることがわかった。また，"bɛ̀ɛp"と異なり「なんか」は呼応表現と共起できること，長い発話が後続することが使い方の特徴としてあることも述べた。さらに，タイ人学習者の「なんか」の誤用がこうした「なんか」と"bɛ̀ɛp"の用法の違いに起因していることを指摘した。

7.　学習者研究と対照研究の成果から指導のポイントへ

　上記の学習者研究と対照研究の成果を活かし，指導のポイントを提案する。

7.1　積極的に指導すること

　日本語教育で「そして」は初級から導入されているのに対して，「なんか」は導入されていない。初級での「そして」の導入に対して，特殊なニュアンスを持つ「そして」を導入するのには慎重な考えを示す石黒(2000)や，話し言葉では「そして」を導入しないことを提案する阪上(2014)がある。

しかし，教室で形式を導入しなければ，学習者はその形式を使用しないと言えるのだろうか。大工原(2010: 30)は，初級と中級日本語教科書を5種類ずつ調査した結果，「なんか」はどの教科書にも全く現れていないことを報告している。すなわち，「なんか」は学習項目として導入されていないが，「そして」と同様に多用されているのである。

　学習者のインプットは教室内だけではない。例えばドラマのセリフのような教室外のわずかなインプットでも，母語と似た使い方の表現があれば，自分が使いやすいようにそのインプットから独自にルール化してしまうことがある。日本国内の学習者は，日々接触する教室内外の大量のインプットで，学習者が自分の中間言語を検証したり修正したりすることが比較的容易にできるが，海外の学習者は，検証や修正するのに十分な量のインプットを得ることはむずかしい。明らかに多用や誤用の傾向を示す形式の場合，特に海外の現場では，積極的な指導を提案したい。「そして」は会話の授業で「独話」と「対話」の場面をはっきり分けた上で適切に指導をする必要がある。「なんか」は「あのう」や他のフィラーと同様に積極的に取り上げて指導する必要がある。指導のポイントを以下の**7.2**と**7.3**で提案する。

7.2　多用問題への対処法：学習者に自ら気づかせる

　多用問題は，全ての形式が不自然な使い方ではないために，誤用判定がむずかしく日本語教育ではあまり問題視されていない。しかし，中国語・韓国語・英語母語話者の学習者よりタイ人学習者が「そして」「なんか」を3倍以上多く使用しているという事実はやはり無視できない。また，Kondo(2004: 66-67)で「学習者の意味のないフィラーの多用はわかりにくさの要因」だと指摘しているように，特定の形式の多用はわかりにくさを生む要因ともなっている。(30)は，2分25秒の発話時間で「なんか」を25回も使用したあるタイ人学習者の多用の例である。本研究の誤用判定の基準に従えば，この中で「誤用」となるのは四角で囲んだ2カ所(前者は「言い直し」誤用，後者は「確定的内容」誤用)のみであるが，全体として「なんか」が多すぎることでうるさく不自然な印象を与える。

　　(30)【外国人】(略)なんか，なんか私はね，外国人と日本人を見ていま

　　　　　す。なんか，2人はなんかちょっとね，なんか日本人はけっこう，
　　　　　うーん，ちょっと外国人，なんか外国人に会いたくないかなあ。
　　　　　なんか，なんか実はね，なんか，あの，あ，外国人はなんか，な
　　　　　んか，あー新聞を見て なんか 新聞を読んで，たぶんなんかわから
　　　　　ないところがあってちょっと聞きたいことがあるんですけど，な
　　　　　んかだから，あーするとあの，2人はなんか目にあったとたんに，
　　　　　なんか この人日本人ですね。なんか多分外国人は聞きたいかなあ。
　　　　　(略)でも，日本人はなんか，なんか，目が，会いたくない。(略)
　　　　　あの人は子どもと，子どもとすぐになんか，新聞を読んで，なん
　　　　　か覗い，覗いてちょっと会いに，あーなんか見たくない。だから，
　　　　　えー私はえーなんか，なんで日本人は外国人が好きじゃないかな
　　　　　あ。(略)多分なんか嫌だ嫌だ，新聞を読んで読んでなんか避けて，
　　　　　そうそうそう。[22]

　多用問題への対処法では，学習者に自分の話し方(口癖)に自ら気づかせる
ことが大事である。そこで学習者に自分が話した日本語を録音させて，文字
化させる方法を提案したい。筆者はこの方法で教室実践を行った。**3.1**で述べ
た第1回データ収集の後，対象者全員に自分が話した日本語を文字化させ，
自分の話し方(口癖)を振り返らせてタイ語での内省文を書かせた((14)(15)
は内省文の例)。その結果，多くの学習者が自分の特定形式の多用傾向に気づ
き，第2回のデータ収集時には「そして」の使用が51回から6回に大幅に減
り，「なんか」の使用が47回から25回に減った。(30)の学習者も文字化作業
を通して多用に気づき，特に「なんか，なんか」の連続使用を減らしたいと
の意見を述べた。

7.3　誤用問題への対処法：二つのアプローチ

　誤用問題への対処法として，誤用への介入と正用への導き方が挙げられる。
　誤用への介入では，ストーリーテリングなどの課題を遂行させた後，学習
者に自分の使用形式に注意を向けさせることが大事である。中石(2013：37)

22　T1-T30ではない別の機関で日本語を習ったタイ人学習者の例。発話が長いため，こ
　　の例においては聞き手のあいづちなどを削除した。

では，誤用への介入として「運用での誤用は明示的に指摘しても直らない場合が多い」が「このような誤用をしてないかと問うことで注意を喚起することができる」と述べている。誤用分析の結果を活かし，「そして」の話題転換の誤用，「なんか」の確定的内容が来る時の誤用，言葉の言い直しの誤用を念頭に置き，「こうした誤用をしていないか」と問うことで対処できる。

正用への導き方では対照研究の成果を活かしながら，学習者の立場に立ち，即時対応と長期対応に分けて指導のポイントを絞ることが大事である。

「そして」を使う時に，タイ人学習者は発話を組み立てていく "lɛɛw(kɔ̂ɔ)" の使い方の影響を受け，後の文の方に意識が集中されやすい。このことから，即時対応として「そして」の後の文ではなく，前の文との意味的な結びつきを確認させたり観察させたりする練習を取り入れることを提案する。他の接続詞との使い分けは習得に時間がかかるので，長期的に対応する。

「なんか」を使う時に，タイ人学習者は "bɛ̀ɛp" の使い方の影響で，後続する言葉をより正確に説明しようとする傾向がある。「なんか」に後続する言葉が不正確な内容であることに気づかせるために，即時対応として「なんか＋呼応表現」という形で導入したり練習したりすることを提案する。呼応表現の使用で，「なんか」の意味に対する理解への促進にもつながり，確定的内容と言葉の言い直しの用法も抑制されるため効果的だと思われる。その後，長期対応として，言葉探し以外の用法を示したり，単独で使われる「なんか」と後続する様々な長さを持つ発話の例を示したりすることが考えられる。

8. おわりに

本研究では，日本語教育現場とのつながりを意識した対照研究をめざして，次のことを念頭に置きながら研究を試みた。1) 研究対象の問題点の絞り方は，研究者や教育者が関心を持つ文法項目あるいは遭遇した例文からではなく，教育現場にいる学習者のコーパスを用いて探索的に問題点を抽出すること，2) タイ人学習者研究と日タイ対照研究を積極的につなぎ，研究と教育を一体化させること，3) タイ人学習者研究と日タイ対照研究の成果を活かし，タイの日本語教育現場への具体的な指導のポイントを提案すること，である。

野田（2005: 3）では，多様な学習者に対応する日本語教育文法の役割の一つ

として,「日本語を学習する目的や周囲の環境,母語などの違いに応じてオーダーメイドの文法が作れるようにする」ことを挙げている。海外の学習者は日本国内の学習者より数がはるかに多いが,海外の学習者に特化した研究はまだ少ない。本研究では一まとまりの談話単位で話す時に見られる問題に注目し,海外で日本語を学習しているタイ人学習者を対象に,オーダーメイド的に研究を行った。この成果をタイの教育現場に還元することで,野田(2005)が述べた日本語教育文法の姿に近づくことができたら幸いである。

参照文献

石黒圭(2000)「『そして』を初級で導入すべきか」,『言語文化』37, pp. 27-38.
石黒圭(2008)『文章は接続詞で決まる』,光文社.
石黒圭(2009)『よくわかる文章表現の技術Ⅱ―文章構成編―[新版]』,明治書院.
石田プリシラ(2010)「日英対照研究と日本語教育―対照研究の方法と視点―」,砂川有里子ほか(編)『日本語教育研究への招待』pp. 231-249, くろしお出版.
市川孝(1978)『国語教育のための文章論概説』,教育出版.
エメット啓子(2001)「『なんか』―会話への積極的参加を促すインターアクショナルマーカー―」,南雅彦・アラム佐々木幸子(編)『言語学と日本語教育Ⅱ』pp. 201-217, くろしお出版.
太田亨(2002)「対照研究と日本語教育のより良い関係を目指して―日本語・ポルトガル語―」,国立国語研究所(編)『対照研究と日本語教育(日本語と外国語との対照研究10)』pp. 49-63, くろしお出版.
カノックワン・ラオハブラナキット・片桐(2015)「タイ人学習者の談話マーカーの使用傾向について―他の母語の学習者との比較を通して―」,第10回OPI国際シンポジウム実行委員会(編)『第10回OPI国際シンポジウム 基調講演・パネルディスカッション・研究発表予稿論集』pp. 135-138.
川上恭子(1992)「談話における『なにか』について」,『園田国文』13, pp. 73-82.
熊谷智子(2002)「『対照研究』と『言語研究』をつなぐために」,国立国語研究所(編)『対照研究と日本語教育(日本語と外国語との対照研究10)』pp. 21-33, くろしお出版.
阪上彩子(2014)「話し言葉における『そして』の指導法―話し言葉コーパスと初級教科書の分析を通して―」,『神戸大学留学生センター紀要』20, pp. 61-74.
新屋映子・姫野伴子・守屋三千代(1999)『日本語教科書の落とし穴』,アルク.
鈴木佳奈(2000)「会話における『なんか』の機能に関する一考察」,『大阪大学言語文化学』9, pp. 63-78.

大工原勇人(2010)『日本語教育におけるフィラーの指導のための基礎研究―フィラーの定義と個々の形式の使い分けについて―』,神戸大学博士論文.
中石ゆうこ(2013)「中間言語から見た日本語教育文法―「わかる」と「できる」の区別を通して―」,『日本語学』32-7, pp. 30-39.
野田尚史(2005)「コミュニケーションのための日本語教育文法の設計図」, 野田尚史(編)『コミュニケーションのための日本語教育文法』pp. 1-20, くろしお出版.
山内博之(2004)「語彙習得研究の方法―茶筌とNグラム統計―」,『第二言語としての日本語の習得研究』7, pp. 141-162.
山内博之(2009)『プロフィシェンシーから見た日本語教育文法』, ひつじ書房.
Kondo, Junko (2004) Japanese Learners' Oral Narratives: Linguistic Features Affecting Comprehensibility. *Japanese Language Education Around the Globe*, 14. pp. 53-74.
Panthumetha, Nawawan (2011) *Thai Grammar*. Bangkok: Chulalongkorn University.

第二言語習得研究と第二方言習得研究の統合に向けて
――現状と問題点――

渋谷勝己

1. はじめに

　現代の日本社会に生まれ育ったわれわれは，幼いときから生まれた土地の方言を習得するとともに，テレビや学校教育などをとおして日本語の標準語を身につけている[1]。また，人の移動を特徴とする現代社会においては，さらに，生まれた土地からほかの土地へ移住し，その移住先の方言を身につけることもある。このようにしてわれわれ「日本語母語話者」は，方言や標準語などのさまざまな日本語変種を身につけることによって，日本語の多変種能力をもつ言語使用者となる。

　一方，われわれは，小学校や中学校で英語を学び始め，大学ではさらに第二外国語や第三外国語も学ぶことがある。このようにして学んだ外国語の能力は個々人によって差があるが，いずれにしてもわれわれは，多言語・多変種能力をもつ言語使用者であることには変わりがない。

　ところで，われわれは，母方言以外の，日本語の第二方言や標準語(以下，標準語を含めて便宜的に「第二方言」と呼ぶ)をどのようにして習得するのであろうか。この習得のプロセスは，第二言語や第三言語(以下，まとめて「第二言語」とする)を習得するプロセスとは異なるのであろうか。

　第二言語習得(second language acquisition。以下SLAとする)と，標準語や移住先の方言を習得する第二方言習得(second dialect acquisition。以下，標準語の習得を含めてSDAとする)は，一般には(直感的に)質の異なる事象

---

[1] 本稿では，英語圏で行われた研究も考察の対象とするため「標準語」という用語を使用し，「共通語」という用語を使用して行われた国内の方言学関係の研究に言及するときにのみ「共通語」という用語を用いる。

と捉えられていることが多いようである[2]。

しかし，これまでの社会言語学の研究が繰り返し指摘してきたように，「言語」と「方言」を区別することは，社会的な状況や話者の意識に基づいて行うことは可能であっても，言語的な特徴に基づいて行うことは不可能である。とすれば，SLAとSDAを質的に異なった事象として区別することも，不可能なはずである。

本稿では，これまで行われてきたSLA研究とSDA研究を振り返ることによって両者の接点を探し出し，両者を有機的に統合することを試みる。具体的には，最初にSLAとSDAという事象およびそれをめぐって行われている研究の現状を簡単に整理したあと(2.節)，SLA研究とSDA研究がたがいをどのように捉えているかを確認する(3.節)。続いて，両研究分野が設定している課題を付き合わせることによって両者を統合する可能性を模索し(4.節)，さらに両研究分野が共有できる課題を探ることにする(5.節)。

なお，先にSLAとSDAは区別できないと述べたが，本稿では，両者についてこれまで行われてきた研究を対比的に見るために，便宜的に区別することにする。

2. 事象および研究の現状の確認

以下，SLA研究とSDA研究を統合する可能性を模索していくにあたって，最初に，両研究分野の研究対象とする事象，およびその研究の現状を整理しておこう。

主に英語圏と日本で行われてきたSLA研究，SDA研究の特徴を，目標変種，研究に従事している研究者，研究の対象とする言語項目，習得者の属性(とくに年齢)，調査方法，研究の課題などの項目によってごくおおまかにま

---

[2] あるいは，第二方言習得について，そもそも日本の方言学などにおいては「共通語化」や「言語変容」といった事象として研究し，標準語を身につけることを第二方言習得という視点で捉えることはなかったといってもよい(しかも以前は，「共通語化」によって話者(地域)が方言と標準語の二変種使用(者)になるのではなく，方言はいずれ標準語に置き換わっていくという言語シフト的な発想のもとに研究が進められていた)。事実，CiNiiで「第二方言，第2方言」をキーワードにして論文検索を行っても，1件もヒットしない(2015.9.19)。全文検索では5件ヒットするが，これには言語習得研究分野のものではない論文も含まれる。

第二言語習得研究と第二方言習得研究の統合に向けて

とめれば，次のようになる。SLA 研究，SDA 研究ともに，習得者が教室場面で標準語を習得する場合と，自然な環境で日常語(vernacular)を習得する場合とではその視点や方法に異なるところがあるので，表では大きく 4 つにわけている[3]。

表　SLA 研究と SDA 研究の異同

	SLA 研究		SDA 研究	
	教室場面	自然な環境	教室場面	自然な環境
目標変種	標準語	日常語	標準語	日常語（地域方言）
研究者	第二言語習得研究者（立場は多様）	社会言語学者 ピジン・クレオール研究者	言語教育学者 社会言語学者 方言学者	社会言語学者 方言学者
対象項目	さまざま	さまざま	—	言語変項
習得者属性	子どもから大人までの学習者	移民など	学齢期以降の児童・生徒	子どもから大人までの移住者
調査方法	内省，実験，観察，自然談話収集などさまざま	記述調査，自然談話収録など	—	自然談話収集など
課題	第二言語の知識・能力や第二言語を使用したインターアクション能力の発達のあり方など	第二言語の実態記述や習得者の知識・能力のあり方，ピジン・クレオールが生じる場合とSLAが行われる場合の条件など	標準語の知識・能力や標準語を使用したインターアクション能力の発達のあり方など	第二方言の知識・能力や第二方言を使用した言語行動のあり方，第二方言習得の過程におけるアコモデーションの役割，（海外の日本語変種の場合）中間方言に取り込まれている方言的要素とその使用実態など

以下，それぞれについて簡単に説明する。

---

[3] この表は，習得の類型をごく単純化して示している。煩雑になるためにこの表にはあげていないが，ほかに，第二言語環境ではごく一般的である教室場面と自然な環境を組み合わせた SLA や，これも現代社会ではごく一般的な，自然な環境における，標準語を目標言語とする SDA などもある。後者については **2.2** 参照。

2.1 教室場面でのSLAを対象とした研究

このタイプのSLA研究は，SLAに特化された教科書やハンドブック，ジャーナル，学会などを備えた(福田 2015)，ひとつの自律した言語の研究分野である。この研究分野が主な対象としているのは，教室場面での，第二言語の標準語を目標言語とするSLAであり，専門の研究者のほかに，大学などで第二言語や外国語教育を担当している研究者がこのタイプの研究に従事していることが多い。

それぞれの研究者が注目するSLAの側面は，認知的側面，相互行為的側面，社会文化的側面などさまざまであることからもわかるように(VanPatten & Williams 2015; 渋谷 2015など)，取り上げる事象はさまざまであり，音声や音韻といった小さな言語単位からインターアクションのあり方まで多岐にわたる。対象とする学習者の属性(年齢)も，高校生や大学生，大学院生など，学習者人口が多いところに偏るものの，とくに習得開始年齢と習得のあり方を探る研究などは幅が広い。調査の方法としては，研究がもっとも盛んな領域であることもあり，質的研究，量的研究の両者において非常に多くの方法が採用されているが(小柳 2015)，高校や大学は，同じ教室に集まった，似たような属性をもつ学習者を調査協力者として確保できるために，量的，実験的な研究を行うのに適しているところである。研究の焦点は，第二言語をめぐる学習者の言語知識や運用のあり方，第二言語の習得プロセスを解明しようとするものが多い。後者の目的のために横断調査が採用しやすいのも，この領域である。

2.2 自然な環境でのSLAを対象とした研究

自然な環境で行われるSLAを対象とした研究の典型的な事例は，他の言語を使用する地域から移住してきた移民が，移住先で使用される言語の母語話者などと日常的に会話を交わすなかで目標言語の変種(主にvernacular)を習得するプロセスを解明しようとするものである。ドイツにおけるゲストアルバイターのドイツ語習得プロセスを解明しようとしたZISAプロジェクト (Zweitspracherweb italienischer (, portugiesischer) und spanischer Arbeiter) やHPDプロジェクト(Heidelberger Forschungsprojekt "Pidgin-

Deutsch")がその代表的な研究事例で，日本でも，在日コリアンについての真田・生越・任(2005)や，日系ブラジル人についての土岐(1998)をはじめ，多くの研究が行われている(移民言語研究の流れについては渋谷 2010参照)。

これらの習得者については，移住してきた年齢，学歴，移住後の居住形態(集住の有無等)，移住先での居住予定年数など，習得者の属性が多様であるために，そもそも教室学習者の場合のように属性を揃えての調査，実験等を行うことがむずかしいため，少数の話者の自然談話を収集してのケーススタディを行うことが多い。また，このタイプの習得者が受けるインプットや従事するコミュニケーションのあり方には，

・使用することばよりも，目標とする言語行為を達成することが優先される。
・目標言語は，母語話者の使用することばだけではなく，先に移住してきた人々が使用する中間言語であることも多い(Mufwene 2001: ch.2 の Founder Principle 参照)。
・母語話者も，このような状況ではフォリナートーク的なことばを使用することがある。

などの特徴があり，そこに，独自の特徴を備えた変種が生じることがある(この変種は，HPD プロジェクトのように，ピジンの一種と判断されることもある)。このようなこともあって，この分野では，これまで，第二言語習得研究者やピジン・クレオール研究者，社会言語学者などの連携が何度か試みられてきた(*Studies in Second Language* Vol.3-2(1981)や Andersen 1983など)。さらに，SLA 研究とピジン・クレオール研究を，借用やコードスイッチなどとあわせて，接触言語学という分野に統合する試みもある(Winford 2003)。

2.3 教室場面での SDA(標準語習得)を対象とした研究

教室場面で習得される第二方言は，主に標準語である。日本において，教室場面で標準語習得が行われるのは，主に小学校から中学校にかけてのことであろう。小学校の学習指導要領(第2 各学年の目標及び内容)でも，「相手に応じて，話す事柄を順序立て，丁寧な言葉と普通の言葉との違いに気を付けて話すこと」(第1学年及び第2学年)，「共通語と方言との違いを理解し，

また,必要に応じて共通語で話すこと」(第5学年及び第6学年)などとある。したがって,教室場面での標準語の習得にもっとも興味をもつのは学校関係者(とくに国語の教師)であろうが,その習得プロセスや習得した標準語の知識を明らかにしようとした研究はそれほど多くはない(表で対象項目と調査方法の欄を空欄にしたのはこの理由による)。この状況は,英語圏でも同様である。このことには,現代においては,標準語の習得に果たす学校教育の役割がそれほど大きいものではないということがかかわっているかもしれない[4]。

一方,標準語を学校で習得したか,テレビを通して習得したか,大都市の言語の影響を受けて習得したかなど(馬瀬 1981),その習得の環境は別にして,標準語を習得したあとの,話者(二変種使用者)の標準語と方言の使い分け行動をめぐって行われた研究には多くのものがある。日本においては,国立国語研究所が,山形県鶴岡市において共通語化調査を継続的に行っているが(国立国語研究所 1974など),1992年度の第3回調査においては(国立国語研究所 2007),話し相手が変わったときの使用形式を確認する場面差調査を行っている[5]。また,Labov(1972)などの変異理論を採用した研究においては,(使用することばよりも)内容に没頭するような話題について話してもらう,調査者と話をしてもらう,語彙リストや最小対の語のリストを読んでもらう,といった複数の調査法を組み合わせて,ことばに対する注意度といった側面から話者のもつスタイル能力を明らかにしている。以上のような研究のほかにも,話者が方言と標準語の二変種使用者であることを前提にして行われた(社会言語学的な)研究は多い(Blom & Gumperz 1972; Giacalone-Ramat 1995など)。

2.4 自然な環境での SDA を対象とした研究

自然な環境で行われる SDA を対象とする研究も,自然な環境で行われる

---

4 最近は,幼児が,母親との会話等を通じて,方言よりも先に標準語を自然習得することがある,といった指摘もある(真田 2001: 7-8)。
5 注2でも少し触れたが,国立国語研究所の鶴岡調査では,1971年に行われた第2回目の調査までは方言はいずれ共通語にとってかわられるという単一変種使用者モデルが想定されていたようであるが,第3回調査では,方言と共通語を使い分ける二変種使用者モデルが採用され,場面差調査が実施された。

SLAを対象とした研究と同じように，転居者や移住者を対象にして行われているが，先にも述べたようにその数は少なく，社会言語学者（とくに変異研究者）や方言研究者が周辺領域の研究として行っているケースが多い。したがってその方法も社会言語学的な方法が採用され，自然談話を収集し，ある言語変項，たとえば英語圏では主に音声（Payne 1980; Chambers 1992; Tagliamonte & Molfenter 2007 など），日本では二方言あるいは方言と標準語の形式がバリエーションの関係にある文法項目（否定辞のンとナイ，断定辞のダ・ヤ・ジャなど。濱田 2011 など）を取り上げて，それぞれの具現形の使用頻度を調べることによってその習得のあり方や度合いを探るといったタイプの研究が多く，習得プロセスに注目した研究はほとんどない。ハワイやカナダなどに移住した日系人一世が習得して使用した第二方言（現地で創り出された日本語コイネー）の研究も同じ方法を用いて行われている（Hiramoto 2010; 渋谷 2014 など）。

　以上，本節では，事象をやや単純化して，これまで行われてきた研究を，SLA - SDA，教室場面 - 自然な環境の2つをクロスさせた4分類によって整理した。

　本稿の以下の節では，この分類では対極にある，教室場面での SLA と自然な環境での SDA の2つを取り上げて，これらの研究分野を統合する可能性を検討してみることにする。なお，とくに断らないかぎり，以下で SLA，SDA と述べるものは，それぞれ，教室環境の SLA，自然な環境での SDA を指すものとする。

3. たがいへの視線

　最初に，SLA 研究と SDA 研究が，それぞれの研究領域をたがいにどのように捉えてきたかを確認することからはじめよう。

3.1　SLA 研究における SDA 研究への視線

　（やや認知的な側面に偏るものの）SLA 研究の主要なトピックを収録した Doughty & Long（2003）は，その導入のなかで（3ページ），SLA 研究の対象

を次のようにまとめている。ここには SDA も含まれている(下線部)。

　　〈習得者〉　　子ども・大人による SLA，個人・グループによる SLA
　　〈習得対象〉　第二(第三…)言語・第二(第三…)方言
　　〈習得モード〉自然習得および／もしくは指導のもとに行われる SLA
　　〈習得環境〉　外国語環境・第二言語環境・リンガフランカ環境での SLA
　　〈事象〉　　　第二言語の習得および喪失

　ただし，実際に行われているそれぞれの研究には偏りがあり，SDA も，本文全体で870ページの Doughty & Long(2003) のなかでは Siegel の論文で少しだけ触れられているにすぎない。Robinson(2013)では second dialect acquisition が立項されているが，著者はやはり Siegel である。Ritche & Bhatia(1996) などでは，second dialect acquisition や関連する項目は見出せない。

　以上，SLA 研究においては，SLA 研究は SDA をカバーするという意識が一部にあるものの，広く共有されたものではなく，その研究事例もほとんどないという状況である。

3.2　SDA 研究における SLA への視線

　次に，これまで行われてきた SDA 研究が SLA 研究をどのように捉えているかを見てみよう。

　その執筆時までに行われた SDA 研究を幅広く展望した Siegel(2010: 1)は，SDA を，"a special type of SLA — when the relationship between the Ll and the L2 is close enough for them to be considered by their speakers to be varieties or the same language, or different dialects, rather than different languages" として，SLA 研究のなかに位置づけている。

　しかし，2.4で述べたように，これまで英語圏で行われてきた SDA 研究は，社会言語学(のとくに変異理論)の枠組みのなかで行われたものが多く，SLA 研究との対話はあまりないというのが実態である。たとえば，SDA 研究では必ずといってよいほど言及される Chambers(1992)では，参考文献が52件あげられているが，そのうち SLA 関係の文献は，Krashen et al. (1979), Long (1990), Odlin(1989) の3件だけである(文献情報省略。前二者は SLA と年齢の関係を追究するもの，Odlin は転移に関するもの)。この状況は最近でも

あまり変化がないようで，Tagliamonte & Molfenter(2007)にも44件の文献の記載があるが，SLA 関係の文献は含まれていない。

3.3 まとめ

　以上のように，SLA 研究界においては，SDA 研究はその下位領域であるとする認識が(少なくとも一部には)あるが，実際には(当然ではあるが)第二言語や外国語の習得研究を優先し，SDA についてはほとんど興味を示していない。

　また，SDA 研究の側にも，SDA は SLA の特別なケースであるという認識はあるが，SLA 研究の成果が参照されることはほとんどなく，むしろ社会言語学(変異理論)との結びつきのほうが強い。また，変異理論や日本の方言学は一般に，系統発生的な側面には興味をもつが，個体発生の側面にはあまり注意が向けられない。個人に注目する場合にも，第二方言(とくに標準語)の習得プロセスよりも，第二方言を習得したあとの，母方言と第二方言の使い分け行動が取り上げられ，SDA のプロセスに注目する場合にも，個人の方言の変化，変容といった視点で捉えられがちで，習得といった視点で捉えられることはあまりない(注 2 参照)。

　以上のように，SLA 研究も SDA 研究も，たがいの研究分野が深く関係しているという認識はあるが，実際には相互の交流はあまりないというのが実態である。では，このような状況のもとで，SLA 研究と SDA 研究を統合しようと試みるとき，どのような方法が考えられるであろうか。このことを考えるためには，出発点にもどって，それぞれの分野が課題としてきたことを付き合わせてみることが有効である。次節では，このことについて整理する。

4. SLA 研究と SDA 研究の課題

　本節では，SLA 研究と SDA 研究が課題としてきたことを付き合わせ，両者を統合する可能性を検討する。なお，以下においては，SLA 研究のうち，認知的な側面に注目した研究を取り上げる。SLA 研究においてはインターアクションのなかでの第二言語の習得や運用といったことも注目されているが(Firth & Wagner 1997; Block 2003)，SDA 研究はその視点をほとんどもっ

ていない。この面での両研究分野の統合にはまだ時間がかかる。

4.1 SLA 研究の課題

まず(認知的な)SLA 研究が課題としてきたことについて整理する。

VanPatten & Williams(2015: 9-11)は，第二言語習得理論が説明すべき事象(第二言語を習得する際に一般的に観察される事象)として，次のものをあげている。これらは，これまでの SLA 研究が明らかにしてきたところであると同時に，現在も，その実態や要因を追究しつつ理論化を進めているところである(以下，各項目について言及する際には，番号とカッコ内の用語を使用する)。

① 第二言語を習得するには，インプットとの接触が必要である(インプットとの接触)。
② 第二言語習得の大部分は，偶発的に(incidentally)起こる(偶発的習得)。
③ 習得者は，接したインプット以上のことを習得する(インプット以上の習得)。
④ ある特定の構造の習得に当たって習得者は，予測できる段階で構成された，予測できるルートをたどる。そのルートは習得者のアウトプット(発話や文章)に現れる(習得ルート)。
⑤ 第二言語習得の結果(知識や運用能力)は，習得者によって異なる(習得者間の相違)。
⑥ 第二言語の発達のあり方(速さなど)は，言語のレベル(音声，音韻，形態，統語，語用等)によって異なる(レベル間の相違)。
⑦ 第二言語習得におけるインプットの頻度(ある言語特徴がインプットのなかに生起する頻度)の影響には限りがある(インプットの影響)。
⑧ 第二言語習得における母語の影響には限りがある(母語の影響)。
⑨ 第二言語習得における指導の影響には限りがある(指導の影響)。
⑩ 第二言語習得におけるアウトプットの影響には限りがある(アウトプットの影響)。

4.2 SDA研究の課題

一方，SDA研究については，Chambers(1992)が，次の8つの原則をまとめ，今後の研究によってさらに確認すべき事項としている(前節であげた，SLA研究が注目する事象に対応，関係する項目がある場合には，それぞれの項目の末尾に記した)。

Ⓐ 語彙項目は，音声・音韻項目よりも習得が早い。(④習得ルート，⑥レベル間の相違)

Ⓑ 語彙項目の習得は習得初期段階に急速に起こるが，その後その速度が落ちる。

Ⓒ 単純な音韻規則は，複雑な音韻規則よりも習得が早い。(④習得ルート)

Ⓓ 複雑な規則と新たな音素の習得のあり方という点に注目したとき，習得者は，その習得が可能な早期習得者(early acquirers)と，それがむずかしい後期習得者(later acquirers)に分かれる。(⑤習得者間の相違)

Ⓔ 習得のごく初期段階においては，新たな方言のカテゴリカルな規則(categorical rules)も可変的な規則(variable rules)も，どちらもそれぞれの習得者の個人内バリエーションとなって現れる。(④習得ルート)

Ⓕ 音韻項目の習得は，最初にまず，音声の変異形(variants)となって現れる。(④習得ルート)

Ⓖ 母方言の規則を失う(忘れる)ことは，新たな規則を習得するよりも早く起こる。

Ⓗ 正書法にはっきりと現れる変異形の習得は，それがあいまいなものよりも習得が早い(carなどの母音のあとのrを発音する方言の話者と発音しない方言の話者では，前者がrを発音しない第二方言を習得するよりも，後者がrを発音する第二方言を習得するほうが早い，など)。

4.3 両研究分野の課題の共通点と相違点

以上からわかるように，少なくともVanPatten & Williams(2015)とChambers

(1992)があげた課題をくらべるかぎりでは，SLA研究とSDA研究の両者が共通してもつ問題意識は次の3点である。以下，VanPatten & Williams (2015)の項目によって示す。

④　習得ルート
⑤　習得者間の相違
⑥　言語レベル（言語項目）間の相違

このうち⑤の習得者間の相違については，両研究分野ともに，とくに，習得開始年齢と習得の度合い，習得の達成点などに大きな関心をもっている。

　その他，SDA研究の主な対象は自然な環境で起こるSDAであることから，

①　インプットとの接触
②　偶発的習得

は前提とされていると思われ（②についてはSiegel 2010: 5に自然な環境でのSDAはunintentionalであるとの指摘がある），また，ChambersのⒼ（母方言の規則の喪失と目標方言の規則の習得の相対的な早さ）が母方言と目標方言の関係について述べたものだとすれば，（やや拡大解釈して，）

⑧　母語の影響

についても視点や問題意識を共有していることになる。

　また，Chambers以外の研究も参照すれば，

③　インプット以上の習得

も，SDA研究が共通して注目する事象のひとつである。③インプット以上の習得ということは，SLA研究のなかではとくに普遍文法に基づいた理論が重視している事象であるが，そもそも習得者が行う能動的な文法構築という実態を踏まえて提唱された中間言語（interlanguage）というアイディア自体が主張するところであり，SDA研究においても中間方言（interdialect）といったアイディアとして応用されている（Trudgill 1986)[6]。

---

[6] ただし，方言学においては，中間方言という用語が，習得者個人のもつ目標方言の方言体系という意味ではなく，"situations where contact between two dialects leads to the development of forms that actually originally occurred in neither dialect" として，複数方言／方言と標準語の接触によって生じた第三の形式といった意味で使用されることがある（Trudgill 1986: 62）。ロング（1995），陣内（1996: 3）もTrudgillと同様の意味で，個々の形式についてこの用語を使用している。

とすれば，SLA 研究があげる特徴的な課題は，⑦インプットの影響，⑨指導の影響，⑩アウトプットの影響の3つであり，SDA 研究に特徴的なのは，Ⓑ語彙習得の段階，Ⓗ正書法の影響の2つということになる。このうち，⑨は，自然な環境で行われる SDA，Ⓗは，同じ文字を使用する，同系語（cognate）をもつ言語や借用語の借用元である言語などを目標言語とした SLA 以外の SLA には関与しないので，結果的に，SLA に特徴的なのは⑦インプットの影響，⑩アウトプットの影響の2つ，SDA に特徴的なのはⒷの語彙習得の段階だけということになる。

以上のように見てくると，これまで行われてきた SLA 研究と SDA 研究は，必ずしも問題意識を異にするものではない。たしかに，SLA 研究で理論化の対象とされ，個別の研究も積み重ねられてきた⑦インプットの影響や⑩アウトプットの影響(Krashen 1985のインプット仮説，Swain 1993などのアウトプット仮説，Gass 1997などのインターアクションアプローチと，その検証など)に SDA 研究があまり注目してこなかったというのは事実であるが，これは，SDA 研究が，変異理論を基礎理論としてきた，言い換えれば，SDA 研究が個人の習得のプロセス，心的メカニズムに配慮してこなかったからである[7]。しかし，この欠落はあくまでもこれまで採用してきた研究の視点と方法に基づくもので，SDA という事象／プロセスがある以上，必ずしも埋められない欠落といったものではない。むしろ，今後の SDA 研究の課題とすべきところである。

また，Chambers のⒷの語彙習得の段階については，Ⓗ正書法の影響などとあわせて，言語(方言)間の距離ということと関係するかもしれない。SLA において，母語と目標言語が大きく異なり，語彙の相違も大きい場合には，語彙習得は長期にわたって行われるが，SDA の場合のように，基本的に母方言と目標方言のあいだで共有する語彙が多く，また，語彙が違っていてもた

---

[7] 関連して，SDA 研究にある，Ⓐ，Ⓒ，Ⓓ，Ⓕ，Ⓗのように，研究対象が音声・音韻習得にやや偏っていること，また，ⒺとⒻのようにバリエーションに注目する視点が顕著であることといった特徴も (Siegel 2010: 19)，この分野がこれまで変異理論をベースにしてきたことによる。ちなみに，SLA 研究にも，Dickerson (1975) や Tarone (1988) などのように，早くから変異理論をベースにして展開された SLA 研究があるので，この特徴は必ずしも SDA 研究だけのものではない。

がいに理解可能な場合などには(東京方言と大阪方言など),日常的に使用される基礎的な俚言のみが早く習得され,他の周辺的な語彙の習得は進まないということがあろう[8]。SLA 研究においても,母語と目標言語の距離が近く,(あるいは中国語の語彙と日本語の漢語のように)両言語が類似する語彙を多くもつ場合には,同様のことが起こる可能性がある。

　以上のように,これまで行われてきた SLA 研究と SDA 研究は,その研究課題の多くをすでに共有している。異なっているところは,むしろ,それを課題として設定していない分野が今後の課題として取り組むべきところと考えるべきである。

5. SLA 研究と SDA 研究がさらに共有できる問題意識と課題

　SLA 研究と SDA 研究には,そのほかにも問題意識や課題を共有できそうなところがある。ここでは,SDA 研究を概説した Siegel(2010) が SLA と SDA を比較しつつまとめたところをもとにして検討してみよう。各項目とも,先に Siegel の主張をまとめ(〔　〕内は筆者の補記),段落を変えて筆者のコメントを示す。

　(a)一般に,似ている2つのコードを区別することは,異なった2つのコードを区別するよりもむずかしい(134ページ)。この点,母語と第二言語よりも,母方言と第二方言のほうが類似しており,相互理解可能度も高いので,この類似性が妨げともなって(習得者の習得する意欲を妨げて)SDA が SLA よりもむずかしくなっている(2ページ,5ページ)。

　もしこの主張が正しいとすれば,SLA 内部においても,母語と目標言語が多くの特徴を共有する場合の SLA(オランダ語母語話者のドイツ語習得など)のほうが(意図的,非意図的な)転移も多くなり,両言語が共有する特徴が少ない場合の SLA(日本語母語話者の英語習得など)よりもむずかしいということになる。この主張(仮説)の検証には,SLA 研究と SDA 研究の両者の連携が必要である。

　(b)SDA には,付加的な(additive)習得のほかに,削減的な(subtractive)習

---

[8] このことにはさらに,第二方言を習得することの社会的な意味もかかわる。5.節(e)参照。

得がある。必ずしもすべてのケースがそうであるわけではないが，SDAの場合には，母方言に加えて第二方言を習得するというよりも，母方言に代えて(母語を失って)第二方言を習得することがある。これは，SLAでは通常起こらない(66ページ)。

Chambersの⑥も母方言の規則を喪失することがあることを述べており，また，先にも述べたように(注2，注5)，国立国語研究所などによって行われた日本語の共通語化研究でも，当初は，いずれ方言が消滅し，日常的に共通語が使用されるようになるという言語シフトのモデルが採用されていた。しかし，社会の実態はそのようには進んでいないようで，少なくとも標準語については，方言と標準語の二変種使用(付加的バイリンガル)が常態となっており[9]，SLAとSDAにSiegelのいうような違いは見られない。SDAも，基本的に，付加的バイリンガルと考えてよい。

(c)SLAとSDAでは，習得の出発点が異なっている。SLAは，その出発点が〔普遍文法に基づいたSLA理論などの考え方を除けば〕白紙(ゼロ)の状態であるのに対して，SDAの場合には，母方言と第二方言がその語彙や文法・音韻など，多くの言語項目や規則を共有しているために，習得者の能力はその出発点においてすでに上級レベルの段階にある(136ページ)。

母語／母方言と目標言語／目標方言の共有領域については，渋谷(2013)などで，第二言語能力，第二方言能力の両者をカバーするモデル(多言語・多変種能力の社会マーカモデル)を提案した。本稿のテーマに関連する基本的なアイディアだけをあげると，次のようである。①ことばの使用者は誰しも，多言語・多変種能力を身につけている。②その習得や知識状態のあり方は，複数の言語や変種を明確に分離するものではなく，共有する部分を活用する(すでに習得した部分のうち活用できる部分は活用する(正負の転移を生じさせる))ものである。③習得の出発点や複数言語・変種の共有領域については，「東京方言話者による，大阪方言習得，津軽方言習得，宮古方言習得，韓国語習得，英語習得……」などと並べてみるとわかるように，その違いはあくま

---

9 方言と標準語の二変種使用の実態については，大阪大学大学院文学研究科社会言語学研究室が行ったSS(Style Shift)プロジェクトの報告等参照。http://ir.library.osaka-u.ac.jp/web/SLN/index.html の4〜7号。

でも程度問題で，SLAとSDAのあいだに質的な違いがあるものではない[10]。

以上のように，(a)〜(c)のような点についても，SLAとSDAは問題意識と課題を共有できるはずである。また，Siegelの主張は主に習得者の産出能力を対象としたものだと思われるが，産出能力よりも高い理解能力を対象にして考えれば，SLAとSDAの見かけ上の違いはもっと小さくなるかもしれない。

なお，Siegel(2010)は，SLAとSDAの違いについて，上の言語面，心理面での特徴のほかに，次のような社会面での特徴もあげている。

(d)SLAとSDAでは，習得の目的に違いがある。SLAは道具的な使用をめざす場合と，同化的な目的をもって行われる場合の両者があるのに対して，SDA，とくに自然な環境で地域方言を習得し，使用することには，(母方言を使用しても意思疎通をはかることができるので)情報伝達という理由よりも同化的な理由のほうが顕著である(138ページ)。

(e)方言には母方言話者の所有意識が顕著に表れる。第二言語を習得してもその母語話者から否定的な反応を受けることはあまりなく，むしろ意思疎通の点で歓迎されることが多いが，第二方言を習得して使用すると，その母方言話者からは否定的な反応を受けることが多い。このような場合には，自身の母方言か標準語を話すことが期待される(146ページ)。

上の指摘は実態の多くを捉えており，日本の状況にも当てはまると思われるが，反例もあろう。たとえば(d)について，転勤や転校を繰り返している習得者などの場合には，引っ越し先で使用される，とくに日常生活で接する方言を，同化ではなく道具として習得し，使用するケースがあるであろうし，(e)についても，非母語話者が使用する目標言語(中間言語)をどの程度抵抗なく受け入れることができるかといった，目標言語社会の中間言語に対する許容度と関係して，SLAにも，SDAの場合と同じ状況が見出される社会があるかもしれない。

これらの点については，さらに事例を積み重ねて検証する必要がある。

---

10 Siegel(2010)のなかでは，自身(アメリカ出身)のオーストラリアでの体験が引かれることが多いが，その議論のなかでは，方言間の距離が過小評価されている／それほど大きくない場合が想定されているように思われる。

6. 両者の統合に向けての課題

以上，本稿では，これまで行われてきた SLA 研究と SDA 研究を振り返り，それぞれの研究が対象とする事象と研究の現状を確認した（**2.** 節）。また，両者の研究を対照することによって，以下のことを確認した。

- (a) 両研究領域はたがいを関連領域であると認めているが，実際には両者の交流はほとんどない。（**3.** 節）
- (b) しかし，たとえば Vanpatten & Williams(2015)と Chambers(1992)など，両研究領域において明示的に述べられた課題を比較すると，その多くが共有されている。（**4.** 節）
- (c) そのほかにも，SLA 研究と SDA 研究の成果を付き合わせることによって，両者をカバーした，より包括的な一般化をはかることができる問題がある。（**5.** 節）

以上のように，SLA 研究と SDA 研究は，両者の交流さえあればすぐにでも統合可能なのであるが，一方ではまた，次のような課題をクリアする必要も残されている。

（A）SLA 研究における「モノリンガル」の考え方の問題。SLA 研究では，「モノリンガル（これから第二言語を学ぼうとする者）」とは単一の変種しか使用しない話者といった単純なイメージで捉えられ，たとえば日本の生徒たちは中学校に入学してはじめて別のことばを習得するかのように語られることがある。バトラー後藤（2015: 96-101）も，第二言語習得研究に見出される，「バイリンガルの言語能力をモノリンガルの能力と同一視して，同じ基準で測定できるもの」とするモノリンガル・バイアスを批判的に紹介しているが，ここにはそもそも，いわゆるモノリンガル自身がすでに（地域・社会）方言能力やスタイル能力などの多変種能力をもっているとする視点が欠けている。モノリンガルとされる人々も，すでに多変種使用者であるという認識が，SLA 研究サイドに求められる。

（B）SDA 研究における記述研究の蓄積の問題。**2.3** と **2.4** で述べたように，SDA 研究はまだ数が少ない。従来のように社会言語学領域の研究者が行うべきかどうかは別にして，まずはその研究を十分に蓄積する必要がある。あわせて，SLA 研究が重視してきた習得者の習得プロセスや習得者の心的属性，

習得動機など,SLA研究が先んじて研究を進めているところもその研究計画に組み込むことが必要である。

(C)用語の問題。SLA研究とSDA研究は,これまでそれぞれ別の研究領域として進められてきたこともあって,用語のずれが目立つ。もっとも基本となるべき「中間方言」という用語の意味が,「中間言語」とは異なった意味で使用されていることは注6で述べたが,そのほかにも,転移とフィルター(真田 2001:80),overgeneralization と analogy など,類似する概念はできるだけ整理しておきたい。

以上のように,いくつかの問題はまだ残されているものの,SLA研究とSDA研究は,現段階においても,たがいの研究領域に視野を広げることによって大きな発展を期待できるところがある。すぐに統合とまではいかなくとも,両者の研究方法と研究成果を付き合わせ,さらに一段次元の高い(両方の研究領域を同時に視野に入れた)研究を進めていきたい。

付記

本研究は,言語使用者の多言語・多変種能力を解明することを目的とする研究の一環として計画した,2013~2015年度科学研究費補助金基盤研究(C)「江戸後期の著作者を対象とするスタイル能力の歴史社会言語学的研究」(課題番号25370516,研究代表者渋谷)の研究成果のひとつである。

参照文献

国立国語研究所(1974)『地域社会の言語生活―鶴岡における20年前との比較―』,秀英出版. http://db3.ninjal.ac.jp/publication_db/item.php?id=100170052

国立国語研究所(2007)『地域社会の言語生活―鶴岡における20年間隔の3回の調査―』,国立国語研究所.

小柳かおる(2015)「第二言語習得研究の調査・研究方法ガイド」,『日本語学』34-14, pp. 182-192.

真田信治(2001)『関西・ことばの動態』,大阪大学出版会.

真田信治・生越直樹・任榮哲(編)(2005)『在日コリアンの言語相』,和泉書院.

渋谷勝己(2010)「移民言語研究の潮流―日系人日本語変種の言語生態論的研究に向けて―」,『待兼山論叢 文化動態論篇』44, pp. 1-22. http://ir.library.osaka-u.ac.jp/

portal/journal.html

渋谷勝己(2013)「多言語・多変種能力のモデル化試論」,片岡邦好・池田佳子(編)『コミュニケーション能力の諸相—変移・共創・身体化—』pp. 29-51, ひつじ書房.

渋谷勝己(2014)「接触言語学から構想する方言形成論—ハワイの日系人日本語変種を例にして—」,小林隆(編)『柳田方言学の現代的意義』pp. 317-340, ひつじ書房.

渋谷勝己(2015)「第二言語習得理論」,『日本語学』34-14, pp. 138-150.

陣内正敬(1996)『北部九州における方言新語研究』,九州大学出版会.

土岐哲(編)(1998)『就労を目的として滞在する外国人の日本語習得過程と習得にかかわる要因の多角的研究』,平成6年度〜平成8年度科学研究費補助金(基盤研究(A))研究成果報告書,大阪大学.

バトラー後藤裕子(2015)『英語学習は早いほど良いのか』,岩波新書.

濱田隆文(2011)「移住と言語変容—福井県若狭地方出身者を例にして—」,『待兼山論叢 日本学篇』45, pp. 47-63, 大阪大学大学院文学研究科.

福田倫子(2015)「入門書・ワークブック・ジャーナル・学会—第二言語習得研究に興味を持ったら読む,知る,参加する—」,『日本語学』34-14, pp. 170-181.

馬瀬良雄(1981)「言語形成に及ぼすテレビおよび都市の言語の影響」,『国語学』125, pp. 1-19.

ロング・ダニエル(1995)「形態統語体系における『中間方言』現象」,『大阪樟蔭女子大学論集』32, pp. 1-10.

Andersen, Roger (ed.) (1983) *Pidginization and Creolization as Language Acquisition.* Rowley, MA: Newbury House.

Block, David (2003) *The Social Turn in Second Language Acquisition.* Washington D.C.: Georgetown University Press.

Blom, Jan-Petter and John J. Gumperz (1972) Social meaning in linguistic structure: code-switching in Norway. In John J. Gumperz and Dell Hymes (eds.) *Directions in Sociolinguistics.* pp. 407-434. Oxford: Basil Blackwell.

Chambers, Jack (1992) Dialect acquisition. *Language* 68. pp. 673-705.

Dickerson, Lonna J. (1975) The learner's interlanguage as a system of variable rules. *TESOL Quarterly* 9. pp. 401-407.

Doughty, Catharine J. and Michael H. Long (eds.) (2003) *The Handbook of Second Language Acquisition.* Malden, MA: Blackwell Publishing.

Firth, Alan and Johannes Wagner (1997) On discourse, communication, and (some) fundamental concepts in SLA research. *The Modern Language Journal* 81. pp. 285-300.

Gass, Susan (1997) *Input, Interaction and Second Language Learner.* Mahwah, NJ: Lawrence Erlbaum.

Giacalone Ramat, Anna (1995) Code-switching in the context of dialect/standard language relations. In Lesley Milroy and Pieter Muysken (eds.) *One Speaker, Two Languages: Cross-Disciplinary Perspectives on Code-Switching.* pp.45-67. Cambridge: Cambridge University Press.

Hiramoto, Mie (2010) Dialect contact and change of the northern Japanese plantation immigrants in Hawai'i. *Journal of Pidgin and Creole Languages* 25, pp. 229-262.

Krashen, Stephen (1985) *The Input Hypothesis: Issues and Implications.* London: Longman.

Labov, William (1972) *Sociolinguistic Patterns.* Philadelphia: University of Pennsylvania Press.

Mufwene, Salikoko S. (2001) *The Ecology of Language Evolution.* Cambridge: Cambridge University Press.

Payne, Arvilla C. (1980) Factors controlling the acquisition of the Philadelphia dialect by out-of-state children. In William Labov (ed.) *Locating Language in Time and Space.* pp. 143-178. New York: Academic Press.

Ritche, William C. and Tej K. Bhatia (1996) *Handbook of Second Language Acquisition.* London: Academic Press.

Robinson, Peter (ed.) (2013) *The Routledge Encyclopedia of Second Language Acquisition.* New York: Routledge.

Siegel, Jeff (2010) *Second Dialect Acquisition.* Cambridge: Cambridge University Press.

Swain, Merrill (1993) The output hypothesis: Just speaking and writing aren't enough. *Canadian Modern Language Review* 50. pp. 158-164.

Tagliamonte, Sali A. and Sonja Molfenter (2007) How'd you get that accent?: Acquiring a second dialect of the same language. *Language in Society* 36. pp. 649-675.

Tarone Elaine (1988) *Variation in Interlanguage.* London: Edward Arnold.

Trudgill, Peter (1986) *Dialects in Contact.* Oxford: Blackwell.

VanPatten, Bill and Jessica Williams (2015) Introduction: The nature of theories. In Bill VanPatten and Jessica Williams (eds.) *Theories in Second Language Acquisition: An Introduction* (2nd). pp. 1-16. New York: Routledge.

Winford, D. (2003) *An Introduction to Contact Linguistics.* London: Blackwell.

「産出のための文法」から見た「は」と「が」

庵　功雄

1. はじめに―「は」と「が」は本当に難しいのか―

本稿で取り上げる「は」と「が」は日本語学習者にとって使い分けが難しいものの代表と見なされている。また，韓国語にはほぼ日本語の「は」と「が」に相当する助詞の使い分けがあるため，「韓国語話者にとってはやさしいが，それ以外の話者にとっては難しい」とも言われている。

確かに，「は」と「が」に当たる助詞をともに持つのは，日本語学習者が多い言語の中では韓国語のみであり，その点では「は」と「が」の使い分けは難しいと考えられる。しかし，本稿の「産出のための文法」という立場からは必ずしもそのように考える必要はないというのが本稿の主張である。

2. 先行研究

「は」と「が」の違いに関する議論は日本語文法研究における最も大きな論点の1つであり，これまで，特に日本語学(国語学)の中で数多くの研究が行われてきた。

2.1 日本語学的研究

日本語学(国語学)的な立場からの研究としては，「は」を係助詞，「が」を格助詞とした山田(1908)以来多くの研究がある。代表的なものには，三上(1953, 1960, 1963)をはじめとする三上章の一連の研究や，Kuroda(1972), 尾上(1973), 久野(1973), 仁田(1979=2009), 益岡(1987)などがあり，野田(1996)がそれまでの研究の適切な統括を行っている。

2.2 日本語教育的研究

日本語教育の観点からの研究はあまり多くなく，教材としての野田(1985)

の他は，庵・高梨・中西・山田（2000）および，それを修正した庵（2011）がある程度である。

3. いくつかの前提

本節では，以下の記述を行う上で前提となる概念の規定を行う。

3.1 「主語」と「主題」

まず，「主語」については，柴谷（1978）を参考に，次のように規定する。

(1)　ガ格でマークされ，直接目的語ではない名詞句[1]

一方，「主題」については，野田（1996），三上（1960, 1963）を参考に，次のように規定する[2]。

(2)　通常文頭に位置し，「〜について言えば」という意味を表し，その文で述べる内容を表す成分

なお，三上（1953）が「指定文」とする（3）のタイプの「A(の)はBだ。」文については[3]，意味的にほぼ同義となる（6）のタイプの「BがAだ。」文（西山（2003）の「指定文」[4]）のBが主題であると考える（cf. 野田 1996: 第14章。(3)(4)(6)(7)は野田 1996: 142より）。

(3)　主役は君だ。
(4)　いちばんおもしろいのはこの本だ。
(5)　この本を書いたのは太郎だ。
(6)　君が主役だ。
(7)　この本がいちばんおもしろい。
(8)　太郎がこの本を書いた。

---

[1] 本稿は「は」と「が」の使い分けを対象とするものなので，与格主語（柴谷 1978）は考察の対象外とする。

[2] このような主題の規定の仕方に対する有力な反論については，堀川（2012），庵（2014a）を参照。

[3] 三上（1953）は（3）（6）のタイプのみを扱っているが，同じ関係は（4）と（7），（5）と（8）の間にも見られる（野田 1996）。

[4] 西山（2003）は（6）を「指定文」，（3）を「倒置指定文」と呼んでいる。

3.2 母語話者にとっての文法と非母語話者にとっての文法

次に，母語話者にとっての文法と非母語話者にとっての文法という点についてであるが，これについては，庵(2013)と同様，次のように考える。

まず，母語話者(ないし，母語話者に近いレベルの内省能力を持つ非母語話者)は次のような特徴を持つ文法能力(grammatical competence)を持っていると考える。

(9) a. 母語話者は母語の文に関してはそれが文法的に正しいか否かを判断できる。
b. 母語話者はモニターが働く場合には正しい文のみを産出する。

その上で，母語話者にとっての文法と非母語話者にとっての文法を次のように考える[5]。

(10) 母語話者にとっての文法では，母語話者の文法能力に依存した説明が可能だが，非母語話者にとっての文法では，それを前提としてはならない。

これは言い換えると，母語話者にとっての文法では，「○○とは言いますね。××とは言いませんね。それはなぜかと言うと，△△だからです。」という説明が可能であるのに対し，非母語話者にとっての文法では，上の説明のうちの下線部を前提とできないということである。

3.3 理解レベルと産出レベル

次に重要なのは，理解レベルと産出レベルの区別である。言語形式(少なくとも，文法と語彙)には，意味がわかればいいもの(理解レベル)と，意味がわかった上で使える必要があるもの(産出レベル)がある。両者の違いは母語においても存在するが[6]，第二言語教育では特に，両者の区別を行うことが重要である(cf. 庵 2015a, b)。

---

[5] この母語話者にとっての文法と非母語話者にとっての文法の区別は白川(2002)の言う「日本語」と「ニホン語」の区別に相当する(cf. 庵 2002, 2013)。
[6] 例えば，「事由」と「理由」は意味的にはほぼ同じであるが，前者は大部分の日本語母語話者にとって理解レベルの語であるのに対し，後者は全ての日本語母語話者にとって産出レベルの語である。

4.「産出のための文法」をめぐって

本節では,「産出のための文法」に関連する概念について述べる。

4.1 「産出のための文法」の必要性

3. で述べたように,母語話者にとっての文法と非母語話者にとっての文法を区別した場合,後者にとって重要なのは,正しく文を産出するための文法的知識,すなわち,産出のための文法である。なぜなら,最低限の文法的知識を得た後では,文法形式の意味がわからないことで理解が阻害されることはほとんどないのに対し[7],基本的な文法形式を正しく使うことは上級以上の学習者にとっても難しいからである[8]。

4.2 「100%を目指さない文法」の重要性

次に,「100%を目指さない文法」という点について述べる。

先に,母語話者にとっての文法と非母語話者にとっての文法は性格が異なることを述べた。

前者においては,「網羅的,体系的」であることが重視される。これを「規則」の性格という点から考えると,母語話者にとっての文法においては,できる限り漏れのない記述がよしとされる。これを言い換えると,母語話者にとっての文法では,「(規則のカバー率)100%を目指す」ことが重視されると言える。そのための手段は大きく分けて2つある。

第一は,規則の数を増やすことである。この方略が使われる最も典型的な分野は法律であるが,母語話者にとっての文法においても,この方略は「100%を目指す」上では有力である。

第二は,規則を抽象化することである。この方略は認知言語学などでよく用いられるもので,やはり「100%を目指す」上では有力である。

これらはいずれも,理解レベルのものとしては有力であるが,文法能力を

---

[7] ただし,これは「理解のための文法」が不要ということではない。正確には,「理解のための文法」は重要だが,現状ではそれを行う条件が不足しているということである。これについては庵(2015a: 注2)を参照されたい。

[8] この点については例えば,高梨(2013)などを参照されたい。

持つことを前提とはできない非母語話者のための産出レベルのものとしては不適切であることが多い。

まず，第一の方略だが，規則の数が増えると，学習者がオンラインで扱うことが難しくなる。それだけではなく，規則の数が増えると，2つ(以上)の形式の選択において相互に矛盾した結論が出るということが起こりがちで，それを避けるために規則の適用順序を決める必要が生じて規則がさらに複雑になるといったことがある。

一方，第二の方略にも問題がある。例えば，格助詞「に」の意味は「密着の対象を表す」(国廣 1967)とされることがあるが，この一般化からは，「「に」が使われた理由」は説明できたとしても，「どのような場合に「に」を使うのか」は規定できないであろう(例えば，「ベッドに寝る」と言えない理由は上の一般化から説明が難しいように思われる)。

このように，「産出のための規則」として考えた場合，「(規則のカバー率)100％を目指す」ことはかえって適切な運用を阻害するとすれば，産出のための文法としては，「(規則のカバー率)100％を目指さない」ことが重要である，と考えられるのである(庵 2011, 2015a)。

4.3 有標と無標

産出のための文法について考える上で重要な概念として，最後に，有標と無標について取り上げる。ここでは，有標と無標を次のように規定する。

(11) 形式Aと形式Bが相補分布をなし，形式Aのみが使える文脈をXとしたとき，それ以外の文脈Y(= not X)で形式Bが使えるなら，形式A(および，文脈X)は有標，形式B(および，文脈Y)は無標である[9]。

(11)の例として，サ行子音について考えると，次のようになる[10]。

(12) [ʃ]　文脈X：[i]の前
　　　[s]　文脈Y：それ以外

9　ここで，文脈Xには「形式Aのみが使える」とあるのに対し，文脈Yは「形式Bが使える」であって「のみ」がないことに注意されたい。
10　ここでの音声表記は厳密なものではない。

このことから，サ行子音において，[ʃ] は有標，[s] は無標であると言える[11]。

なお，互いに排反であれば，(12)は形式が3つ(以上)の場合についても成り立つ。形式が3つのとき(11)は次のようになる。

(13) 形式Aと形式Bと形式Cが相補分布をなし，形式Aのみが使える文脈をX，形式Bのみが使える文脈をYとしたとき，それ以外の文脈Z(＝not Xかつnot Y)で形式Cが使えるなら，形式A(および，文脈X)と形式B(および，文脈Y)は有標，形式C(および，文脈Z)は無標である。

(13)の例としては，タ行子音が挙げられる。この場合は次のようになる。

(14) [ts]　文脈X：[u] の前
　　　[tʃ]　文脈Y：[i] の前
　　　[t]　文脈Z：それ以外

このことから，タ行子音において [ts][tʃ] は有標，[t] は無標であると言える。

5. 「産出のための文法」と「は」と「が」

以上の概念規定をした上で，本節では，「産出のための文法」から見た「は」と「が」の使い分けについて論じる。

5.1 「産出のための文法」から見た文法的類義表現

本稿で考える，「産出のための文法」という観点から規定できる文法的類義表現には次の3つのタイプがある。

第一は，理解レベルでも産出レベルでも例外がないもので，具体例は文脈指示のソとアである。両者の分布は次のようになる。

(15) ア　文脈X：先行詞の指示対象を話し手も聞き手も知っている
　　　ソ　文脈Y：それ以外

これを表にすると表1のようになる。

---

[11] (12)はサ行子音を問題としているので，[ʃ] または [s] を使うことは必須である。類義表現を考えるとき，この点も重要である。

表1　文脈指示のソとア

	ア（形式A）	ソ（形式B）
文脈X	○	×
文脈Y	×	○

　第二は，理解レベルでは例外があるが，産出レベルでは例外がないもので，具体例は文脈指示（指定指示）の「この」と「その」である。両者の分布は(16)の通りであり，これを表にすると表2のようになる。

(16)　その　文脈X:「その」しか使えない文脈(ex.(17)(18))
　　　この　文脈Y: それ以外　　　　　　　　　　(cf. 庵・三枝 2012)
(17)　特急電車が来たら，{*この特急／その特急}に乗って行こう。
(18)　吉田さんは時間を守る人だ。{*この吉田さん／その吉田さん}が1時間も遅れるなんて，きっと何かあったにちがいない。

表2　文脈指示の「この」と「その」

	その（形式A）	この（形式B）	
文脈X	○	×	①
文脈Y	×	○	②
文脈Y	○	○	③

　表1と表2の違いは，網掛け部分（③）の存在にある。第一のタイプにはこれは存在しないが，第二のタイプでは，③の場合に(22)のように形式Aが使われる可能性はあるが，表2が正しければ，そうしたことに関係なく，形式Bを使って間違いになることはない。したがって，「産出レベルの規則としては」，③の場合に「この」を使って問題ないと教えればよい[12]。そうすれば，「産出レベル」では(16)のカバー率は「100％」になるはずである[13]。

---

[12]　この③の場合を文脈Yと見なすというのが，「100％を目指さない文法」を初めて唱えた庵(2011)と，庵(2015a)および本稿との最大の違いである。この方法論を受け入れられるかどうかが，後述の「は」と「が」の使い分けに関して決定的な分岐点となる。

[13]　庵(2015a)でも述べたように，③を文脈Yと見なすと，規則のカバー率を表層の分

(19) 私はクリスマスにキリスト教の洗礼を受けたので，この(/*その)祝日には特別の思いがある。

(加藤一二三「わが激闘の譜」『将棋世界』1995.2)

(20) 名古屋・中村署は，殺人と同未遂の疑いで広島市内の無職女性(28)を逮捕した。調べによると，この(/*その)女性は20日午前11時45分ごろ名古屋市内の神社境内で、二男(1)，長女(8)の首を絞め、二男を殺害した疑い。 （日刊スポーツ1992.11.22)

(21) 戦後間もないころ，ノンプロ野球界で華々しい活動をした別府星野組は，野球をまじめに考える人たちからは，野球を冒とくしていると見られていた。都市対抗野球に出場して安打一本打てばいくら，といったことを新聞に書かれるような野球をしていた。この(/その)星野組へ私を誘ったのは，またも永利勇吉だった。

(西本幸雄「私の履歴書」)

(22) 第二次大戦以後，四回にわたって戦争を重ねたアラブ世界とイスラエルの間の敵意の根底に横たわるのは，いうまでもなくパレスチナ問題である。その解決なくして、相互の敵意の解消もありえない。その(/この)パレスチナ問題，つまりイスラエル占領地域におけるパレスチナ人の暫定自治，さらには国家樹立という難題が，6月の総選挙の結果誕生したラビン労働党政権の新占領地政策により，双方の対話の進展へ向けて大きく動き出したのだ。

(朝日新聞朝刊1992.7.23)

5.2 有標－無標と「は」と「が」

以上を踏まえて考えると，「は」と「が」の使い分けは次のように規定でき

布で測ることはできなくなる。そのため，規則のカバー率は，(16)を学習者に与えて産出データをとり，その中に①に当たるものがあるかないかを調べる，あるいは，この規則をインプットしたプログラムを作って文を産出させ，その中に①に当たるものがないかを調べる，といった形で検証することになる。この結果は現時点では予測できないが，仮に，ここで想定していない反例が出た場合には，そのことが研究を深めることになるわけであり，その意味でもこの方法論を採ることには意味があると考える。

る(本稿では単文および主節の場合について考える[14])。つまり, (23)は(14)に対応する分布を示すということである。

(23) 　総記(排他)[15]の「が」　　文脈X
　　　　中立叙述の「が」　　　　文脈Y
　　　　それ以外　　　　　　　　文脈Z

これを表にすると表3のようになる。

表3 「は」と「が」の使い分け(単文および主節)

	総記の「が」	中立叙述の「が」	「は」	
文脈X	○	×	×	①
文脈Y	×	○	×	②
文脈Z	×	×	○	③
文脈Z	○	×	○	④
文脈Z	×	○	○	⑤
文脈Z	○	○	○	⑥
文脈Z	○	○	×	⑦

　ここで, 表2の網掛け部分に対応するのが表3の網掛け部分であり, この場合には, 実例では「が」が使われている可能性があるが, それに関わらず, この場合には「は」を使って間違いにならない, ということである。なお, 総記の「が」と中立叙述の「が」は定義上排反なので, ⑥⑦の場合は存在しないと考えられる。

6. 「産出のための文法」から見た「は」と「が」

　以上見てきたことから, 本稿の目的を達成するためには表3の①②に当たる規則を規定すればよいということになる。本節ではこれについて述べる。

---

[14] 従属節の場合は, 基本的に, 南(1974)のC類従属節ではない限り, 「は」は使えないので, 規則はこれより単純である (cf. 庵 2011)。

[15] 「総記」と「中立叙述」は久野(1973)の, 「排他」は三上(1963)と野田(1996)の用語である。

6.1 規則1 排他(総記)の「が」と分裂文

まず，表3の①に対応する規則1は次のように考える。

(24) 規則1：自分の母語で，英語の次の文に対応する表現(主語を強調する表現)を使いたいときには，それを「AがB(だ)。」と表すことができる。(Aは主語とする)

(25) a1. "It is A that/who B."
　　 a2. A B.(通常語順でAにプロミネンスを置く)
　　　→ A が B(だ)。

これは例えば，"Taro wrote this book."を，"It is Taro who wrote this book."または"TARO wrote this book."(Taroにプロミネンスを置く)のいずれかに相当する母語の言い方で言いたいときには，それを(26)のように言うことができる，ということである。

(26) 太郎がこの本を書いた。

この規則1は，派生として，次の規則も持つ。

(27) 規則1'：規則1で「AがB(だ)。」が言える場合は，同じ意味で「B(の)はAだ。」と言える。ここで，Bが名詞以外のときは「の」が必要である。

例えば，(26)が言えれば，同じ意味で(28)も言えるということである[16]。

(28) この本を書いたのは太郎だ。

なお，母語によっては，主語を強調する分裂文の語順が「BA」の順になることもあり得る。その場合は，(24)を次のように適用する。

(24') 規則1：自分の母語で，「AB」という文で主語Aを強調する言い方が「BA」(主語が後ろになる)場合は，もとの語順のままで「AがB(だ)。」と言ってよい。この場合のAも総記なので，(27)も成り立つ。

なぜ，「総記」という概念を表す上で母語を持ち出すのかと言うと，「総記」を単に「強調」とすると，「総記」を使いすぎることになるため，それを抑えるためである。

---

[16] (26)は分裂文に対応するので，「太郎が」は総記であって中立叙述ではなく，したがって，(27)を満たし，同じ意味で(28)が可能なのである。

「総記」は焦点位置にある要素のことであり，「分裂文」や「プロミネンス」はそれらがない文を「焦点－前提」に分ける働きを持っている。例えば，(29a)には前提も焦点も存在しないが，それを(29b1)のように分裂文にすると，"Taro"が焦点として取り出され，残りの部分が前提となる(焦点に当たる部分をイタリックにし，前提に当たる部分に下線を引く)[17]。これは，(29b2)のように"Taro"にプロミネンスを置いた場合も同様である。

(29) a.　Taro wrote this book.

　　　b1. It is *Taro* who <u>wrote this book</u>.
　　　　　焦点　　　　前提

　　　b2. *TARO* <u>wrote this book</u>.
　　　　　焦点　　　前提

一方，総記の「が」を持つ文は，その部分が焦点，残りの部分が前提であるため，(24)のような対応関係が生まれるのである。

(30)　太郎が<u>この本を書いた</u>。(「太郎が」が総記)
　　　焦点　　　前提

(30)は野田(1996)の言う「暗示的な主題」に当たるため，これを「明示的な主題」に変えると，(31)のようになる。

(31)　<u>この本を書いたのは</u>太郎だ。
　　　　前提　　　　焦点

6.2　規則2　中立叙述の「が」と要素導入文

次に，表3の②に対応する規則2は次のように考える。

(32)　規則2: 次の全ての条件を満たす名詞句が主語になるときは，その主語には「が」をつける。この「が」は中立叙述になるため，「AがB。」を「B(の)はAだ。」に変えることはできない。

　　　a.　主語は3人称である
　　　b.　述語は動詞で，ル形ではない

17　(29a)が動詞文であるのに対し，(29b1)の分裂文が名詞文であることに注意されたい。分裂文は「焦点－前提」という二項判断(Kuroda 1972の言う categorical judgement)になるため，必然的に名詞文となるのである。この点については井川(2012)も参照。

　　　　c. その話題に関してテキストに初出である

　ガ格名詞句が中立叙述になるのは，仁田(1991)の言う現象描写文の場合である。このタイプの文は「話し手の視覚や聴覚等を通して捉えられたある時空の元に存在する現象を，〜主観の加工を加えないで言語表現化して，述べた」ものであり，また，「新たに現象を言語表現の場に導入する」ために用いられる文でもある(cf. 仁田 1991：36)。これは，Lambrecht(1994)の言う presentational sentence(要素導入文)とも基本的に対応すると見られる。

　(32)a〜cの特徴は，こうした現象描写文，要素導入文の性格から帰納したものである。

6.3　規則3　無標の選択肢としての「は」

　最後に残るのは，表3の文脈Zの場合であるが，これが本稿の最も重要な主張である。

　　(33)　規則3：規則1，2のいずれにも当てはまらない場合は，主語に
　　　　　「は」をつければよい。

　ただし，この規則には，(15)(16)のタイプとは異なり，現時点でも一部の例外は存在することがわかっている。

　例外の第一のタイプは，(18)のタイプのもので，このタイプの文連鎖では，主語に「その」をつけるのが必須であるだけでなく，主語を「は」ではなく「が」でマークすることが義務的である(cf. 庵 1997, 2007)。このタイプは上の規則に対する反例になる。

　　(18′)　吉田さんは時間を守る人だ。その吉田さん{*は／が} 1時間も遅
　　　　　れるなんて，きっと何かあったにちがいない。

　それ以外に(29)のような感覚を述べる形容詞文もこの規則の反例になる。

　　(34)　(山で小川に手を入れた瞬間)あ，水{*は／が}冷たい！

　こうした一部の例外はあるが，現時点ではそれ以外の例外は確認できていない。これについても，注13で見たような手順で規則を検証していく必要はあるが，現時点では，この規則のカバー率はかなり高いと考えている。

6.4 まとめ

本節では，産出レベルでの「は」と「が」の使い分けに関する3つの規則を提案した。全体をまとめて再掲する。

(35) 規則1：自分の母語で，英語の次の文に対応する表現(主語を強調する表現)を使いたいときには，それを「AがB(だ)。」と表すことができる(Aは主語とする)。

a1. "It is A that/who B."
a2. A B.(通常語順でAにプロミネンスを置く)
→ AがB(だ)。

規則1で「AがB(だ)。」が言える場合は，同じ意味で「B(の)はAだ。」と言える。ここで，Bが名詞以外のときは「の」が必要である。

規則2：次の全ての条件を満たす名詞句が主語になるときは，その主語には「が」をつける。この「が」は中立叙述になるため，「AがB。」を「B(の)はAだ。」に変えることはできない。

a. 主語は3人称である
b. 述語は動詞で，ル形ではない
c. その話題に関してテキストに初出である

規則3：規則1，2のいずれにも当てはまらない場合は，主語に「は」をつければよい。

繰り返し述べてきているように，規則3は無標の場合であり，有標である規則1，2のいずれにも該当しない場合全てに当てはまる。したがって，実質的な規則は規則1，2だけである。

規則1，2はやや複雑に見えるが，この2つの規則だけで「は」と「が」が使い分けられるとすれば，少し時間をとって導入するだけの価値は十分にあると考える。

規則1，2のもう1つの利点は，ここで使われているのは，母語の感覚と形態的な知識だけであり，そのため，この規則は学習者の母語と日本語の違いに無関係である，ということである。1. で，「「は」と「が」の使い分けは本当に難しいのか」という疑問を提示したが，もし，この規則1，2を習得する

だけでよいということになれば，この疑問に対する答えは，「「は」と「が」の使い分けは決して難しくない」ということになると思われる。

6.5　今後の課題

以上の議論が正しいとした場合，次の課題は，これらの規則をどのように教えるかということである。これについては，今回は紙幅の都合もあり，割愛するが，近い時期に，教材の形で筆者の考え方を提案したいと考えている。

7.　おわりに―「母語の知識を活かした日本語教育」に向けて―

前節までで本稿の主張の論証は終わったが，本節では，本稿の内容が日本語教育に持つ理論的含意について少し述べて，全体のまとめとしたい。

7.1　母語転移についての考え方

本稿の最大の主張である(35)の最も重要なポイントは，「総記」の「が」を使う条件に学習者の母語の感覚を含めたということである。

(30)で述べたように，「総記」の「が」は「焦点－前提」の構造を作り出すものである。そうであるとすれば，それが，「焦点－前提」の構造を作るための構文である「分裂文」と対応すると考えることは自然なことである。なお，筆者がアラビア語，中国語，ロシア語，ポルトガル語について調べた範囲では，焦点が主語の場合は主語にプロミネンスを置くのが最も一般的な方略のようであるが，上記のように，この場合も「焦点－前提」の構造になっていることに変わりはない[18]。

このように，「産出のための文法」の中に，母語の知識や感覚を積極的に取り入れていくべきである，というのが本稿の理論的な主張の1つである[19]。

---

[18] この調査に際しては，ノハ・サラーハさん，王雪竹さん，トルヒナ・アンナさん，ジュリア・トッフィさんの協力を得た。記して感謝申し上げます。

[19] このことを，中国語話者を対象に強く主張しているのが張麟声氏である(cf. 張2011)。筆者の考え方も張氏のものに近い。この考え方に基づく，筆者の最新の研究については，庵(2015c)を参照されたい。

7.2 「母語の知識を活かした日本語教育」の必要性

上の主張に関連して今一言加えるとすれば，本稿の主張は，「母語の知識を活かした日本語教育」の必要性を論じたものとも言える。

一般に，言語を習得する際には，最低限，目標言語(Target language: TL)の次の要素を習得する必要がある。

(36) a. 音形
　　 b. 意味
　　 c. 統語情報

このうち，a.とb.は言語の恣意性が存在する以上，避けては通れないものである。日本語の場合は，これに加えて，「字形」(漢字)という壁がある。これまでの日本語教育は，実質的に漢字圏の学習者のみを対象としてきたため，この点が顕在化していないが，これからは，非漢字圏の学習者が，日本語教育の主要なターゲットになることは必定である(このことは，日本国内の日本語学校では既に明らかであるし，国立大学の「留学生センター」においても同様の傾向が見られる。後者に関しては，庵(2014b)に筆者の所見を記しているので，参照されたい)。

つまり，非漢字圏の学習者にとって，漢字という巨大な壁が日本語習得の前に立ちはだかっている現状において，統語的な知識はより負担が少ない形で習得できるようにしなければ，日本語学習者をこれまでの水準でつなぎ止めることは早晩不可能になるに違いない。そのためには，学習者の母語の知識を活かした日本語教育を行うことが不可欠である(この点については，庵2016を参照されたい)。

ここで注意すべきことは，学習者の母語の知識を活かすということと，学習者の母語を教授言語とすることとは全く別の問題であるということである。学習者の母語で教えても，その内容が日本語の発想だけで構成されていたのでは意味がないし，逆に，日本語で教えても，その内容が，日本語と学習者の母語とを適切に関連づけていれば，効果は大きいということである。

ベトナム人学習者やネパール人学習者をはじめとする非漢字圏の学習者が急増しつつある現状に対して，日本語教育界はほとんど手をこまねいているだけのように見える。このままの状態を続けていったとき，日本語教育の未

庵　功雄

来は暗いと言わざるを得ない。その意味で，ここで提起した問題は，日本語教育にとって「Now or Never」の喫緊の課題であると筆者は考えている。

謝辞

野田尚史さん(本来は「先生」とお呼びすべきところだが，いつもと同じくこの呼び方を使わせていただく)は，筆者が兄事する先輩である。筆者は，研究対象にしても，特に意識したつもりはないのだが，野田さんの後を追ってきたような気がする。

2.2にも記した通り，「は」と「が」の使い分けを日本語教育の立場から論じたものはほとんどないが，野田(1985)はその数少ない例外である。この本は，まさに「セルフマスター」を目指したものであり，学習者にとっての羅針盤としての役割を果たしてきている。

野田さんと直接話したわけではないが，野田さんの一連の研究の背後には常に「日本語学習者」の存在があるように思われる。そして，それは，野田さんも強い影響を受けた寺村先生の考え方そのものでもあった[20]。今回，野田さんの記念論集に「は」と「が」に関する拙論を書くことができたことに心から感謝したい。

本研究は科研費25244022の助成を受けたものである。

参照文献

庵功雄(1997)「「は」と「が」の選択に関わる一要因」,『国語学』188, pp. 1-11.
庵功雄(2002)「書評　白川博之『外国人のための実用日本語文法』」,『一橋大学留学生センター紀要』5, pp. 123-128.
庵功雄(2007)『日本語研究叢書21　日本語におけるテキストの結束性の研究』,くろしお出版.
庵功雄(2011)「「100％を目指さない文法」の重要性」,森篤嗣・庵功雄(編)『日本語教育文法のための多様なアプローチ』pp. 79-94, ひつじ書房.
庵功雄(2013)『日本語教育・日本語学の「次の一手」』,くろしお出版.

20　この点について，野田さんによる寺村先生の優れた評伝である野田(2011)から該当部分を引用する。
　　寺村秀夫の遺志を継ぐには
　　寺村秀夫は，自分が与えられた日本語教育という仕事に最善を尽くすために，そのときどきで何が必要かを自分の頭で考え，それを誠実に実行した。
　　そうだとすると，寺村が精力的に行った「文の構造」中心の研究を，今の時代に同じような方法で行うことは，けっして寺村の遺志を継ぐことにはならないと考える。<u>今の時代にどんな研究が必要かを自分の頭で考え，実行することが寺村の遺志を継ぐことになる</u>。
　　　　　　　　　　　　　　　　　　　　　　　　(野田 2011: 93。下線筆者)

庵功雄(2014a)「書評 堀川智也著『日本語の「主題」』」,『日本語文法』14-1, pp. 123-130.
庵功雄(2014b)「これからの日本語教育で求められること」,『ことばと文字』創刊号, pp. 86-94, くろしお出版.
庵功雄(2015a)「「産出のための文法」に関する一考察―「100%を目指さない文法」再考―」, 阿部二郎・庵功雄・佐藤琢三(編)『文法・談話研究と日本語教育の接点』pp. 19-32, くろしお出版.
庵功雄(2015b)「日本語学的知見から見た初級シラバス」, 庵功雄・山内博之(編)『現場に役立つ日本語教育研究1 データにもとづく文法シラバス』pp. 1-14, くろしお出版.
庵功雄(2015c)「中国語話者の母語の知識は日本語学習にどの程度役立つか―「的」を例に―」,『汉日语言対比研究论丛』7, pp.165-173.
庵功雄(2016)「「母語の知識を活かした日本語教育」に関する一考察―格枠組み(Case frame)における日英対照を例に―」,『一橋日本語教育研究』4, pp. 41-50, ココ出版.
庵功雄・高梨信乃・中西久実子・山田敏弘(2000)『初級を教える人のための日本語文法ハンドブック』, スリーエーネットワーク.
庵功雄・三枝令子(2012)『上級日本語文法演習 まとまりを表す表現―指示詞, 接続詞, のだ, わけだ, からだ―』, スリーエーネットワーク.
井川壽子(2012)『イベント意味論と日英語の構文』, くろしお出版.
尾上圭介(1973)「文核と結文の枠」,『言語研究』63, pp. 1-26.
国廣哲彌(1973)『構造的意味論』, 三省堂.
久野暲(1973)『日本文法研究』, 大修館書店.
柴谷方良(1978)『日本語の分析』, 大修館書店.
白川博之(2002)「外国人のための実用日本語文法」,『言語』31-4, pp. 54-59.
高梨信乃(2013)「大学・大学院留学生の文章表現にみられる文法の問題―動詞のテイル形を例に―」,『神戸大学留学生センター紀要』19, pp. 23-41.
張麟声(2011)『新編中国語話者のための日本語教育研究入門』, 日中言語文化出版社.
西山佑司(2003)『日本語名詞句の意味論と語用論』, ひつじ書房.
仁田義雄(1979)「日本語文の表現類型」[再録：仁田義雄(2009)『仁田義雄日本語文法著作選第2巻 日本語のモダリティとその周辺』pp. 231-248, ひつじ書房.]
仁田義雄(1991)『日本語のモダリティと人称』, ひつじ書房.
野田尚史(1985)『セルフマスターシリーズ1 はとが』, くろしお出版.
野田尚史(1996)『新日本語文法選書1 「は」と「が」』, くろしお出版.
野田尚史(2011)「新日本語学者列伝 寺村秀夫」,『日本語学』30-10, pp. 84-93.
堀川智也(2012)『日本語の「主題」』, ひつじ書房.
益岡隆志(1987)『命題の文法』, くろしお出版.

三上章(1953)『現代語法序説』, くろしお出版.
三上章(1960)『象は鼻が長い』, くろしお出版.
三上章(1963)『日本語の論理』, くろしお出版.
南不二男(1974)『現代日本語の構造』, 大修館書店.
山田孝雄(1908)『日本文法論』, 宝文館.
Kuroda, S.-Y. (1972) The categorical and the thetic judgement. *Foundations of Language.* 9-2, pp. 153-185.
Lambrecht, Knud (1994) *Information Structure and Sentence Form.* Cambridge: Cambridge University Press.

非母語話者の日本語理解のための文法

野田尚史

1. 多様な「文法」の必要性

　「文法」は，研究を進めていけば理想的な一つの文法ができあがるというものではない。何のために「文法」を作るかによって，それぞれの「文法」の内容は大きく違ってくるはずである。

　野田尚史(2007, 2013)でも指摘されているように，従来の一般的な文法と，日本語を母語としない人たちが日本語を習得するための文法では，さまざまな点が違って当然である。

　たとえば現代日本語の受動文を例にすると，従来の一般的な文法では，「純くんが愛ちゃんにふられた」のような受動文を「愛ちゃんが純くんをふった」のような能動文との関係から説明することが多い。その場合，能動文から受動文を導き出す規則として，少なくとも次の(1)から(3)のような3つの規則が必要になる。

　　(1)　動詞の形についての規則：「ふる」を「ふられる」に変える。
　　(2)　助詞についての規則：「愛ちゃんが」を「愛ちゃんに」に変え，「純くんを」を「純くんが」に変える。
　　(3)　語順についての規則：「純くんが」を「愛ちゃんに」より前に置く。

　しかし，日本語を母語としない人たちは，このような規則を教えられても，すぐに受動文を使えるようにはならない。「られ(受身)」は初級の日本語教科書で扱われているが，山内博之(2005)によると，日本語学習者にOPI(Oral Proficiency Interview)による会話テストを行うと，初級や中級レベルの学習者の会話には「られ(受身)」は出てこず，上級レベルになって初めて現れるということである。

　そうであれば，初級学習者のための文法では，「純くんが愛ちゃんにふられた」のような文を受動文とは考えずに，「ふられる」という動詞が使われた普

通の文だとしたほうがわかりやすいだろう。つまり,「ふられる」という動詞があり,その動詞は「～は～にふられる」という文型で使われ,「[ふられ]ない」「[ふられ]ます」と活用するグループ(一段動詞)だとするということである。これは,「食べる」という動詞は「～は～を食べる」という文型で使われ,「[食べ]ない」「[食べ]ます」と活用するグループ(一段動詞)だとするのとまったく同じことである。

　従来の一般的な文法で「ふられる」を受動と分析するのは,「(ら)れる」はたくさんの動詞に同じように付き,同じような意味を表すからである。このような場合は,辞書に「ふられる」「言われる」と一語ずつ登録するのではなく,文法で「受動」として一括して扱ったほうが効率的である。しかし,自分で使う受動文の動詞が「ふられる」や「言われる」など数個しかないのであれば,受動の文法規則とするより一語の動詞と見たほうが効率的だということになる。

　このように「文法」は目的に合わせて柔軟に作る必要がある。日本語を母語としない人たちのための文法といっても,たとえば,初級学習者のための文法,中級学習者のための文法,上級学習者のための文法というふうに分けて考えることが必要である。また,日本語を聞くための文法,日本語を話すための文法,日本語を読むための文法,日本語を書くための文法というふうに分けて考えることも必要である。そのように日本語の文法を細かく分けていくと,結果的にさまざまな「文法」ができることになる。

2.「産出のための文法」と「理解のための文法」

　日本語を母語としない人たちのための文法は,「産出のための文法」になっていることが多い。つまり,書いたり話したりするための文法である。しかし,日本語を母語としない人たちは,書いたり話したりするだけではなく,読んだり聞いたりすることも多い。読んだり聞いたりするためには,「産出のための文法」ではなく「理解のための文法」が必要である。

　「産出のための文法」は,「会う」のような動詞の辞書形から「会って」のようなテ形を作る規則を例にすると,次の(4)のようなものになる。

　　　(4)　　五段動詞　：会う,立つ,走る　→　会って,立って,走って

書く → 書いて
話す → 話して
死ぬ，飲む，飛ぶ → 死んで，飲んで，飛んで
泳ぐ → 泳いで
一段動詞　：見る → 見て
不規則動詞：くる → きて，する → して

　これは，五段動詞の場合は，語尾が「う」「つ」「る」であれば，それを削除して「って」を付けるというような規則である．例外は，「行く(いく)」が「行いて(いいて)」にならず「行って(いって)」になることだけである．

　それに対して，「理解のための文法」では，「買って」のようなテ形から「買う」のような辞書形を導く次の(5)のような規則が必要になる．「買って」は辞書に載っていないので，辞書を引くためには「買う」という辞書形がわからなければならないからである．

(5)　〜いて → 〜く，〜いる
　　　〜いで → 〜ぐ
　　　〜きて → 〜きる，〜くる
　　　〜して → 〜す，〜する
　　　〜って → 〜る，〜う，〜つ
　　　〜んで → 〜む，〜ぶ，〜ぬ
　　　[それ以外の]〜て → 〜る

　これは，「いて」で終わるテ形は，「書いて」のように「いて」を削除して「く」を付ければ「書く」のような辞書形になる場合と，「用いて」のように「いて」を削除して「いる」を付ければ「用いる」のような辞書形になる場合があるというような規則である．

　「いて」を削除して「く」を付ければ辞書形になる動詞のほうが，「いて」を削除して「いる」を付ければ辞書形になる動詞より多いことは確かであるが，どちらの動詞であるかは規則的には決まらない．最終的には辞書で確認するしかない．

　最終的に辞書で確認しなければわからないのは，「きて」「して」「って」「んで」で終わるテ形も同じである．「んで」で終わるテ形であれば，「いて」

を削除して「む」を付ける動詞がいちばん多く,「ぶ」を付ける動詞が次に多く,「ぬ」を付ける動詞は「死んで」だけである。「死んで」以外は,「む」を付ける動詞であるか「ぶ」を付ける動詞であるかは規則的には決まらない。

このように,動詞の辞書形とテ形にかかわる規則でも,「産出のための文法」と「理解のための文法」では規則の作り方が大きく違う。

この論文では,これまであまり考えられてこなかった,日本語を母語としない人たちのための「理解のための文法」を取り上げる。日本語を母語としない人たちが日本語を読んだり聞いたりしたとき,どんな読み誤りや聞き誤りをするかを調査した上で,それを防ぐにはどんな文法が必要かという例をあげることにする。

次の3.から6.では,日本語を母語としない人たちが日本語を読んだときの読み誤りをもとにして,読解に必要な文法を考える。そのあと,7.から10.では,日本語を母語としない人たちが日本語を聞いたときの聞き誤りをもとにして,聴解に必要な文法を考える。

3. 非母語話者の読解困難点を見つけるための調査

日本語を母語としない人たちが日本語を読むために役立つ文法を考えるために,非母語話者が日本語を読むとき,どんなところでどのような読み誤りをするのかを調査した。

その調査のうちこの論文で扱うのは,中国語を母語とする上級日本語学習者に自分の専門分野の学術論文を読んでもらい,その内容をどう理解したかを自分の母語で語ってもらった調査である。

調査は,次の(6)から(8)のような方法で行った。

(6) 上級学習者一人ひとりに,自分の研究のために読む必要がある学術論文を選んでもらう。

(7) 上級学習者にその学術論文を普段どおりに辞書やパソコンを使って読んでもらい,同時に,理解した内容や,理解できないところなどを自分の母語で詳しく語ってもらう。

(8) 上級学習者に語ってもらった内容だけでは,どう理解したかがよくわからないときや,そのように理解した理由がわからないとき

は，それを確認するための質問をその学習者の母語で行い，答えてもらう。

これは，次の(9)の調査方法と基本的に同じである。

(9)　日本語非母語話者の読解コーパス
　　　[http://www2.ninjal.ac.jp/jsl-rikai/dokkai/]

調査に協力してもらったのは30名である。全員，日本の大学に在籍している大学院生で，日本語能力試験の最高レベルである1級またはN1取得者である。学習者の専門分野は，言語学，人文地理学，経済学，経営学，社会学，化学，機械工学，土木工学などである。

野田尚史(2014)は，この調査とは違い，学習者の母語ではなく日本語で理解した内容を語ってもらった調査による研究であるが，そこではさまざまな種類の読み誤りが指摘されている。ここでは，学習者の母語で理解した内容を語ってもらったこの調査の結果から「文法」に関係する読み誤りに焦点を絞り，「文法」で解決できそうな読み誤りを分析する。そして，そのような読み誤りを起こさないための「上級学習者が学術論文を読むための文法」としてどのようなものが考えられるかについて述べる。

それぞれの学術論文全体の理解にも大きな影響を与えるような重大な読み誤りで，よく見られたもののうち，「文法」の問題と考えられるものとして，次の(10)から(12)の3つを取り上げる。

(10)　主語を特定するときの読み誤り
(11)　修飾関係を理解するときの読み誤り
(12)　並列関係を理解するときの読み誤り

次の4.から6.では，それぞれ(10)から(12)の読み誤りを取り上げ，それを防ぐための「文法」を考える。

4.　読解で主語を特定するための文法

上級日本語学習者でも，学術論文のような複雑な文が多い文章を読むときには，省略されている主語を正しく特定できないことがある。

たとえば，次の(13)では最後の文の「目指している」の主語は「国土交通省」である。しかし，これを読んだ学習者は，「目指している」の主語を「市

町村」だと読み誤った。

 (13) 低炭素都市・地域づくりに向けては，国土の保全，運輸，住宅・建築物，まちづくり等の多様の分野を横断して，総合的，統合的，計画的，そして戦略的に取り組むことが必要であるが，現在，<u>国土交通省</u>では，政策推進にあたって実現すべき「4つの価値」の一つとして「持続可能な社会の実現」を目指している。[段落を越えて3文省略]出稿の時点では未だ審議は行われていないが，法案においては，都市機能の集約化とそれと連携した公共交通の利用促進，共同輸配送の促進，緑地の保全や緑化の促進，未利用エネルギーの利用，建築物のCO_2排出抑制，自動車のCO_2排出抑制等を柱とし，まちづくりの主体である<u>市町村が</u>，都市の低炭素化を促進するための低炭素まちづくり計画を作成し，その地域に応じた低炭素化の取組みを展開していくことを<u>目指している</u>。

（野村正史「低炭素都市・地域づくりに向けての不動産政策」『日本不動産学会誌』26-1, 2012）

 この学習者が「目指している」の主語を「市町村」だと読み誤った原因は，次のように考えられる。この学習者は「目指している」の主語はこの文に出てくる「～は」か「～が」だと考えていた可能性が高い。そうすると，主語の候補になるのは「出稿の時点では」と「法案においては」「市町村が」である。「出稿の時点では」には「で」があり，「法案においては」には「において」があるため，主語ではないと考えると，残るのは「市町村が」だけである。そのように考えて，この学習者は「目指している」の主語を「市町村」だと読み誤ったのだろう。

 実際には，「～は」と「～が」では，どこまで係っていくかという文法的な性質が違う。「市町村が」を「市町村は」に変えた次の(14)では，「市町村は」は文末の「目指している」まで係っていく。つまり，「目指している」の主語は「市町村」になる。

 (14) まちづくりの主体である<u>市町村は</u>，都市の低炭素化を促進するための低炭素まちづくり計画を策定し，その地域に応じた低炭素化の取り組みを展開していくことを<u>目指している</u>。

それに対して，「市町村が」になっている前の(13)では，「市町村が」は「ことを」が付いている動詞「展開していく」までしか係ることができず，その後にある文末の動詞「目指している」までは係っていくことができない。

「〜が」は，基本的にその後に出てきた最初の述語までしか係ることができず，そこを越えてそれより後にまで係っていくことはできない。「〜が」が越えられるのは，「〜ながら」や「〜まま」のような従属度が高い従属句や，「〜て」や「〜たり」のような並列を表す従属句だけである。

また，「〜が」が文末の述語に係っていくのは，基本的に「地震があった」のような意外なできごとを表す単文や，「私がやります」のような主語が焦点を表す単文に限られる。学術論文ではそのような文が使われることはほとんどないため，学術論文では「〜が」が文末まで係っていくことはほとんどないと考えてよい。

このような例をもとにすると，省略されている主語を特定するための文法として，たとえば，次の(15)のようなものが必要だということになる。

(15) a. 学術論文では，基本的に「〜が」が文全体の主語になることはない。「〜が」は，その後に「〜こと」や「〜(れ)ば」などがあれば，それらの直前にある述語の主語になるだけで，それより後の述語の主語にはならない。

b. 学術論文では，文全体の主語は基本的にその文の中にある「〜は」になる。ただし，「〜には」「〜では」などは主語にはならない。その文の中に「〜は」がなければ，その文より前の文にある「〜は」がその文の主語になることが多い。

5. 読解で修飾関係を理解するための文法

上級日本語学習者でも，学術論文のような複雑な修飾関係が多い文章を読むときには，修飾関係を正しく理解できないことがある。

たとえば，次の(16)の「フライアッシュのボールベアリング効果と，フライアッシュおよび高炉スラグの比表面積がセメントの値よりも大きいことに起因して」は「適正な粒度分布を構成した」を修飾している。しかし，これを読んだ学習者は，「〜に起因して」は「流動性に寄与した」を修飾している

と読み誤った。

(16) フライアッシュおよび高炉スラグ置換率の増加に伴い，単位水量は減少している。これは，<u>フライアッシュのボールベアリング効果と，フライアッシュおよび高炉スラグの比表面積がセメントの値よりも大きいことに起因して</u>，適正な粒度分布を構成したことが<u>流動性に寄与した</u>ものと類推できる。(松家武樹(他)「フライアッシュおよび高炉スラグ微粉末を用いたローカーボンコンクリートの諸特性」『コンクリート工学年次論文集』32-1, 2010)

　この学習者が「～に起因して」の修飾先を「流動性に寄与した」だと読み誤った原因は，次のように考えられる。「～に起因して」のような述語修飾成分は，「起因して」の後に「，」がなければ，そのすぐ後にある述語を修飾することが多い。しかし，「，」があれば，すぐ後の述語ではなく，その述語より後に出てくる述語を修飾することが多い。この学習者は，「～に起因して」がすぐ後にある述語「適正な粒度分布を構成した」を修飾する可能性があるとは考えなかったのだろう。

　前の(16)にある次の(17) a. の部分は(17) b. のような構造になっている。このような構造を持った(17) b. の修飾関係は，実際には，(17) c. である可能性と(17) d. である可能性がある。

(17) a.　～に起因して，～を構成したことが流動性に寄与した
　　　b.　[述語修飾成分]　　[述語1]……………[述語2]

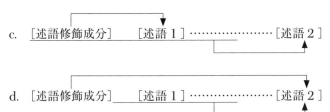

　　　c.　[述語修飾成分]　　[述語1]……………[述語2]

　　　d.　[述語修飾成分]　　[述語1]……………[述語2]

　(17) b. の修飾関係が(17) c. であるか(17) d. であるかは，この構造だけでは判断できない。前の(16)のように[述語修飾成分]の直後に読点(「、」「，」)があるときは，[述語修飾成分]がすぐ後の述語ではなく，(17) d. のように，その述語より後に出てくる述語を修飾することが多いと言える。しかし，実際に

は，(16)のように，(17)c. 修飾のしかたになる場合もある。

　このような構造のときの修飾先は，文の構造や意味を考えて判断するしかない。前の(16)の場合は，「適正な粒度分布を構成したことが流動性に寄与した」の「適正な粒度分布を構成したこと」は「寄与した」の理由だと考えられる。そこにさらに「フライアッシュのボールベアリング効果と，フライアッシュおよび高炉スラグの比表面積がセメントの値よりも大きいことに起因して」という理由が加わる可能性は高くないと判断するといったことである。それに対して，「適正な粒度分布を構成した」には理由を表す部分がないので，「フライアッシュのボールベアリング効果と，フライアッシュおよび高炉スラグの比表面積がセメントの値よりも大きいことに起因して」が理由として「適正な粒度分布を構成した」を修飾する可能性が高いと判断するといったことである。

　このような例をもとにすると，修飾関係を理解するための文法として，たとえば，次の(18)のようなものが必要だということになる。

　　(18) a. 「～によって」や「～ように」のような述語修飾成分の後に述語が複数あるとき，その述語修飾成分は直後の述語を修飾する場合と，直後の述語より後に出てくる述語を修飾する場合がある。
　　　　 b. そのようなとき，「～によって」や「～ように」のような述語修飾成分がどの述語を修飾するかは，文の構造や，修飾成分とそれぞれの述語の意味的な関係などから判断する必要がある。

　なお，修飾関係や並列関係などに複数の可能性が出てくる文の構造については，野田尚史(2002)に詳しい分類と説明がある。

6. 読解で並列関係を理解するための文法

　上級日本語学習者でも，学術論文のような複雑な並列関係が多い文章を読むときには，並列関係を正しく理解できないことがある。

　たとえば，次の(19)には，「～のか」が3つ出てくる。これら3つの「～のか」は，互いにすべて並列の関係になっているわけではない。1つ目の「開発設計者等の業績の測定・評価なのか」と3つ目の「測定・評価するものなのか」だけが並列されている。2つ目の「当該新製品が企業利益にどの程

度貢献したのか」は他の2つの「〜のか」とは並列されておらず,「測定・評価する」の対象になっている。しかし,これを読んだ学習者は,この3つの「〜のか」が並列されていると読み誤った。

(19) ここで注意すべきことは,目標利益の設定目的が何かということである。開発設計者等の業績の測定・評価なのか,当該新製品が企業利益にどの程度貢献したのかを測定・評価するものなのかによって,使用する利益概念は異なる。　(田中雅康(他)「原価企画の管理対象と目標利益概念」『企業会計』59-3, 2007)

この学習者が3つの「〜のか」が並列されていると読み誤った原因は,次のように考えられる。この学習者は,「〜のか」が3つあり,最初の「〜のか」の後に「,」があることから,これらの「〜のか」が並列されていると考えたのだろう。そのとき,2つ目の「〜のか」の後に「を」が付いていることは気にしなかったのだろう。

実際には,「〜のか」の後に「,」や「や」があるか,「を」や「よって」があるかによって,並列関係は大きく違う。「〜のか」の後に「,」や「や」がある場合は,次の(20)a.のように,2つの「〜のか」が並列されている。それに対して,「〜のか」の後に「を」や「よって」がある場合は,次の(20)b.のように,2つの「〜のか」は並列されていない。前の「〜のかを」が後の「〜のか」の述語を修飾している。

(20) a. 〜のか, 〜のかによって……
　　　　　└──────┘
　　　　　　　［並列］

b. 〜のかを〜のかによって……
　　　└──→┘
　　　　［修飾］

このようなことは,「〜のか」だけではなく,「〜ためか」「〜こと」「〜もの」のように節の形になっている名詞でも同じである。

このような例をもとにすると,並列関係を理解するための文法として,たとえば,次の(21)のようなものが必要だということになる。

(21) a. 「〜こと」や「〜のか」などが複数あるとき,「〜こと」や「〜

のか」などの直後に「，」や「や」などがあれば，その「〜こと」や「〜のか」などは後の「〜こと」や「〜のか」と並列されている。

b. 「〜こと」や「〜のか」などが複数あるとき，「〜こと」や「〜のか」などの直後に「を」や「によって」などがあれば，その「〜こと」や「〜のか」などは後の「〜こと」や「〜のか」とは並列されていない。

7. 非母語話者の聴解困難点を見つけるための調査

ここまでの3.から6.では，日本語を母語としない人たちが日本語を読んだときの読み誤りをもとにして，読解に必要な文法を考えた。この7.から10.では，日本語を母語としない人たちが日本語を聞いたときの聞き誤りをもとにして，聴解に必要な文法を考える。

日本語を母語としない人たちが日本語を聞くために役立つ文法を考えるために，非母語話者が日本語を聞くとき，どんなところでどのような聞き誤りをするのかを調査した。

その調査のうちこの論文で扱うのは，さまざまな母語の中級日本語学習者に日本語母語話者と雑談をしてもらい，相手の発話をどう理解したかを自分の母語で語ってもらった調査である。

調査は，次の(22)から(24)のような方法で行った。

(22) 中級学習者に日本語母語話者と雑談をしてもらう。そのときの母語話者の映像を2人の音声とともに録画しておく。

(23) 雑談が終わったあと，中級学習者に，録画した映像を見ながらその音声を少しずつ聞いてもらい，理解した内容や，理解できないところなどを自分の母語で詳しく語ってもらう。

(24) 中級学習者に語ってもらった内容だけでは，どう理解したかがよくわからないときや，そのように理解した理由がわからないときは，それを確認するための質問をその学習者の母語で行い，答えてもらう。

調査に協力してもらったのは60名である。60名の母語は，フランス語が17

名，ドイツ語が15名，英語が10名，イタリア語が5名，スペイン語が3名，インドネシア語が3名，タイ語が3名，ベトナム語が2名，中国語が1名，ペルシア語が1名である。

　この調査結果の一部は，野田尚史・阪上彩子・中山英治(2015)と野田尚史・中島晶子・村田裕美子・中北美千子(2016予定)で報告されている。ここでは「文法」に関係する聞き誤りに焦点を絞り，「文法」で解決できそうな聞き誤りを分析する。そして，そのような聞き誤りを起こさないための「母語話者との雑談で中級学習者が相手の発話を理解するための文法」としてどのようなものが考えられるかについて述べる。

　それぞれの雑談全体の理解にも大きな影響を与えるような重大な聞き誤りで，よく見られたもののうち，「文法」の問題と考えられるものとして，次の(25)から(27)の3つを取り上げる。

　　(25)　主語を特定するときの聞き誤り
　　(26)　肯定か否定かを理解するときの聞き誤り
　　(27)　質問を理解するときの聞き誤り

　次の8.から10.では，それぞれ(25)から(27)の聞き誤りを取り上げ，それを防ぐための「文法」を考える。

8.　聴解で主語を特定するための文法

　話しことばである雑談では主語が省略されることが多い。中級日本語学習者は省略されている主語を正しく特定できないことがある。

　たとえば，次の(28)の「軽自動車っていうか小さい車を買うまで」の「買う」の主語は「私」である。しかし，これを聞いた英語を母語とする学習者は，「買う」の主語を「父」だと聞き誤った。

　　(28)　私は免許を取ったんですけど，私の父の車を，(はい)父が私が壊すと思って，乗せてくれなかったんですね。で，で，で，あの仕事を始めて，いちばん最初に，あの，軽自動車っていうか，小さい車を買うまで，ぜんぜん運転ができなかったんですけど，その自分の車を買って，やっと自分で自由に運転ができるようになって。

　　　　　　　　［(　)内の「はい」は聞き手である学習者のあいづち］

この学習者が「買う」の主語を「父」だと聞き誤った原因は，その少し前に「父が」が出てきていたからだろう。「私は」も出てきていたが，「父が」より前に出てきていたため，「買う」の主語は「父」のほうだと判断したのだろう。
　「買う」の主語が「父」であれば，「買う」ではなく，次の(29)のように「買ってくれる」と言っていたはずである。「父」が主語である「乗せてくれなかった」に「くれる」が使われていたのと同じようにである。

(29) 私は免許を取ったんですけど，私の父の車を，(はい)<u>父が</u>私が壊すと思って，<u>乗せてくれなかった</u>んですね。で，で，で，あの仕事を始めて，いちばん最初に，あの，軽自動車っていうか，小さい車を<u>買ってくれる</u>まで，ぜんぜん運転ができなかったんですけど，その自分の車を買って，やっと自分で自由に運転ができるようになって。

「買ってくれる」ではなく，「買う」と言ったということは，その主語は「父」ではなく「私」だということになるが，この学習者はそれには気づかなかったのだろう。
　このような例をもとにすると，省略されている主語を特定するための文法として，たとえば，次の(30)のようなものが必要だということになる。

(30) a. 「〜てくれる」の主語は，「私」ではない。主語が表されていなければ，基本的に前の文脈に出てきていた第三者である。そして，その動作は第三者から「私」に及ぶ。
　　 b. 「てくれる」が付いていない動詞の主語は，主語が表されていなければ，「私」か，前の文脈に出てきていた第三者である。ただし，その動作が第三者から「私」に対するものである可能性があるのに「てくれる」が付いていないときは，その主語は第三者ではなく「私」である。

　雑談のような話しことばでは，よく主語が省略される。しかし，主語が省略されていても，文法的な手がかりによってその主語を特定できることも多い。省略された主語を特定するための文法的な手がかりとしては，たとえば次の(31)のようなものがある。

(31) a. 「話してください」のような働きかけ文:主語は2人称
    b. 「うれしかったようだ」のような外面表現文:主語は3人称
    c. 「休みたい」のような内面表現文:主語は1人称
    d. 「誘ってくれた」のような受益表現:「〜てくれる」の場合は,主語は1人称から遠い側で,動作が及ぶ先は1人称か1人称に近い側
    e. 「電話をかけてきた」のような「方向表現」:「〜てくる」の場合は,主語は1人称から遠い側で,動作が及ぶ先は1人称か1人称に近い側
    f. 「お出かけになった」のような尊敬表現・謙譲表現:尊敬表現の場合は主語は1人称以外,謙譲表現の場合は主語は1人称か1人称に近い側

省略された主語を特定するための文法的な手がかりについては,野田尚史(2004)でもう少し詳しく述べられている。

9. 聴解で肯定か否定かを理解するための文法

日本語では肯定か否定かは区別しやすいと思われるかもしれない。しかし,中級日本語学習者が日本語を聞いたとき,肯定か否定かを正しく理解できないことがある。

たとえば,次の(32)の「いいお天気が多いじゃないですか」は「いいお天気が多い」ということを肯定している。しかし,これを聞いたドイツ語を母語とする学習者は,「いいお天気が多い」ということを否定している,つまり「いいお天気が多くない」という意味だと聞き誤った。

(32) えっと,南ヨーロッパっていいお天気が多いじゃないですか。それで,ドイツはけっこう曇りとかが多くて,なんか,あの,私の隣にスペイン人が住んでるんですけど,寮の,あのー,この間,なんか,家と電話してたみたいで,なんか,泣いてるのが聞こえてきて,それ,ドイツ人の友達に言ったら,なんか,きっとドイツの曇りの日が多すぎて,スペインのいいお天気が懐かしくなって泣いてるんだよって言われて。ジョークですけど。

この学習者が「いいお天気が多いじゃないですか」を「いいお天気が多い」ではなく「いいお天気が多くない」という意味だと聞き誤った原因は、「いいお天気が多い」に「ない」が付いていたからだろう。この「ない」は「いいお天気が多くないです」のような形ではなく、「いいお天気が多いじゃないですか」という形で使われていたが、この学習者はその違いは気にしなかったのだろう。

　実際には、「いいお天気が多くないです」は「いいお天気が多い」を否定する文であり、「いいお天気が多くない」という意味になる。一方、「いいお天気が多いじゃないですか」には否定の意味はなく、「いいお天気が多い」という意味になる。

　日本語記述文法研究会（編）(2003:40)では、「ではないか」の意味と用法について「話し手と聞き手に共有される知識や一般的な知識、伝聞的な知識に付加されて、相手が忘れていることを思い出させたり、会話のテーマを導入したりする」と述べられている。前の(32)の「いいお天気が多いじゃないですか」も、聞き手が知っていると思われる事実を述べて、会話のテーマを導入していると考えられる。

　「〜じゃないか」という否定疑問文については田野村忠温(1988)をはじめとする研究の蓄積がある。しかし、「か」が付かない文を含め、「じゃない」が肯定の意味を表すか否定の意味を表すかは、前に「ん」があるかどうかや、後ろに「か」があるかどうか、上昇イントネーションか下降イントネーションかなどが関係していて、難しい。

　「じゃない」が肯定を表すか否定を表すかを理解するための文法としては、たとえば次の(33)や(34)のようなものが必要だということになる。(33)は述語が動詞・形容詞（イ形容詞）のとき、(34)は述語が名詞・形容動詞（ナ形容詞）のときのものである。

　　(33) a. 動詞・形容詞（イ形容詞）の後に「ん」がなく、すぐに「じゃない」(「じゃありません」「じゃないか」「じゃないですか」などを含む)があるときは、肯定の意味になる。

　　　　 b. 動詞・形容詞（イ形容詞）の後に「んじゃない」(「んじゃありません」「んじゃないか」「んじゃないですか」などを含む)があ

り，上昇イントネーションになっているときは，肯定の意味になる．

c. 動詞・形容詞（イ形容詞）の後に「んじゃない」（「んじゃありません」「んじゃないか」「んじゃないですか」などを含む）があり，下降イントネーションになっているときは，否定の意味になる．

(34) a. 名詞・形容動詞（ナ形容詞）の後に「じゃない」（「じゃありません」「じゃないか」「じゃないですか」などを含む）があり，上昇イントネーションになっているときは，肯定の意味になる．

b. 名詞・形容動詞（ナ形容詞）の後に「じゃない」（「じゃありません」「じゃないか」「じゃないですか」などを含む）があり，下降イントネーションになっていて，「じゃ」より「な」が明らかに高い音になっていないときは，肯定の意味になる．

c. 名詞・形容動詞（ナ形容詞）の後に「じゃない」（「じゃありません」「じゃないか」「じゃないですか」などを含む）があり，下降イントネーションになっていて，「じゃ」より「な」が明らかに高い音になっているときは，否定の意味になる．

(33)と(34)で述べたのは肯定か否定かの区別だけである．これに加えて，「いいお天気が多いじゃないですか」は聞き手が知っていると思われる事実を述べて，会話のテーマを導入しているとか，「いいお天気が多いんじゃないですか」は話し手が推定したことを聞き手に確認しているといった意味を理解するための文法も必要である．

10. 聴解で質問を理解するための文法

日本語では聞き手に質問している文かどうかを区別したり，何を質問しているかを理解するのは難しくないと思われるかもしれない．しかし，中級日本語学習者が日本語を聞いたとき，質問を正しく理解できないことがある．

たとえば，次の(35)の「私いちご狩りしたこと，あったかな？」は聞き手に対して質問している文ではない．自分が疑問を持っているということを表しているだけである．しかし，これを聞いたベトナム語を母語とする学習者

は,「私いちご狩りしたこと,あったかな?」を聞き手に対する質問だと聞き誤った。つまり,自分に質問されているのだと理解した。

(35) へー,初めて知りました。私いちご狩りしたこと,<u>あったかな?</u>
　　　いちご狩りしたことない,たぶんないと思いますけど。

この学習者が「私いちご狩りしたこと,あったかな?」を聞き手に対する質問だと聞き誤った原因は,「か」があり,上昇イントネーションだったからだろう。「かな」は「か」とは違って聞き手に対して純粋な質問をするときに使われるものではないが,この学習者は「かな」と「か」の違いは気にしなかったのだろう。また,「私」のことを聞き手に質問することは普通の状況ではほとんどないが,この学習者はそれにも気づかなかったのだろう。

このような例をもとにすると,質問かどうかを理解するための文法として,たとえば次の(36)のようなものが必要だということになる。

(36) a.　「かな」で終わる文は,上昇イントネーションであっても,聞き手に対して質問していないことがかなり多い。疑問を持っていることを表しているだけということである。

　　　b.　主語が「私」である文が聞き手に対する質問になることは少ない。「私」のことは自分がいちばん知っていることが多いからである。

このほか,質問を理解するための文法としては,何を質問しているかを理解するための文法も必要である。

たとえば,次の(37)の「関西とどっちがよかったですか」は九州と関西を比較して,どちらがよかったかを質問している。しかし,これを聞いたフランス語を母語とする学習者は,関西のどこがよかったかを質問していると聞き誤った。

(37) 九州と関,大阪,あの,<u>関西とどっちがよかったですか?</u>

このような例をもとにすると,何を質問しているかを理解するための文法として,たとえば次の(38)のようなものが必要だということになる。このうち(38)b.は語の意味の問題であり,狭い意味での「文法」の問題とは言えないかもしれないが,質問を理解するためには必要である。

(38) a.　「とどっち」「とどちら」があれば2つのものを比較して選ばせ

　　　　る質問である。
　　b. 「どちら」は，選択肢がない場所の質問にも，2つの選択肢から
　　　　選ばせる質問にもなる。「どっち」は，選択肢がない場所の質問
　　　　にはならず，2つの選択肢から選ばせる質問になる。

11. まとめと今後の課題

　この論文では，日本語を母語としない人たちが日本語を読んだり聞いたりしたとき，どんな読み誤りや聞き誤りをするかを調査した結果をもとに，日本語を母語としない人たちが日本語を理解するための文法を考えた。
　読解のための文法としては，次の(39)から(41)のようなものを取り上げた。
　(39)　主語を特定するための文法
　　　　例：学術論文では，基本的に「～が」が文全体の主語になること
　　　　　はない。
　(40)　修飾関係を理解するための文法
　　　　例：「～によって」のような述語修飾成分の後に述語が複数あると
　　　　　き，その述語修飾成分は直後の述語を修飾する場合と，直後
　　　　　の述語より後に出てくる述語を修飾する場合がある。
　(41)　並列関係を理解するための文法
　　　　例：「～こと」が複数あるとき，「～こと」の直後に「を」や「に
　　　　　よって」があれば，その「～こと」は後の「～こと」とは並列
　　　　　されていない。
　一方，聴解のための文法としては，次の(42)から(44)のようなものを取り上げた。
　(42)　主語を特定するための文法
　　　　例：「～てくれる」の主語は，「私」ではない。
　(43)　肯定か否定かを理解するための文法
　　　　例：動詞・形容詞（イ形容詞）の後に「ん」がなく，すぐに「じゃ
　　　　　ない(か)」があるときは，否定の意味にはならず，肯定の意
　　　　　味になる。
　(44)　質問を理解するための文法

例:「かな」で終わる文は,上昇イントネーションであっても,聞き手に対して質問していないことが多い。

「理解のための文法」は,「このような場合は,必ずこのような意味になる」とは記述できないことが多い。前の(39)から(44)の文法でも「基本的に」「〜場合がある」「〜ことが多い」という記述があるのは,そうとしか記述できないからである。

その点は,「産出のための文法」とは大きく違う。「産出のための文法」では,「このような意味を表したいときは,必ずこの形を使う」という記述ができる。「行く」の到着点を表すのに「に」も「へ」も使えるといったことはあるが,「必ず「に」か「へ」を使う」という記述ができる。正確な文法になっていれば,そのような記述があるのに「に」が使えない場合があるといったことは起きない。

このように,「理解のための文法」は「産出のための文法」に比べ,明確な記述ができない。そのようなこともあって,現代語の文法では「理解のための文法」の研究があまり行われてこなかった。しかし,非母語話者が日本語を読んだり聞いたりしたことを正しく理解するためには,「理解のための文法」が必要である。

今後の課題としては,次の(45)から(47)のようなことが考えられる。

(45) 初級から上級まで,さまざまなレベルの日本語学習者にさまざまな日本語を読んだり聞いたりしてもらい,読解困難点や聴解困難点をさらに詳しく調査する必要がある。

(46) 読解困難点や聴解困難点の調査結果をもとに,読んだり聞いたりするための文法をできるだけ体系的に組み立てていく必要がある。

(47) この論文で例として示したような文法の記述では,非母語話者には理解してもらえない。理解するための文法が自然に身につくような教材を作っていく必要がある。

非母語話者の日本語理解のための文法はこれまであまり研究が行われてこなかったが,実用的にも必要とされるものである。また,「理解のための文法」は「産出のための文法」とは大きく違うものになるはずであり,文法研究に新しい視点を提供してくれる可能性も高い。

野田尚史

　非母語話者の日本語理解のための文法の研究がこれから盛んになっていくことを願っている。

付記

読解困難点調査では，花田敦子（久留米大学），藤原未雪（国立国語研究所）の協力を得た。聴解困難点調査では，中島晶子（パリ・ディドロ大学），村田裕美子（ミュンヘン大学），中北美千子（国立国語研究所），阪上彩子（大阪大学），中山英治（大阪産業大学）の協力を得た。なお，この研究はJSPS科研費23320107の助成を受けたものである。

参照文献

田野村忠温(1988)「否定疑問文小考」,『国語学』152, pp. 123-109 (pp. ⒃-㉚).
日本語記述文法研究会(編)(2003)『現代日本語文法4　第8部　モダリティ』,くろしお出版.
野田尚史(2002)「日本語の構造的なあいまい文」,佐藤喜代治(編)『国語論究　第10集　現代日本語の文法研究』pp. 1-23, 明治書院.
野田尚史(2004)「見えない主語を捉える」,『言語』33-2, pp. 24-31.
野田尚史(2007)「目的によって変わる「文法」」(リレーエッセイ),「言語学出版社フォーラム」サイト．[http://www.gengosf.com/]
野田尚史(2013)「「オーダーメイドの文法」をめざして」,『日本語学』32-7, pp. 62-71.
野田尚史(2014)「上級日本語学習者が学術論文を読むときの方法と課題」,『専門日本語教育研究』16, pp. 9-14.
野田尚史・阪上彩子・中山英治(2015)「中級学習者が雑談に参加するときの聴解の問題点」, *The 22nd Princeton Japanese Pedagogy Forum Proceedings*.［http://www.princeton.edu/pjpf/past/22nd-pjpf/PJPF15_Proceedings_final.compressed.pdf］
野田尚史・中島晶子・村田裕美子・中北美千子(2016予定)「日本語母語話者との対話における中級日本語学習者の聴解困難点」,『ヨーロッパ日本語教育』20.［ヨーロッパ日本語教師会のウェブサイトで公開予定］
山内博之(2005)「話すための日本語教育文法」,野田尚史(編)『コミュニケーションのための日本語教育文法』pp. 147-165, くろしお出版.

あとがき

野田さんの後を追いながら　　　　　　　　　　　　　　　　庵　功雄

　野田尚史さん(本来は「先生」とお呼びすべきところだが,いつもと同じくこの呼び方を使わせていただく)は,私が兄事する先輩である。私自身,修士論文から現在までの研究対象を振り返ってみると,「は」と「が」,日本語学の概論,日本語教育文法など,特に意識したつもりはないのだが,野田さんの後を追ってきたような気がする(直近では,「やさしい日本語」に対する野田さんの指摘(野田 2014)と,それに対する私の(部分的ではあるが)反論(庵 2015)もある)。

　本論文集所収の拙論にも記した通り,「は」と「が」の使い分けを日本語教育の立場から論じたものはほとんどないが,野田(1985)はその数少ない例外である。この本は,まさに「セルフマスター」を目指したものであり,学習者にとっての羅針盤としての役割を果たしてきている。

　野田さんと直接話したわけではないが,野田さんの一連の研究の背後には常に「日本語学習者」の存在があるように思われる(本論文集所収の野田論文もそうした視座から書かれたものの1例である)。そして,それは,野田さんも強い影響を受けた寺村先生の考え方そのものでもあった。

　この点について,野田さんによる寺村先生の優れた評伝である野田(2011)から該当部分を引用する。

　　寺村秀夫の遺志を継ぐには
　　　寺村秀夫は,自分が与えられた日本語教育という仕事に最善を尽くすために,そのときどきで何が必要かを自分の頭で考え,それを誠実に実行した。

そうだとすると，寺村が精力的に行った「文の構造」中心の研究を，今の時代に同じような方法で行うことは，けっして寺村の遺志を継ぐことにはならないと考える。<u>今の時代にどんな研究が必要かを自分の頭で考え，実行することが寺村の遺志を継ぐことになる。</u>

(野田 2011: 93。下線庵)

今回，野田さんの記念論集に「は」と「が」に関する拙論を書くことができたことに心から感謝したい。

庵功雄(2015)「「やさしい日本語」研究が日本語母語話者にとって持つ意義―「やさしい日本語」は外国人のためだけのものではない―」,『一橋大学国際教育センター紀要』6, pp. 3-16, 一橋大学.

野田尚史(1985)『セルフマスターシリーズ1　はとが』, くろしお出版.

野田尚史(2011)「新日本語学者列伝　寺村秀夫」,『日本語学』30-10, pp. 84-93.

野田尚史(2014)「「やさしい日本語」から「ユニバーサルな日本語コミュニケーション」へ―母語話者が日本語を使うときの問題として―」,『日本語教育』158, pp. 4-18.

野田先生の筑波時代　　　　　　　　　　　　　　　　　　　　　佐藤琢三

　私が初めて野田尚史先生に初めて出会ったのは，1985年，私が大学1年の時の現代日本語研究概論の授業であった。ただし，この授業の担当者は野田先生ではなく，故・寺村秀夫先生である。ある日，突然見知らぬひょろっとした青年が教室に現れた。「寺村先生はパリにご出張中です。今週は代わって私が授業を担当します」。これが，のちの私の卒論の指導教官となってくださる，当時はまだ30前の野田尚史先生である。

　「これはチャンスだ」。私は心の中で思った。実を言うと，私は寺村先生の授業がよく理解できず困っていた。突然，黒板に「激しかった雨が」と書く。ある学生に「この続きどうなると思う？」と聞く。また別の学生に「君はどう思う？」と聞く。そして，「う～ん…。どうしてやろうな…？」と考え込む。

あとがき

こんなことの連続だった。大学に入れば，日本語に関していろいろな知識がみにつけられる。そんな期待を胸に入学した。ところが，授業を受けるたびにわからないことだけが増え，知識はいっこうに増えない。受ければ受けるほど，「わからない」ということだけがわかるようになる。「このお弟子さんなら，きっともうちょっとわかることを講義してくれるのではないか」。何も知らないわれわれ学生は，野田先生のことを寺村先生の弟子と勝手に決めつけていた。

ところが，「弟子」の授業も似たりよったりだった。プリントにいろいろな例文やら非文やらが書いてある。意見を求められるので，われわれ学生が何かを言う。すると，「う～ん，なるほど，面白いアイディアですねえ」。あれ，やっぱり弟子も同じなんだ。かと思うと，時々，ときめくようなことをちらっとほのめかす。「三尾砂という人の丁寧化百分率という話がありますけど，その考え方に少し似ていますね」。図書館に行って，『話言葉の文法』だったかを調べた。なるほど，面白いじゃないか。文法を学ぶことが楽しくなってきた。

その後，学部の3年生になったころ，仲間と文法の勉強会を作ろうという話がもちあがった。「野田先生に声をかけてみよう」と言って「野田先生の勉強会」をつくった。野田先生はわれわれの申し入れを快くきいてくださったが，いつも研究会のお菓子代を出してはくれるものの，研究会中はニコニコうなづいたりするくらいで，ほとんど何も言わない。しかたなく，われわれ学生だけで議論が白熱していく。こんなふうにして，われわれの礎が築かれた気がする。

寺村先生の授業も，野田先生の授業も決してきちんと理解していたわけではない。しかし印象には強烈に残っている。そこには常に，「まずは自分自身で考えてみろ」というメッセージが横たわっていたと思う。このような世界に身をおくことになって，時がたてばたつほど，そのことの大切さが身にしみる。ただ，自分自身が学生に対してやっている授業は，そのような名人芸のようなものではない。私が自分の学生に同じことをすれば，たちまち授業は崩壊してしまうだろう。

2000年の日本語文法学会立ち上げのシンポジウムで，野田先生は従来の文法研究のいきづまりと打開策の必要性を訴えられた。このメッセージに共感する人もいるだろうしそうでない人もいるかもしれない。ただ，日本語文法研究が成熟期を迎えつつあったという認識は共有されていいだろう。先生の還暦を記念して編まれたこの論集が，斯界の活性化のために一石を投じることができれば，編者としては望外の喜びである。

野田先生との5時間　　　　　　　　　　　　　　　　　　　　　中俣尚己

　私にとっては生涯忘れることのできない，今の自分の根幹となっている経験がある。それが「野田先生との5時間」である。この場をお借りしてその5時間のエピソードを書きたいと思う。
　当時の大阪府立大学大学院での野田先生の授業は，学期に1回発表を行い，期末にそれをレポートの形にまとめて発表するというものであった。レポートにコメントが欲しい者はあらかじめその旨を伝えるようにとの説明があった。M1の前期が終わった時，私は，当然のようにコメントをお願いした。すると，野田先生は意外な言葉を口にした。「これはどこに投稿するの？」……繰り返すが，当時の私はM1，大学院に入学して4か月目であり，学会発表さえ未経験である。当然，そんな予定はないと答えると，「そういうことだったらコメントをしても意味がないからコメントはしない。」と返された。後日，改めて「『日本語科学』に投稿するつもりです。」と伝えた。もちろん，そんなつもりはさらさら無く，野田先生からコメントを貰いたいがための嘘であった。野田先生は，それならちゃんと『日本語科学』の体裁に合わせて書くようにおっしゃった。
　これが野田先生の院生指導の基本的な姿勢であった。野田先生はご著書の『日本語を書くトレーニング』(ひつじ書房，2003年)などの中でも，誰が読むのかわからないような文書ではなく，現実にありうる種類の文書を題材に，読み手のことを考えて書くように説いている。それは研究活動でも同じ

であり，真正性のないレポートなどではなく，現実にコミットするようなものを書くようにという教えである。今の私の研究発表や論文に対する姿勢も，この方針によるところが大きい。

さて，私が『日本語科学』の書式でレポートを提出したのが7月であった。そして，10月になって私は野田先生の研究室に呼び出された。それが「5時間」の始まりである。私が書き上げたのは「論文」とは到底呼べない，内容的にも体裁的にも不出来な悪文の塊であったが，野田先生は私に対して付きっ切りで5時間にわたって論文の書き方を指導して下さったのである。正確には，3時間ほど経ったところで野田先生は別の用事があったため，「じゃあ，続きはまた後日」に分けて指導を受けた。

実は野田先生は，当時はゼミでは学生が発表してもほとんど内容についてコメントはなさらず，部屋の一番後ろでただ進行を見守るのみであった。しかし，出来はともかく「本物」の研究活動に対しては非常に熱心に指導をして下さるのだということを感激とともに知った。これは私だけではなく，その後も，投稿論文や学会発表の原稿に対して長時間付きっ切りで指導なさっている姿を何度も拝見した。

5時間の指導の中で私が受けたコメントも主に論文の書き方，形式に関するものである。例えば，「ここの数字は半角だけど，こっちは全角になっているよね。何で？」「1ページ目で「見る」と漢字になっているけど，次のページではひらがなになっている。どういう意図があるの？」といった質問が矢のように浴びせられ，私は5時間の間，何度「何も考えていませんでした。」と言ったかわからない。本当に細かく，私の駄文を読んで，隅から隅まで問題点を発見して下さったのだ。「見た目がきちんとしていない論文は，内容もきちんとしていない」が野田先生の持論であり，ご指摘はほとんどが体裁に関するものだったが，そのご指導こそが今の研究者としての私の支えになっていると私は確信している。私が自分の目で内容の問題点に気づけないようでは意味がない。野田先生は形式的なコメントを通して，私自身の目を養って下さったのだ。私は感激の思いがまだ冷めぬうちに，ノートPCを開き，野田先生の指導を自分なりにまとめてテキストファイルに打ち

込んだ。そのファイルは今も私のPCに大切に保管されている。

　ただ，指導されたからと言ってすぐによい論文が書けるようになるかというと，それは別問題で，その後も悪文を書いては野田先生に直され続けた。それどころか，学生に指導する立場になった今でさえ，学生に言っているような文章の書き方を，常に自分が実践できているとは限らない。もっとも，どこかの面で学生に言っていることと自分がやっていることが違う，という教育者は決して珍しくないというのが私の観察である。

　しかし，野田先生は数少ない例外である。例えば，先の『日本語を書くトレーニング』や『なぜ伝わらない，その日本語』(岩波書店，2005年)では読み手に配慮したメールの書き方が紹介されているが，野田先生からのメールは例外なく，そこで理想とされているメールの書き方に則っていた。野田先生は「配慮あるコミュニケーション」の最先鋭の教育者であると同時に，最大の実践者である。

【執筆者紹介】(執筆順・★は編者)

田川拓海(たがわ たくみ)

1979年生。沖縄県出身。筑波大学大学院人文社会科学研究科修了，博士(言語学)。現在，筑波大学助教。著書に『活用論の前線』(共同執筆，くろしお出版，2012)，『分散形態論による動詞の活用と語形成の研究』(博士論文，2009)など。

佐々木冠(ささき かん)

1966年生。宮城県出身。筑波大学大学院文芸・言語研究科単位取得退学，博士(言語学)。筑波大学助手などを経て，現在，札幌学院大学経営学部教授。著書に『水海道方言における格と文法関係』(くろしお出版，2004)，『方言の文法』(共著，岩波書店，2006)など。

森　篤嗣(もり あつし)

1975年生。兵庫県出身。大阪外国語大学大学院言語社会研究科修了，博士(言語文化学)。国立国語研究所准教授などを経て，現在，帝塚山大学現代生活学部教授。著書に『授業を変えるコトバとワザ』(くろしお出版，2013)，『日本語教育文法のための多様なアプローチ』(共編，ひつじ書房，2011)など。

森山卓郎(もりやま たくろう)

1960年生。京都府出身。大阪大学大学院文学研究科修了，学術博士。京都教育大学教授などを経て，現在，早稲田大学文学院教授。著書に『日本語動詞述語文の研究』(明治書院，1988)，『ここからはじまる日本語文法』(ひつじ書房，2000)『表現を味わうための日本語文法』(岩波書店，2002)など。

長谷川信子(はせがわ のぶこ)

1950年生。埼玉県出身。ワシントン大学言語学科修了，Ph.D.(言語学)。東京都立大学助教授などを経て，現在，神田外語大学大学院言語科学研究科教授。著書に『生成日本語学入門』(大修館書店，1999)，『統語論の新展開と日本語研究―命題を超えて』(編著，開拓社，2010)など。

中俣尚己(なかまた なおき)★

1981年生。大阪府出身。大阪府立大学大学院人間社会学研究科修了，博士(言語文化学)。実践女子大学助教などを経て，現在，京都教育大学教育学部准教授。著書に『日本語教育のための文法コロケーションハンドブック』(くろしお出版，2014)，『日本語並列表現の体系』(ひつじ書房，2015)など。

佐藤琢三(さとう たくぞう)★

1965年生。千葉県出身。筑波大学大学院文芸・言語研究科単位取得退学，博士(言語学)。日本大学国際関係学部専任講師などを経て，現在，学習院女子大学国際文化交流学部教授。著書に『自動詞文と他動詞文の意味論』(笠間書院，2005)，『現代日本語学入門』(共著，明治書院，2007)など。

著者紹介

天野みどり（あまの みどり）
1961年生。筑波大学大学院博士課程文芸・言語研究科単位取得退学，博士（言語学）。新潟大学助教授，和光大学教授などを経て，現在，大妻女子大学文学部教授。著書に『文の理解と意味の創造』（笠間書院, 2002），『日本語構文の意味と類推拡張』（笠間書院, 2011）など。

石黒　圭（いしぐろ けい）
1969年生。神奈川県出身。早稲田大学大学院文学研究科修了，博士（文学）。一橋大学教授などを経て，現在，国立国語研究所教授。著書に『日本語の文章理解過程における予測の型と機能』（ひつじ書房, 2008），『よくわかる文章表現の技術（全5巻）』（明治書院, 2004～）など。

野田春美（のだ はるみ）
1964年生。福岡県出身。大阪大学大学院文学研究科単位取得退学，博士（文学）。園田学園女子大学助教授などを経て，現在，神戸学院大学人文学部教授。著書に『の（だ）の機能』（くろしお出版, 1997），『モダリティ』（共著, くろしお出版, 2002）など。

定延利之（さだのぶ としゆき）
1962年生。大阪府出身。京都大学大学院文学研究科修了，博士（文学）。神戸大学国際文化学部助教授，教授などを経て，現在，神戸大学大学院国際文化学研究科教授。著書に『コミュニケーションへの言語的接近』（ひつじ書房, 2016），『日本語社会のぞきキャラくり』（三省堂, 2011）など。

井上　優（いのうえ まさる）
1962年生。富山県出身。東京都立大学大学院人文科学研究科中退。国立国語研究所教授などを経て，現在，麗澤大学外国語学部教授。著書に『相席で黙っていられるか』（岩波書店, 2013），『日本語文法のしくみ』（研究社, 2002），『方言の文法』（共著, 岩波書店, 2006）など。

カノックワン・ラオハブラナキット・片桐（かたぎり）
1967年生。タイ・バンコク出身。筑波大学大学院文芸言語研究科修了，博士（言語学）。現在，チュラーロンコーン大学文学部准教授。著書に『らくらくタイ語聴き取り練習帳（CD付）』（共著, チュラロンコーン大学），『日本語教育のためのコミュニケーション研究』（共著, くろしお出版, 2012）など。

渋谷勝己（しぶや かつみ）
1959年生。山形県出身。大阪大学大学院文学研究科中退，学術博士。京都外国語大学助教授などを経て，現在，大阪大学大学院文学研究科教授。著書に『日本語史のインタフェース』（共著, 岩波書店, 2008），『方言の文法』（共著, 岩波書店, 2006）など。

著者紹介

庵　功雄(いおり いさお)*

1967年生。大阪府出身。大阪大学大学院文学研究科修了，博士(文学)。一橋大学留学生センター准教授などを経て，現在，一橋大学国際教育センター教授。著書に『新しい日本語学入門(第2版)』(スリーエーネットワーク, 2012)，『日本語教育・日本語学の「次の一手」』(くろしお出版, 2013)など。

野田尚史(のだ ひさし)

1956年生。石川県出身。大阪大学大学院文学研究科中退，博士(言語学)。大阪府立大学教授などを経て，現在，国立国語研究所教授。著書に『「は」と「が」』(くろしお出版, 1996)，『コミュニケーションのための日本語教育文法』(編著, くろしお出版, 2005)など。

日本語文法研究のフロンティア

初版第1刷 ───── 2016年5月30日

著　者 ───── 庵　功雄・佐藤琢三・中俣尚己
　　　　　　　いおり いさお　さとう たくぞう　なかまた なおき

発行所 ───── 株式会社　くろしお出版
　　　　　　　〒113-0033　東京都文京区本郷3-21-10
　　　　　　　[電話] 03-5684-3389　　[WEB] www.9640.jp

印刷・製本　三秀舎　　装　丁　折原カズヒロ

©Isao Iori, Takuzo Sato, Naoki Nakamata, 2016

ISBN978-4-87424-700-6　C3081